北京联合大学电子商务专业
学生科技竞赛及创新创业竞赛案例集

内容多元而丰富

以学科竞赛为导向

大学生
互联网+创新创业
优秀案例 第三辑

College Students Internet Innovation and Entrepreneurship Excellent Cases III

挑战杯

互联网+

案例教学模式

裴一蕾　李立威◎主编
庞贝贝　李丹丹◎副主编

互联网+旅游
互联网+教育
互联网+农业
互联网+文创
互联网+养老
……

经济管理出版社
ECONOMY & MANAGEMENT PUBLISHING HOUSE

图书在版编目（CIP）数据

大学生互联网+创新创业优秀案例．第三辑 / 裴一蕾，李立威主编；庞贝贝，李丹丹副主编．-- 北京：经济管理出版社，2025．-- ISBN 978-7-5243-0238-4

Ⅰ．G647.38

中国国家版本馆 CIP 数据核字第 2025QW4829 号

组稿编辑：杨国强
责任编辑：白　毅
责任印制：张莉琼
责任校对：陈　颖

出版发行：经济管理出版社
（北京市海淀区北蜂窝 8 号中雅大厦 A 座 11 层　100038）
网　　址：www.E-mp.com.cn
电　　话：（010）51915602
印　　刷：唐山昊达印刷有限公司
经　　销：新华书店
开　　本：720mm×1000mm/16
印　　张：15.75
字　　数：318 千字
版　　次：2025 年 5 月第 1 版　2025 年 5 月第 1 次印刷
书　　号：ISBN 978-7-5243-0238-4
定　　价：98.00 元

凡购本社图书，如有印装错误，由本社发行部负责调换。
联系地址：北京市海淀区北蜂窝 8 号中雅大厦 11 层
电话：（010）68022974　　邮编：100038

目　录

案例 1
联合地标——我为家乡代言*

一、联合地标项目介绍

（一）联合地标项目概述

联合地标项目是针对地理标志产品所打造的、集合普及地标知识、售卖地理标志产品和提供地标产品 IP 设计服务的一体化平台。

联合地标项目包括联合地标抖音号、微信小程序、微店及微信公众号四部分。

联合地标项目初期主要针对大学校园，在抖音平台发布“我为家乡代言”活动，并结合地标产品特征和区域特征，寻找适合的校园地理标志产品代言人，通过抖音、微信公众号平台发布并科普地理标志的相关的知识内容，对地标文化进行宣传推广。通过与国家知识产权局和优质地理标志产品供应商合作，校园代言人完成地标产品分销。在此期间，利用微店、微信小程序等方式进行地理标志产品的售卖。此外，联合地标项目还致力于地标产品的 IP 形象设计，初期将设计公用 IP 形象，后期将结合地理标志产品企业为其设计独特的 IP 形象，在此同时，产出 IP 周边文创产品。

（二）联合地标项目背景

1. 党和国家高度重视地理标志产品保护

中共中央、国务院印发的《知识产权强国建设纲要（2021—2035 年）》、国

---

* 指导老师：李立威、李丹青、胡新华。团队成员：王若颖、赵紫曜、成帆、张雨桐、魏彬然。

务院印发的《“十四五”国家知识产权保护和运用规划》等重大政策文件中，对加强地理标志保护作出了部署和具体安排。2023 年 7 月 21 日，十四届全国政协召开第 8 次双周协商座谈会，围绕“加强地理标志保护”协商议政。党和国家的高度重视为我国地标产品的保护和发展提供了强有力的保障和支持，也为各地区和企业推广地理标志产品提供了良好的发展机遇。

2. 地理标志产品对于推进乡村振兴具有重要意义

地理标志产品对乡村振兴有着重要的意义。首先，发展地理标志产品是乡村产业振兴的有效途径之一。发展地理标志产品可以促进当地优质农产品品牌建设，增强当地农产品竞争力，同时可以创造更多的就业机会，增加农民收入。其次，地理标志产品有助于保护当地生态环境，推动可持续发展。专业化的种植和加工方法可以避免过度开垦和资源浪费，有利于当地生态保护和绿色发展。此外，地理标志产品能促进地方文化的传承和宣传，增强当地文化软实力。

3. 地理标志产品宣传和保护存在很多问题

目前，地理标志产品市场辨识度低、推广宣传不足、地标产品缺乏专门的销售渠道，地理标志产品宣传和保护工作距离高水平保护、高质量发展要求还有一定差距。由于地理标志产品多为初级农产品，加之其推广宣传力度较低，大部分地理标志产品未能形成像柳州螺蛳粉区域品牌引领产业发展的效果，品牌价值和综合效益不够显著。与此同时，地理标志产品缺乏专门的销售渠道，某些电商平台中的地理标志产品真伪难辨，鱼龙混杂的产品不利于地理标志产业的长久发展。

（三）联合地标项目意义

1. 助力文化推广

我们应保护和继承优秀的传统文化并进行文化创新，赋予文化新的活力。地理标志产品蕴含着深厚的历史和文化底蕴，对于传承历史有重要作用。地理标志是自然因素和人文因素共同作用的产物，一个地理标志的消失，意味着与它同时存在的某些特殊文化现象的消失，也意味着某些地方特殊的传统制作工艺和生产工艺的衰败。所以，发展地理标志产品品牌保护的不仅是产品本身，更是其背后的传统工艺文化和历史。

2. 助力农民收入以及就业

促进农业发展，帮助一些边远地区将本地固有的资源优势转化为经济优势。发展地理标志产品品牌有助于产品产业化、商品化。并且，地理标志的发展是成为调整产业结构，尤其是调整农业产业结构的有效方法，可带动相关产业发展，应利用地理标志产品品牌对产业结构进行调整，使资源逐渐丰富。同时，出口贸易额增加。消费者对地标产品品牌信任度增加，更有意愿支付溢价以购买优质产品，从而吸引更多当地市场主体申请地理标志使用权，提高了市场竞争力，可有效聚集区域经济资源，引领产业快速发展。

3. 助力乡村振兴

国家地理标志产品对于乡村振兴具有重要意义。首先，地理标志产品在宣传地方特色文化、增进地方间文化交流方面发挥了重要作用，不仅丰富了人们的文化生活，也提高了国家的软实力。其次，地理标志产品的推广和销售，使农产品得以拓展市场，扩大销售，从而带动农村的产业增长。在此基础上，升级当地农业和工业，培育和提高当地的创新产业，为乡村振兴奠定了坚实的基础。最后，地理标志产品的发展还可以带动当地旅游业的发展，增加就业岗位，推动一系列地方经济的快速发展。

（四）联合地标项目创意的创新性

联合地标项目 Logo 中的绿色山脉和黑色线条土地代表着自然环境和土地资源，代表地标产品是大自然馈赠的产物。山脉与土地代表着联合地标项目旨在助力乡村振兴，红色太阳则寓意充满活力的生命力和希望的未来。联合地标名称则是代表联合国家知识产权局、各地地理标志产品企业、各大高校及大学生之力来促进地理标志产品的宣传和销售、地标文化的推广，最终助力乡村振兴。整个 Logo 体现了联合地标旨在推广和宣传地标产品，并以新颖、活力的形象去为地标产品谋求长久发展的理念。

1. 联合地标项目聚焦优质地标产品

联合地标项目选择与拥有地标产品的企业合作，遴选获得国家知识产权局认证的优质地理标志产品，充分利用网络平台，如微信公众号和抖音短视频来普及地标知识、推广地理标志产品、宣传地标文化，在满足消费升级需求的同时，助力我国乡村振兴。

2. 联合地标项目运营模式具有独特性

联合地标项目的运营模式是国家和地方知识产权局、优质地标企业和产品、校园代言人、联合地标平台共同合作。具体而言，项目团队在与国家和地方知识产权局取得合作的同时，选取拥有优质地标产品的企业共同合作，选择极具当地特色和地标文化的产品，对其进行大力推广与宣传。同时，利用高校优势，选取校园代言人，将地标文化普及到各大校园、将地标产品分销到各大校园。此外，利用联合地标圈小程序和微店等电商平台，实现网上销售。

3. 联合地标项目宣传模式具有独特性

联合地标项目宣传的主体是大学生这一群体。充分利用大学生生源地的广泛性和全国高校地域丰富的优势，将校园代言人与学校、家乡的特色结合，大学生为家乡优质地标产品代言，由点及面实现裂变式传播。初期从本校中选择校园代言人，后期与更多的高校合作以遴选更多的校园代言人，将地标知识、地标产品、地标文化普及到各大校园，从而实现联合地标项目的全面宣传。

（五）联合地标项目实施情况

1. 联合地标项目合作资源

（1）2021 年，北京联合大学管理学院电商专业教师、联合地标项目指导老师李立威等赴知识产权出版社开展合作交流，与国家知识产权局下属知识产权出版社达成合作意向。

（2）北京联合大学管理学院应邀参加辽宁省首届地理标志直播节开幕式，为“地理标志+电子商务”助力乡村振兴注入高校力量。辽宁省知识产权局敖然局长、知识产权出版社胡新华主任、北京联合大学管理学院完成了三方战略合作伙伴关系的手掌印签约仪式。

辽宁省知识产权局、知识产权出版社和北京联合大学管理学院合作三方将结合中国地理标志产品特点，展开电商 IP 的策划及运营设计，共同促进当地特色产品的销售和品牌提升。具体项目落实将由北京联合大学电子商务一流本科专业建设点教师及学生团队承担。

（3）已与 11 家拥有地理标志产品的企业达成合作。依托于知识产权出版社和地方知识产权局以及山东省地标产业协会的合作，项目组对接了 11 家地理标志产品商标持有企业。

2. 联合地标圈小程序

目前，联合地标圈小程序已完成前期开发以及产品上架部分，小程序中已上架取得合作的典型地标企业的地标产品，如云南普洱咖啡、一米距离五常稻花香米、大连海藻沙拉、老鲜生干裙带菜、山亭地瓜枣、紫金玫瑰鲜花饼、山胖子蜜汁板栗、溏心吊柿饼等。团队目前已通过联合地标公众号、抖音号、微信朋友圈等途径对小程序及其中的产品进行推广与宣传。

3. 联合地标微店

目前，团队已完成联合地标微店的成立，并上架了取得合作的典型地标企业的地标产品，如云南普洱咖啡、一米距离五常稻花香米、大连海藻沙拉、老鲜生干裙带菜等产品。目前，团队通过联合地标公众号、抖音号等途径对微店及其中的部分产品进行推广与宣传。

4. 联合地标抖音号

联合地标抖音号已发布部分地理标志产品相关视频来科普相关知识。之后，团队发起了“我为家乡代言”活动，寻找为自己家乡地理标志产品代言的大学生，让大家更多地关注联合地标，关注各地区的地标产品。之后，联合地标抖音号也将以每周4~5条的频率更新，为更多的观众科普地理标志产品相关知识，并实现宣传联合地标圈小程序和微店的作用。

5. 联合地标抖音直播宣传

2023年7月，联合地标项目成员通过抖音平台进行了试播活动，对部分国家地理标志产品进行介绍。在直播中，最高有225名观众进行观看，同时获得4500+次点赞。后期，将会在抖音进行多次直播，对国家地理标志产品进行宣传，同时推广联合地标圈小程序以及微店，拓展联合地标的知名度。

6. “我为家乡代言”活动

2023年4月底，联合地标项目团队在抖音平台发布“我为家乡代言”活动，面向全国在校大学生，征集广大大学生自己家乡的地标产品相关的推广视频。同时，开始在校园中寻找主播，让学校同学进行短视频内容策划、摄影摄像和视频剪辑运用，快速变身“网络达人”。已收集到近50条短视频，他们来自不同的地方，如北京、河南郑州等地区，他们选择自己家乡有特色的地标产品，为自己家乡的地标产品代言，在实现对地标产品宣传与推广的同时，也实现了对自己家乡的宣传。

7. 联合地标公众号

联合地标公众号用来进行地理标志产品知识的科普，然后按照每周4~5条的频率更新，为更多的读者科普地理标志产品相关知识。目前，联合地标公众号已更新关于地标产品相关知识，包括地理标志产品的概念、特征，以及地标产品标志的过程，同时更新地理标志产品水果篇、肉类篇、蔬菜篇相关内容。之后，联合地标公众号将对已取得合作的地标产品以若干条推文进行科普及宣传，从而让读者更加了解联合地标小程序和微店中的地标产品。此外，联合地标公众号将预告即将上架的新取得合作的地标产品，同时紧跟时事热点，更新地标产品相关政策、地方新闻热点、产品售卖等内容，为读者提供一个获取地标产品相关内容的平台。

8. 地标知识及产品线下宣讲活动

联合地标项目团队成员在北京联合大学第二课堂平台——到梦空间发布家乡地理标志产品宣传活动，并举行线下宣讲，为大家普及地标知识、宣传地标产品，从而实现地标文化的推广与宣传。

二、联合地标项目商业模式

（一）客户细分

联合地标项目初期的目标用户主要为大学生。由于本项目的创始人均为学生，因此初期选择校园这一平台有利于项目的推广与实施。此外，联合地标项目将在初期选择适用于校园推广与售卖的产品，如咖啡、水果、鲜花饼等拓宽校园市场。

联合地标项目中后期的目标用户主要是有一定的经济基础、追求产品品质的人群。这个群体收入相对较高，生活品质要求也较高，对服务体验有一定的要求。针对该类群体，联合地标项目将呈现更完美的服务体验，具体表现为售卖高品质、有一定区域特色的产品。针对不同的需求提供不同的产品类型，如自用及送礼等。在微信公众号中增加产品反馈及建议页面，努力提高售后服务水平，运营前期争取做到与客户一对一反馈模式，改良服务板块。

（二）价值主张

联合地标项目致力于利用地标产品高品质、助力三农的特点，为消费者提供高品质、有特色的地标产品，并通过互联网进行基于联合地标品牌的地标产品推广和销售。

1. 普及地理标志相关知识，助力地理标志品牌推广

联合地标项目会通过小程序、公众号、抖音、微店等多渠道推广和销售地标产品。充分发挥新媒体传播快、渠道广的特性，综合短视频、直播平台等多种媒体渠道，开展地理标志品牌推广行动。初期在抖音平台开展“我为家乡代言”活动，后续进一步开展“为家乡地理标志代言”等特色推广活动，扩大宣传。同时，还将与大学生合作，举办多样的活动，利用他们传播渠道的影响力，进一步提高地标产品的知名度。

2. 为消费者提供高品质、有特色的产品，助力乡村振兴

随着人们生活水平的不断提高，在选择所购买的商品时，更关注其品质以及特色。地理标志商品往往在品质、信誉或者其他特征方面具有与众不同的特点，因此，推广与售卖国家地理标志产品不仅是满足消费者的需求，也可以保护和传承传统优秀文化，助力乡村振兴。

（三）渠道通路

1. 线下渠道

销售初期主要集中在大学校园，初期将在北京联合大学北四环校区进行推广、宣传与售卖。项目成员将利用学校万能墙、公众号等渠道进行宣传摆摊活动，并在操场进行售卖。在这一过程中，为更多的同校学生普及地标知识、产品宣传，从而实现一定的销售量。而在后续的项目推广中，项目以学校做背书，和更多的高校进行合作，着重在大学生中进行推广与售卖。

2. 线上销售

线上渠道主要包括联合地标圈小程序、微店两种方式。项目成员前期借助公众号和抖音平台科普地理标志产品知识、宣传联合地标品牌、用图文方式展示联合地标品牌的特点和优势，以引导消费者认识品牌并提高品牌知名度，将联合地标圈小程序、微店等链接加入进去，进一步丰富购买流程，吸引目标用户。同时，通过公众号实现售前与售后的服务功能。

（四）核心资源

1. 知识产权局

我国国家和各地的知识产权局拥有各地地理标志产品的知识产权，并授予该地区一定数量企业地标产品许可证从而使其获得销售有地理标志证明的产品。因而，知识产权局是联合地标项目的核心资源之一。

2. 丰富的地标产品资源

截至 2022 年 10 月，我国已累计批准地理标志产品 2495 个，其中，国内总计 2355 个。种类丰富的地标产品和其优良的品质，是建立品牌影响力和竞争力的关键。

联合地标项目团队致力于在众多的地理标志产品中寻找更为优质的地理标志产品，如五常稻花香米、云南普洱原味速溶咖啡、大连海藻沙拉、老鲜生干裙带菜、平阴紫金玫瑰鲜花饼等，与取得授权的各地地理标志产品企业进行合作，帮助地标企业建立品牌独特性、品牌美誉度和品牌忠诚度，实现双赢。

3. 高校学生资源

广大的高校及来自五湖四海的高校学生是我们重要的资源，联合地标项目未来将会发起十百千万工程，遴选 10 所典型高校，选择 100 个校园代言人，覆盖 100 个优质地理标志产品，实现千万元的销售额。通过联合不同高校和不同地域大学生的力量，由点及面带动地理标志产品的宣传、推广和销售，在助力乡村振兴中彰显大学生的责任担当。

（五）重要合作

联合地标项目已取得国家知识产权局相关部门、山东省地标产业协会和部分地理标志产品供应商的合作。联合地标项目与知识产权局、山东省地标产业协会相关部门进行合作，得到他们的资源和支持。通过与相关部门的洽谈，了解国家政策、法规和标准，了解地标产品的标准和要求，为品牌建立规范化的管理体系，这大大提高了“联合地标”品牌的可信度和竞争力。取得授权的地理标志产品供应商为联合地标项目提供了优质的、丰富地标产品资源。目前，项目团队已取得五常市开拓者水稻种植农民专业合作社、普洱漫崖咖啡实业有限公司、大连盖世健康食品股份有限公司、大连龙禧水产品有限公司、山东朐味农业开发有限公司等 11 家企业的合作。同时，项目举办“我为家乡代言”活动，结合地标与各大高校合作选择校园代言人，实现校园的推广与分销。

（六）关键业务

联合地标项目的关键业务主要是地标产品分销、地标产品文化宣传以及地标产品 IP 设计。

地理标志产品的售卖分销，通过结合地标产品特征、区域特征以及“我为家乡代言”活动，筛选校园代言人为地标产品进行代言，并依托联合地标微店以及联合地标圈小程序进行产品销售。

地理标志产品文化宣传，联合地标项目将通过遴选出的代言人进行校园推广，同时，利用联合地标公众号和抖音号对地理标志相关知识进行普及，从而实现地标文化产品的宣传。

地标产品 IP 设计。联合地标项目团队将为合作的地标产品设计 IP 形象，同时利用相关 IP 形象产出周边文创产品。

（七）客户关系

1. 专业团队

为了提供优质的客户体验和服务，“联合地标”基于专业团队来处理客户关系管理。我们向专业的营销团队学习，不断提升团队的市场营销能力、数字营销能力、内容创作能力等，为后续推动品牌的推广、提高品牌知名度，吸引新的潜在客户而努力。团队成员都是高素质、高技能和有责任心的人，在“联合地标”的客户管理中发挥重要作用。团队成员还有很好的沟通能力，可以快速响应客户的需求和解决问题。此外，联合地标会定期进行员工培训和发展活动，以保证员工的知识和技能能够跟上行业的发展。

2. 通过微信群沟通

联合地标计划建立微信客户群，方便与客户进行沟通和交流，如定期推送一些关于产品、品牌、新闻、优惠等方面的信息，吸引客户的关注和兴趣。同时，通过微信群了解客户的反馈和意见，及时进行调整和改进。

3. 联合地标圈小程序设置反馈和用户评价

在联合地标圈小程序中设置反馈和用户评价功能，方便客户进行评价和反馈。同时，通过这种方式了解客户对产品的需求和满意度，为品牌提供更加优质的产品和服务。除此之外，通过客户的评价和反馈，不断进行品牌的优化和升级，提高客户的满意度和忠诚度。

（八）收入来源

1. 主营业务收入

据统计，全国范围内已经核准使用的地理标志专用标志市场主体 1.3 万家，该项目与市场主体之间的合作将成为主要收入来源。

线上平台销售：联合地标圈小程序、抖音商城、微店将提供优质、有特色的地标产品，通过小程序、公众号、抖音、微店等渠道销售，实现收入来源。

线下销售：联合地标项目将举办校园推广售卖活动，从而实现收入。

2. 其他业务收入

其他业务收入作为项目的重要来源，包括联合地标合作产品的周边及文创产品、广告费、地标产品推广费用等。项目团队目前已经设计出部分合作的地标产品的 IP 形象，之后将利用其产出各种周边和文创产品，如杯垫、钥匙扣、冰箱贴等。广告费及推广费主要是中后期项目有一定的知名度后，承接一些广告项目或是产品推广，从而获取一定的收益。

（九）成本结构

成本主要包括初期小程序的开发以及后期的维护费用，线上平台包括抖音、微信公众号以及之后的微博宣传活动，线下举办一些地标产品的宣传、推广与售卖活动，管理费用主要是人员成本的支出，还有额外的差旅费以及线下调研费用等。

三、联合地标项目调研

随着商品经济的繁荣，不少人通过线上和线下的途径购买各种商品，他们对地标性的产品情有独钟，从而产生消费。地标产品指商品和产品具备一定的地理优势声誉特征，在市场竞争环境中处于天然的优势的产品序列，如安徽的茗茶、内蒙古的羊肉、东北地区的大米等。笔者通过地标产品市场情况进行调研，抽取有效样本 546 份，设置 15 道客观题和 1 道主观题，全方位分析影响地标产品的市场表现的因素，从而为地标产品扩大影响力，展现地标性产品形成产品优势。

本次调研样本资料和调研题型设置涵盖内容较为宽泛，涉及五个层面，分别是对地标产品的认知度、对地标产品的认可度、对地标产品性能的认可、个人因素、调研结果总结，题型分为固定式的以单选为主的主观题和以问答形式为主的客观题，内容丰富，调查样本信息符合调研期待。

（一）对地标产品的认知度

对地标产品的认可度上，调查主要围绕 Q1：您是否听说过“地理标志产品”这一概念？Q5：您是否会认为“地名+产品名”命名方式的产品相比无地名的同类产品更好、质量更有保障？Q6：您是否知道如何查询产品地理标志的真伪？这几个问题展开，对于老百姓对于地理标志产品的了解进行全面分析。

对地标产品的认知度上，95. 05%的人对地标产品有所了解，仍然有 4. 95%的人对于地标产品完全不清楚是什么概念，在生活中也并未出现这类名词。其中，91. 58%的人认为“地名+产品名”命名的方式的产品更有保障、质量更好，8. 42%的人认为地标产品也许知识营销上的噱头，并不能完全保证以“地名+产品名”命名的方式的产品更有保障、质量更好。66. 3%的人知道如何辨别地理标志的真伪，而 21. 79%的人不清楚如何辨别地理标志的真伪，11. 9%的顾客对查询真伪有过一些了解，但了解程度不深。总的来说，大部分人对地理标志产品有一定程度的认知，但也不乏完全不知晓的情况，需要大家在相关知识的普及上下功夫。

（二）对地标产品的认可度

本调查报告在对地标产品的认可度上，主要围绕以下问题进行，Q2：促使您购买具有地理标识的“地标产品”的原因是？Q3：请问您是通过什么途径购买地理标识产品的？Q4：您倾向于购买什么类型的地理标识产品？三道问题是反馈顾客在购买地理标识产品的理由、途径和种类，对地理标识产品的营销的消费者心理分析，产品推广具备一定的指向性。

对地标产品的认可度上，绝大部分的人通过亲友推荐（42. 31%）、个人偏好（52. 56%）、广告推荐（50. 18%）、旅游特产（51. 65%）、助农产品

（36.08%）等途径购买，也有少数人是偶然购买（16.85%），这说明促进地标类产品的消费，主要是人和人的带动作用，因此地标产品要做好市场，口碑是关键；主要购买渠道为线上购物平台（53.48%）、实体店（73.81%）和个人微商产品（74.54%）等；在商品的选择上，主要以果蔬（42.12%）、酒类（52.2%）、粮油（54.4%）、干果（49.63%）、水产（34.07%）等生活必需品和易耗品为主，消费主力以农副产品和特产类产品为主。

（三）对地标产品性能的认可

对地标产品性能的认可上，主要围绕以下问题进行：Q7：您关注地标产品的哪些方面？Q8：您认为地标产品品牌发展存在的问题是什么？Q9：您认为如今售卖的大部分地标产品是否存在问题？Q10：您对市场上的地标产品的评价如何？

对地标产品性能的认可上，每个人关注的点不一样，40.29%的人关注质量与口味，56.41%的人关注产地，54.95%的人关注历史，44.51%的人关注优惠力度，说明在地标产品的选择上，顾客均以求实心理产生消费，消费渐趋理性；33.7%的人认为售卖的产品价格合理，45.42%的人认为价格较贵，20.88%的人认为价格便宜，这说明当前的地理标志产品在价格上比其他同类产品较高，不少人认为性价比低；32.42%的人认为市面上的地标产品符合期待，67.58%的人认为地标产品性能一般或者远低于期待值，这是未来地标产品抓住国内外市场的一个掣肘点和关键所在；当前地标产品发展存在的主要问题在于差异化优势不明显、缺乏品牌专业团队和营销手段单一等，在做好产品自身的前提下，需要加强品牌建设，建立品牌优势。

（四）个人因素

关于对地标产品的使用上，主要指标数据有样本的性别、年龄、职业和月收入等方面的因素，不同的个人因素影响其对地标产品的态度，以及他们的购物理念。

本次涉及调研的资料涵盖各方面内容，性别上基本持平，男性比例在44.32%，女性在55.68%；年龄层上以19~30岁的青年人（52.01%）为主；职业上涵盖学生（13%）、政府机关工作人员（9.52%）、自由职业人（9.89%）、离退休人员（0.92%）、私营业主（10.62%）等，其中企业职员占据主导地位；在月收入上以3000~5000元/月（32.23%）的调查人群为主。

（五）调研结果总结

通过对地标产品市场情况进行调研，结合团队老师对于部分地标产品企业的走访、相关文献的查阅与梳理，得出如下结论：首先，部分被调研者认为地标产品认知度较低，同时存在地标产品营销手段单一、品牌差异不明显等问题；其次，被调研者主要是基于旅游特产、亲友推荐、广告推荐原因进行购买，因而对地标产品进行推广宣传显得尤为重要，同时说明，良好的口碑也是地标产品长久发展的重要因素；最后，六成以上的被调研者认为地标产品的性能一般或是远低于期待值，这体现出目前市场上地标产品差异化优势不明显。此外，通过对相关资料的阅读与梳理，发现地理标志产品存在缺乏专门的销售渠道、品牌溢价低、品牌价值和综合效益不够显著等问题。

四、联合地标项目分析

（一）市场环境分析

1. 政策环境分析

通过查找中国近几年内的国家地理标志产品行业报告，有报告分析了中国地理标志产品的生产和消费现状，研究了地理标志产品的标准和认证体系，探讨了地理标志产品开发和推广的方法和策略。《中国地理标志产品发展红皮书》综合分析了中国地理标志产品的政策环境、产业发展、品牌建设等方面，提出了地理标志产品研发、市场推广、国际化等方面的建议。

2019 年，政府提出，要加强乡村振兴战略实施，支持地方特色农业和地理标志产品开发，促进现代农业发展。同年，《关于深化农村电商综合试点工作的实施意见》，支持农村电商发展，特别是支持地理标志产品的网络销售，推进农村产业融合、商业融合，促进乡村经济发展。2020 年，《关于实施农产品地理标志认证专项资金的通知》，明确了对农产品地理标志认证专项资金的管理办法，鼓励和支持申请和认证地理标志产品，并促进地理标志产品的质量提高和市场推广。2023 年 7 月 21 日，十四届全国政协召开第 8 次双周协商座谈会，围绕“加强地理标志保护”协商议政。

2. 经济环境分析

根据“2021 年中国品牌地理标志产品电商消费趋势报告”，消费者越来越关注产品的品质和安全性，而地理标志产品刚好能够满足消费者需求。2021年，地理标志产品的在线销售额估计将远超过线下，消费升级和电商平台的发展是主要原因。“2021年中国农产品电商市场发展白皮书”指出，2021年地理标志产品的线上销售额增长势头持续，电商渠道成为地理标志产品发展的重要方向。消费者为了购买更好的产品，越来越多地选择地理标志产品，这为农产品品牌化、规模化发展创造了机遇。数据显示，中国国家地理标志产品市场规模不断扩大，包括大米、茶叶、水果、海产品等，电商平台成为了国家地理标志产品的主销渠道。据统计，2022年全国网上零售额13.79万亿元，农村电商达2.17万亿元，地理标志产品的销售额也随之攀升。随着国内和国际市场互通不断加强，国家地理标志产品的全球知名度和影响力不断提高，为企业开拓海外市场提供了便利。

3. 社会环境分析

2020年，中国网络零售农产品市场规模达到2148亿元，同比增长25.7%。农村消费者线上购买农产品的品种和数量同样不断扩大，线上购买的农产品品种越来越多，种类包括大米、水果、蔬菜等。另外，地理标志产品的电商占比已经达到26.5%，是非常受欢迎的商品类型。2020年，全国农村电商交易额达到2.7万亿元，其中地理标志农产品的在线销售额同比增长了45.5%。另外，生态产品和地理标志产品的销售额增速快于一般农产品，表明消费者对于品质和地域标识的认可度不断提高。2020年，中国农村电商市场规模达到2.58万亿元，地理标志产品成为农村电商的重要组成部分，而且地理标志产品的销售额同比增长了44.3%，说明消费者对于地理标志产品的认可度越来越高。

4. 技术环境分析

电商直播是现阶段电商行业的一个趋势，已经成为推销产品的有效方式。而小程序是近年来又一重要的技术趋势，成为电商行业中不可或缺的一部分。

在电商直播方面，2021年全国电商直播用户规模达到5.9亿人次。此外，国家对电商直播产品的发展也予以了支持，并不断出台相关政策。同时，各大电商平台也开始直播试水，吸引更多的消费者入驻。在小程序方面，截至2020年底，全球小程序活跃用户已经突破1.64亿人，阿里巴巴和腾讯都在自己的生态系统中陆续推出了小程序工具包，与微信小程序、支付宝小程序相互竞争，推动技术的升级。

综上所述，电商直播和小程序的应用不断地得到技术的升级和增强，也得到了国家和市场的认可及大力支持。这将进一步助推电商行业的发展，实现更加智慧和便捷的消费体验。

（二）竞争对手分析

淘宝：作为国内电商购物的龙头平台，拥有庞大的用户群体，产品种类丰富。

京东：作为国内电商购物的龙头平台，拥有庞大的用户群体，产品种类丰富，以物流迅速著称，其电子产品的售卖拥有很高的口碑。

拼多多：作为国内电商购物的龙头平台，拥有庞大的用户群体，产品种类丰富，价格便宜，卖家入驻平台门槛较低。

地标荟商城：四川地标荟文化传播有限公司建设的“国家地理标志产品社会化电商平台”，不同于淘宝、京东、拼多多这样的头部电商平台，地标荟商城专注于地标产品，购买者可以直接搜索相关地标产品名称进行购买，但其种类较少，未覆盖全国的地理标志产品，知名度相较于头部电商平台较低。

地理标志商城网：中国国家地理标志（保护/商标/农产品）产品零售、批发互联网线上电商平台，界面简单，但其知名度较低，地标产品种类较少。

与成熟的地理标志产品售卖的电商平台和商城相比，我们有了更多文化的输出，增加了商品的文化价值，延续了区域地方传统的技术工艺和资源。同时，优秀成熟的公司也给我们带来启示，对于商品质量、价格和性价比等方面有了更为合适的选择。

（三）市场需求分析

1. 消费者对国家地理标志产品认知逐渐提升

消费者对于国家地理标志产品的认知是影响其市场需求的重要因素之一。通过针对目标消费群体的调研，可以分析消费者对于该品牌的了解情况，并确定营销策略和宣传重点。

根据京东发布的《2018~2022年地标农产品上行趋势报告》，消费者在选购农产品时越发关注产地信息，知名产地、知名品种越来越受欢迎，近5年来，地标农产品成交额年均增长36%，高于农产品整体增速4个百分点；地标生鲜农产品成交额年均增长41%，高于生鲜农产品整体增速7个百分点。

2. 政府对国家地理标志产品的支持不断加强

地方政府对于国家地理标志产品的扶持需要进一步加强。可以通过投入资金、实施优惠政策等方式，扶持产业的发展，同时，举办活动和展览，帮助企业在市场上进行推广。

加强地理标志保护是2023年全国政协72个重点提案选题之一，由全国政协提案委员会以调研形式进行督办。这些提案重点指出了当前地理标志资源挖掘、保护运用与发展过程中面临的问题和挑战，从加强立法、完善制度、机制建设、品牌赋能等角度提出了客观中肯的意见建议。

3. 国际市场对国家地理标志产品的需求

国际市场对国家地理标志产品的需求也越来越高。这主要源于消费者对于健康、环保等问题的关注，以及对于特色品种、文化内涵等方面的追求。因此，进一步探索国际市场是提高国家地理标志产品市场需求的重要途径之一。

2020 年 9 月 14 日，《中华人民共和国政府与欧洲地理标志保护与合作协定》，以下简称（《中欧地理标志协定》）正式签署，自 2021 年 3 月 1 日起，我国 275 种地理标志产品获得出口欧盟的保护，纳入协定的中国地理标志产品包括安吉白茶、赣南脐橙、盘锦大米、宝山小粒咖啡、烟台苹果等。根据《中欧地理标志协定》，2021 年 3 月，第一批中国和欧盟各 100 个地理标志产品互认互保生效，第二批双方各 175 个地理标志产品将于 2025 年 3 月完成相关保护程序，双方地理标志互认互保的产品规模扩大至各自 275 个。这将为中国有关产品进入欧盟市场、提升国际市场知名度提供有力保障，有力推动中国优质地标产品的出口。

4. 产业升级对国家地理标志产品的需求

随着生产技术和管理水平的不断提高，市场对于高质量、高附加值产品的需求越来越高。因此，推动国家地理标志产品的产业升级，提高其在研发创新、品质提高等方面的能力，有助于增强其市场竞争力。

在消费升级的背景下，消费者对于品牌价值的追求越来越高。目前，地理标志产品主要以农产品为主，市场上真正具备全国影响力的农产品品牌比较少，因此，地标产品在一定程度上发挥着品牌的作用。特色的产地生态和历史文化是地标产品独特的价值源泉，蕴含着丰富的市场潜力和品牌价值。但目前大多数地标产品售价与普通产品相比并没有优势，主要原因是地理标志产品品牌的推广还不到位，市场辨识度不高。

（四）SWOT 分析

1. 优势分析（S）

（1）针对性强。专门针对地标产品所设计与开发的联合地标商城小程序，相较已经存在的网上购物平台，具有极强的针对性，可以保证消费者购买到真正的地标产品。同时，由于与地标产品产地的企业与政府合作，产品来源有保证。

（2）专业的营销团队。项目的指导老师是电子商务学院的老师，经验丰富，可以更好地建立电商平台并对产品进行宣传，项目团队中绝大部分成员具备市场营销学的知识，可以对地标产品进行抖音、小红书等平台的推广，提升了地标产品的品牌知名度。

（3）具有相对较低的价格。由于地标产品极具当地特色及特征，从而想要购买到真正的地标产品，往往需要付出比一般商品更高的价格。联合地标项目与地标产品当地的企业、政府合作，减少中间商赚差价，从而在保证一定利润的基础上，可以制定比市面上较低的价格，更快地提升销量。

（4）产品品质有保证。相较于其他电商平台种类繁杂、无政府或是当地企业背书的产品，联合地标项目可获取当地政府许可并进行合作，拥有真实、稳定的产品来源，从而有助于提升消费者的体验。

（5）初期校园推广较为容易。由于联合地标项目初期的推广用户主要是大学生，而团队成员均为大学生，指导老师为大学老师，因此，在进行校园推广时具有一定的优势。

2. 劣势分析（W）

（1）项目知名度低。相较已经拥有庞大用户群的相似软件与电子商务小程序，联合地标项目的知名度较低，没有较多的消费者，从而难以获取消费者的数据进行分析。因而，初期除需要进行大量的推广与宣传之外，还需要进行消费者的市场调研，以获取目标用户的消费偏好。

（2）实现预期的销售量有一定的难度。由于在选择合作商时，需要进行实地调研与考察，并获得相关资质许可，因而想要上架新产品往往需要较长的时间。此外，截至 2022 年底，我国已经累计批准了 2495 个地理标志产品，如何选择初期合作的企业及上架的商品来吸引并留住消费者，在实施时具有一定的未知性，从而不一定可以达到预期的销售量。

（3）商品类型较为单一。商品具有针对性的同时也表明其类型比较单一，相较于十分成熟、具有庞大用户、商品种类齐全的淘宝、京东等平台，联合地标圈小程序中的商品较为单一，不能满足消费者多元化购物的需求。同时，很多地标产品具有极强的季节性，因此，可能无法保证消费者随时购买的需求。

3. 机会分析（O）

（1）国家政策扶持。全面推进乡村振兴，加快建设农业强国有助于全面建设社会主义现代化国家。多年来，国家陆续出台各种政策扶持农民来增产增收，在政策的引导下，对地标产品进行推广与宣传从而提升其知名度与销售量，可以实现地标产品一定程度的溢价并带动大批贫困户实现脱贫。

（2）消费者观念的转变。随着近些年来人们生活水平的不断提升，人们购买商品不仅关心其是否具有低廉的价格，更注重产品的口味以及品质。地标产品往往极具特色但却缺乏一定的知名度，因此，地标产品知名度若可以进一步提升，会带动更多的消费者去购买。例如，库尔勒香梨、山西老陈醋、阳澄湖大闸蟹等这些极具地方特色的地标产品不断地吸引着人们的注意。

（3）产品效益明显。相较于一般的产品，地标产品往往具有极强的地方特色，从而品质更好、价格也更高。因此，推广与宣传地标产品从而提升其知名度，会得到当地政府、企业以及农民的大力支持。

4. 威胁分析（T）

（1）同类产品竞争。部分的购物平台也存在地标产品，但由于其没有一套完整的监管体系，使得市场上商品质量参差不齐，但若稍加改善，基于其庞大的用户群，会有一个质的提升；已存在的如地标荟小程序已经拥有一定的知名度，目前其定位的产品仅仅是四川地区，若其开拓商品市场，将是一个很大的威胁。

（2）发展时间短。相较于创立并经过不断完善，如今十分成熟的购物小程序，本项目的产品设计往往不够成熟，后续可能会出现一系列的问题。此外，在电商平台众多的情况下，创造一个极具特色的产品并在短时间内使其深受消费者的欢迎，有一定的困难。

五、联合地标项目产品和服务设计

（一）主要产品

1. 产品状况

国家地理保护标志产品指产自特定地域，所具有的质量、声誉或其他特性取决于该产地的自然因素和人文因素，经审核批准以地理名称进行命名的产品，并进行地域专利保护。

地理标志作为一种识别标志，表明产品的地理来源，但更重要的是作为特定产品的品质证明。一个产品贴上了特定的地理标志，就和地理因素和人文因素联系起来，是该产品质量和品质的有力证明，使产品具备了其他同类产品所不拥有的独特优势。比如，享誉世界的龙井茶、章丘大葱、阳澄湖大闸蟹等，独特的品质和稀少的产量大大提升了地理标志产品的经济附加值。

地方特产是地方一张厚重的名片，更是礼尚往来的珍贵礼品。“回归传统”“吃要吃本的”，随着人们生活水平的提高，人们对生活发生质的变化。来自大自然的土特产品成为人们消费的首选。通过市场调研，发现市场上同类产品虽然有，但产品数量、品牌不多，竞争性品牌更加稀少，这对我们来说是非常有利的。

2. 产品特征

产品区域性。能获得地理标志产品认证的产品，生产必须在一定的区域范畴内进行。所申请的地理标志产品并非是独家占用的商标，而是该区域多数企业共同使用的商标。

产品独特性。能申请成功的地理标志产品必须具有当地地域特点的产品特色，这种特色可以是品种独特性、口味差异性、原材料特有、特殊工艺、特殊人文背景等独有品质。

地缘性。地理标志产品的命名一般是“所生产的地理区域名称+产品品类通用名称”的组合。如安溪铁观音、金华火腿、福州茉莉花等，前两字为地理区域，后两三个字为产品品类。

3. 目前合作的地标产品

（1）五常大米。黑龙江哈尔滨五常市特产，中国国家地理标志产品。五常市是典型农业大县（市）、国家重要的商品粮食基地、全国粮食生产十大先进县之一，也是全国水稻五强县之一。五常大米受产区独特的地理、气候等因素影响，干物质积累多，直链淀粉含量适中，支链淀粉含量较高。由于水稻成熟期产区昼夜温差大，大米中可速溶的双链糖积累较多，对人体健康非常有益。五常大米颗粒饱满，质地坚硬，色泽清白透明；饭粒油亮，香味浓郁。

2020 年 9 月 14 日，五常大米纳入中欧互认地理标志。2020 年以来，国家知识产权局核准五常市乔府大院农业股份有限公司、五常市睿向米业有限公司、黑龙江中农裕邦绿色农业发展股份有限公司、五常市卫国乡明发米业、五常市玉源谷物有限公司、五常市绿山川米业有限公司、五常市金财米业有限公司等公司使用“五常大米”地理标志产品专用标志。

（2）普洱咖啡。云南普洱市特产，全国农产品地理标志。普洱属于南亚热带山地湿润季风气候为主体的高原气候区，是世界咖啡种植的黄金地带。普洱咖啡色泽好，品质优，味道独特。2013 年 12 月 30 日，中华人民共和国农业部批准对“普洱咖啡”实施国家农产品地理标志登记保护。2017 年 12 月 22 日，普洱咖啡申请登记证书持有人名称变更，重新核发中华人民共和国农产品地理标志登记证书。2023 年 1 月，普洱咖啡获得国家标准及其英文版立项。

2022 年，普洱咖啡成为当地产业帮扶和乡村振兴的重要产业。在普洱市孟连傣族拉祜族佤族自治县，2021 年冬天至 2022 年 10 月，咖啡产业为当地群众增加收入 1.5 亿元。同时，产业的发展吸引不少人才返乡创业，为普洱集聚新的活力。

（3）老鲜生干裙带菜。大连具有海洋性气候特点的暖温带大陆性季风气候，冬无严寒，夏无酷暑，四季分明，年平均气温 10.5℃。大连海域受黄海暖流影响，冬季不结冰，几乎不受台风侵扰，因此适宜裙带菜大面积浮筏养殖。裙带菜为冷水性海藻，它不能忍受较高的水温，而大连裙带菜地域优越、品质优异、色泽纯正、口感鲜爽、营养丰富。

作为国家地理标志产品的优秀大连企业代表，老鲜生企业拥有先进的生产设备和专业的研发团队。老鲜生干裙带菜的产品卖点在于，具有国家地理标志认证；选自北纬海域出口品质，免洗无沙、口感柔嫩；十几倍高泡发率，一小把泡一盆，泡发后颜色透亮翠绿；营养价值丰富，含钙量约是牛奶的10倍；脂肪无负担，营养健康的快手美食。

（4）盖世海藻沙拉。具有国家地理标识认证，自有3000亩黄金海域养殖，北纬39度，世界公认适宜海洋生物生长的纬度，大连金石滩远海岸线洁净海域。从生长环境上最大限度保留食材原始的新鲜和营养，从源头保证食材安全。培育出的海藻营养健康无污染，色泽翠绿，口感更加脆嫩。盖世海藻沙拉精选优质海域特级梗丝，原料精挑细选，严保产品品质，每一口海藻脆嫩可口、鲜香多汁、清爽解腻、顺滑爽口、营养低脂。

（5）山亭地瓜枣。枣庄特色农产品。因其味甜、肉糯，遂以枣为名，主要原料为甘薯。甘薯又名番薯、红薯、地瓜，具有适应性广、繁殖力强、栽培简便、高产稳收、营养丰富、用途广泛等特点。山亭可谓是地瓜枣的原产地。2022年3月，山亭地瓜枣入选山东省重点地理标志保护清单。

（6）临朐柿饼。临朐柿饼是山东潍坊临朐县的特产。临朐县出产的柿饼柔软、绵甜、甘美，多年来以其独特的天然风味占领了日本和韩国市场。

柿饼是一种无污染、绿色纯天然食品，不但营养丰富，而且有较高的药用价值。近年来，临朐县大力发展柿树种植，全县已拥有柿树达25万株。据了解，作为我国出口柿饼的主要基地之一，临朐县年产鲜柿达700万千克，年加工柿饼14000吨左右，年收入可达5000万元以上。2013年，临朐县五井镇柿饼协会申报的“临朐柿饼”被国家工商总局商标局核准注册为中国国家地理标志证明商标。

（7）平阴紫金玫瑰鲜花饼。紫金玫瑰鲜花饼甜而不腻、饼皮层层起酥，酥香松软，一口咬下去如同咬到春天！入口后那玫瑰花的清香，混合着恰到好处的甜，这种相互缠绵的香甜气让人欲罢不能，口腔深处，仿佛一树花开的玫瑰园！不含防腐剂，新鲜短保，老少皆宜，适合作为聚会甜点、早餐、下午茶、家居零食糕点等。

济南紫金玫瑰股份有限公司主要从事当地特色产业玫瑰深加工产品的研发、生产及销售，在玫瑰产业的发展中，公司积极引领玫瑰产品创新，丰富玫瑰产品，打造“玫瑰+”文化。现有八大品类玫瑰系列产品，其中，玫瑰花茶和玫瑰酱膏系列五类产品获“绿色食品证书”，玫瑰鲜花饼在第五届中国森林博览会获得金奖、获评“济南市十大城市礼品”称号等。

（8）山胖子蜜汁板栗。产自山东安丘柘山镇，柘山镇境内地貌多样，自西向东依次为山地、丘陵，柘山板栗主要产于西南部的丘陵山区，该地区背风向阳，光照充足，山泉资源丰富，土壤富含有机质，生态环境优美，具备种植板栗的独特气候和土壤条件。板栗主产区地质疏松、透气性好、保水力较强、地下水位低、排水良好。土壤以砂壤土、壤质砂土或粽壤土为主，适宜板栗生长。

（二）服务设计

1. 联合地标圈小程序设计

为了让地标产品实现更好的分销，联合地标团队进行了小程序的设计，从而为消费者提供购买地标产品的专门渠道。目前，联合地标圈小程序已开发完成，实现上线运行，对目前已经取得合作的地标产品进行了上架。

联合地标圈小程序主要包含五个版面，分别是首页、分类、地标圈、购物车和我的。

其中，地标圈是联合地标圈小程序具有特色的一个板块，用户可以在个人信息中设置自己的家乡、学校等信息，后续便可以加入共同圈子，查看其他用户关于产品的购买偏好、购买体验等信息，当然前提都会征得用户的同意。

在产品分类界面，不同于其他购物软件大部分存在的商品类型分类，联合地标圈小程序给用户提供了更多选择商品的方式，联合地标圈小程序使用者可以选择产品的产地、可以选择用途，从而实现不同的购买需求。与此同时，产地的分类也在无形中帮助推广各个地区的产品及其特色。

2. 联合地标代言人 IP 设计

（1）代言人 IP 设计背景。为了更好地推广地标产品并贴近大学生群体，我们将设计一款名为“地标使者”的 IP 形象。这个形象将描绘一个大学生身份的使者，致力于发掘和宣传各地地标产品，尊重和传承乡村文化，凝聚年轻人的力量，推动地方特色经济。

（2）代言人 IP 角色设计。“地标使者”是一个充满活力的学生形象，其整体配色以土黄、蓝绿和深棕为主，象征着她深深扎根于大地，寓意活力与年轻。同时，学生形象也意味着在今后联合地标项目推进的主力军为大学生，彰显大学生的责任与担当。

她身穿一件印有地标图案的黄色短 T 恤，头上戴着一顶土黄色的遮阳帽，帽子上别着一枚地标图案的徽章，代表对乡村地标产品的尊重和传承。双肩背着一只绿色的背包，背包中存放各式各样的地标产品。

3. 联合地标部分合作产品IP设计

目前，地标产品存在宣传推广不到位、产品溢价低等问题，在新生代消费群体中缺少认知度。为了满足Z世代消费者的消费特点，更好地宣传地标产品和文化，联合地标项目团队对地标产品进行IP设计，吸引Z世代消费者的注意，提升其对地标产品的购买欲望。与此同时，根据IP形象产出杯垫、冰箱贴、抱枕等文创产品，实现地标产品全链条获益。

（1）五常大米IP形象。“常小米”是联合地标项目中地标产品五常大米的IP形象，“常小米”的形象体现了五常大米与其产地的紧密联系。她的帽子是由米粒拟化而成，寓意每一粒五常大米都来自特定的地理环境，并通过其生长环境的自然因素和人文因素获得了独特的品质和特性。

“常小米”背着装满金黄色水稻的背篓，象征着五常大米的丰收，同时也象征着五常大米的原生态，展示了大米从稻田到餐桌的全过程，体现了联合地标项目的理念，即推广地理标志产品的过程也是呈现其原生态的过程。

作为联合地标项目的一部分，“常小米”不仅仅是一个产品的形象代言，更是五常大米背后丰富的地标文化和旅游资源的传播者。她的形象和故事，都将通过抖音、公众号、小程序、微店等多种媒体平台被推广出去，帮助更多的人了解和认识到五常大米这一地理标志产品的独特之处。

（2）大连裙带菜IP形象。“裙小带”是地标产品大连裙带菜的IP形象，整体设计以海洋的绿色和海蓝色为主，体现了裙带菜的自然生长环境和海洋的亲和力。“裙小带”手捧一碗已经泡发好的裙带菜，这一动作既象征着裙带菜的食用价值，也强调了其对水环境的依赖。而其服装设计则寓意裙带菜与海水的紧密关系，同时给人一种清新、自然的感觉。

在联合地标项目中，“裙小带”作为裙带菜的IP形象，承载着地理标志产品的重要任务。它不仅为裙带菜增添了可识别度，同时传达了产品的特色和故事，与裙带菜的产地大连紧密相连。

我们充分利用各种社交媒体平台，通过创新和富有趣味性的方式，以“裙小带”为载体，推广裙带菜和地理标志产品，提升消费者的认知度和接受度。

（3）云南普洱咖啡IP形象。“普小咖”是地标产品云南普洱咖啡的IP形象，这是一种具有深厚文化底蕴和独特口感的地理标志产品，深受全球茶叶、咖啡爱好者的喜爱。

“普小咖”的形象设计巧妙融合了云南普洱咖啡的特点，展示出茶叶的天然、清新和优雅。她的绿白相间的裙子象征着新鲜的茶叶和茶水的纯净，手中的棕色咖啡杯则体现了普洱咖啡的独特色泽。头上戴的白色花朵更是提醒人们，普洱咖啡是大自然的馈赠。

“普小咖”是地理标志产品云南普洱咖啡的文化代表和市场传播者。她通过各种渠道将普洱咖啡的文化、品质和故事传播出去，提高市场的认知度，扩大产品的影响力。

（4）大连海藻沙拉 IP 形象。“小海藻”是地标产品大连海藻沙拉的 IP 形象，她的服装设计上，绿色和海蓝色的搭配恰好映射出海藻的生长环境和其本身色彩，与海藻的产地大连紧密相连。考虑到大学生的目标用户群体，采用了活泼、青春、可爱的设计风格。同时，为了体现其地理标志产品的特点，“小海藻”身上还融入了一些国风元素，如中国特色的服饰。

“小海藻”是一个阳光、积极的形象，象征着年轻人对环保、健康生活的追求。通过她，联合地标团队希望通过各种平台和方式传递出对海藻沙拉产地环境的尊重以及对本地文化的热爱，从而提高地理标志产品的市场辨识度，推动地理标志产品的高质量发展。

（5）临朐柿饼 IP 形象。“小柿仔”是地标产品临朐柿饼的 IP 形象，他鲜艳、可爱的橘黄色外观，手持吊柿饼的形象，使其同时承载了临朐柿饼的传统文化和美食魅力。“小柿仔”也蕴含了临朐地区的自然特质和人文精神，充分展示了临朐柿饼的独特风味和地标文化。

“小柿仔”是一种美食的象征，也是地理标志产品传播的载体和符号。他利用生动、形象的方式，增强了临朐柿饼的市场辨识度，也能更有效地引导和拓宽销售渠道，提高产品溢价，从而助推地理标志产品的高质量发展。

（6）平阴玫瑰鲜花 IP 形象。“平小玫”是地标产品平阴玫瑰的 IP 形象，充满活力和独特的本地色彩。她的形象设计充分体现了平阴玫瑰的美丽和特性，手中的玫瑰和帽子、辫子上的玫瑰装饰，都寓意平阴玫瑰的丰富和珍贵。而她身上多层次的裙子则象征着平阴玫瑰的层次感。这些元素都紧密地联系着平阴玫瑰和当地的地理、文化特色，使得“平小玫”形象富有生动性和辨识度。

“平小玫”是平阴玫瑰的形象代言人，也是地方文化的传播者和推动者。她的形象设计立足于地方特色，又兼顾现代审美，在联合地标项目的推广中，“平小玫”将继续发挥其独特的角色，携手大学生代言人，通过各种线上线下活动，向更广泛的群体传递地标文化和产品的魅力。

4. 地标产品 IP 形象周边文创产品

联合地标项目团队根据目前设计的地标产品 IP 形象，已产出文化衫、陶瓷杯垫、冰箱贴样品等文创产品。

联合地标项目团队将在后期设计并产出更多的地标产品 IP 形象文创周边产品，如盲盒、抱枕、帆布袋等产品，以满足 Z 世代消费者的消费特点，更好地宣传地标产品和文化。

（三）地标产品销售与推广

联合地标项目的产品销售与推广主要依托于联合地标圈小程序、微店、抖音号和公众号四种方式。联合地标圈小程序和微店为用户提供一个地理标志产品购买的平台，联合地标抖音号和公众号用来科普地理标志相关知识、发布相关热点内容、宣传具有地方特色的地标产品，推广小程序和微店以吸引用户。在一系列的运作中形成联合地标项目一体化服务平台。

（四）校园主播孵化

近年来，农村电商直播发展突飞猛进，以直播电商为代表的新业态、新经济在助力乡村振兴中发挥了重要作用，但主播缺乏专业性和平台设施落后、缺乏特色品牌等问题也逐渐凸显。

本小组预设推广地理标志产品的地区孵化当地主播，根据“我为家乡代言”为主题，开始在校园中寻找主播。让大学生学习短视频内容策划、摄影摄像和视频剪辑运用，快速变身“网络达人”。同时，结合地标产品特征和地域特征，筛选校园代言人，并对筛选出的校园代言人进行培训，在抖音平台进行直播，在介绍地标产品的同时，推广地标产品 IP 形象，宣传和推广地标文化，并促进地标旅游。联合地标项目团队将把握新媒体电商发展新机遇，着力培养一批具有互联网思维，懂营销、会操作的校园主播，推进地理标志长久发展。

校园主播培养链的三个阶段：

首先，基础能力训练阶段，校园主播对所阐述和宣传推广的地理标志产品能有一定的认知，能够很自然大方面对镜头，并且可以结合时事热点、输出一定的内容，从而实现展露家乡产品特色、为其家乡宣传的目标。

其次，主播能找到适合自己风格的产品类目，以及对自己所推荐的产品有较为专业细致的了解，如能够快速把一款国家地理标志产品的卖点提炼出来，完成基本的包装。

最后，卖货的过程，也就是基于前两个阶段的结合，把自身的流量积累起来之后，进入流量转销量的阶段。

（五）客服服务与售后支持

良好的售后支持与对于电商平台十分重要。通过联合地标圈小程序和微店购买的用户可以通过服务版面获取售后服务的权益，包括商品的咨询、购买评价、退换货等服务。此外，联合地标公众号后期将开通“联系我们”界面及售后群聊，用户可以反馈想要购买但目前联合地标圈小程序和微店中尚未上架的商品，项目团队依据需求将会在后期寻找合作；用户也可以对联合地标圈小程序和微店的界面、内容、产品的质量、包装服务、物流情况等进行建议与反馈，从而更好满足用户的需求。

六、联合地标项目营销推广

联合地标项目平台推广以线上推广为主，线下推广为辅。考虑到目标顾客比较集中——大学生群体，项目的营销包括以下几个方面：

（一）营销策略

1. 4p 策略

（1）产品策略。地理标志产品，既是一种代表着产品特征的知识产权，更是一个区域的文脉、文化、生活方式、经济特征的载体，在某种意义上，地标产品是地区形象和区域文化的代表符号。作为地理标志产品，相对于同类产品本身就具备了特殊的地域性，赋予了品质、特色、文化内涵方面的独特卖点。因此，遴选产品时，不仅注重产品的品质和价值，要求产品有独特的卖点，更要挖掘产品背后的文化。

（2）价格策略。根据不同的市场定位，制定不同的价格策略。产品的定价依据是企业的品牌战略，且注重品牌的含金量。应配合产品组合策略和客户便利而制定的价格策略，分别按照地理标志产品的等级和包装不同而制定价格，按照产品的品质和成本制定价格等。为了方便顾客，节省时间，提供了一目了然的价格分类搜索区，配有明确的图片价格文字说明，极大地方便了有各种价格需求的人群购买。

（3）渠道策略。随着现代农业及现代农业流通体系在世界范围内的发展，我国的农产品营销渠道模式发生着剧烈变化。①小程序有出售产品、营造文化氛围、提供服务信息和担当支付功能等作用，是在各类新媒体营销平台中最基本的构成部分。②微店有出售产品、提供服务信息、售后服务、在线客服和担当支付功能等作用，网上销售终端进行产品的订购，企业将订单分配给区域渠道商，完成产品的销售。

（4）宣传策略。地理标志产品对于乡村振兴的意义不只在于产品品质本身，更在于其蕴含的文化内涵。消费者在消费地理标志产品时，不仅关注其地理特性，更在意产品背后的文化和故事，通过品尝产品去感受当地风情。要深入挖掘地标产品背后的历史文化、农耕文化、地缘文化、生态文化、地理文化和健康文化，通过多种媒介渠道传播出去，以文化赋能地理标志产品，地标产品品牌才能具有旺盛的生命力。

建立产品的小程序、微店、抖音、小红书、视频号、公众号等平台，开展多种形式的宣传，通过“我为家乡代言”活动，将地理标志产品和当地文化和旅游相结合，借助电商和新媒体渠道提升地标产品知名度，带动当地旅游产业的发展。短视频、直播等形式可以向消费者全方位展示地理标志蕴含的风土人情和文化传统，让消费者全面了解地标产品的生产环境、生长过程、产品特色等，让地标产品的原产地优势、品质优势和文化内涵更加凸显。

2. 4c 策略

（1）顾客服务策略。国家地理标志产品电子商务平台需要使用服务同产品间的差异化策略，对于不同客户，对不同的服务与产品进行提供。要做好平台一体化策略的应用，将农户种植基地建设、农产品收购以及产品的再加工等环节以连锁经营体系的方式做好销售终端建设，以此为顾客提供良好的产品体验与服务。

（2）成本服务策略。在交易中，由国家地理标志产品电子商务平台对产销双方进行连接，在对渠道环节有效削减的基础上实现运营成本的降低，在帮助合作社以及种植户增产增收的基础上对城市居民农产品购买价格进行降低，不断实现居民生活成本的缩减。对于城市居民，可以积极开展健康生活、绿色生活的体验式服务，实现文化生活成本的降低。

（3）便利服务策略。在实际运行中，地理标志产品电子商务平台需要对电子商务自身所具有的便利特点进行充分的发挥，通过网络营销方式的应用对便利途径进行实现，帮助消费者能够以更为便利的方式获得其所需的服务与产品。具体措施有：第一，开展网络会员制，以会员优惠活动方式的应用鼓励交易活动的进行。第二，主动为顾客提供售后服务条款以及质量保证条款，以此方式对买卖双方在交易中的义务与权利进行约束，在对沟通有效性进行增强的基础上获得其信任。在每项工作完成后，需在订购方信息平台同步公布信息，并以邮件的方式通知顾客其所订购货物目前的运输进展情况。第三，做好网上交易给付手段的完善，保证用户信息隐私的安全，要增强支付方式的信用，同银行积极开展合作，通过其信用保证方式促进交易活动的顺利开展。

（4）沟通服务策略。在服务交流的平台中，将产品以及其对应的品牌在平台上双向沟通，在对顾客意见与需求进行充分了解、倾听的情况下实现对顾客所需服务信息的提供。具体沟通方式上，可以根据实际情况选择销售及广告等方式，以及新式的体验营销及直接营销等。在平台刚刚建立时，可以在当地通过服务信息宣传及广告等方式形成一种好的品牌形象。然后，在确定区域客户之后有针对性地为其提供优惠服务，如免费送货、提供样品等，以此不断建立起长期的合作伙伴关系。

（二）线上推广

1. 抖音号

联合地标项目小组注册的抖音账号正在尝试推广过程中。针对该抖音账号，前期会一直更新有关地理标志产品的小知识，从而让更多的人了解地理标志产品的基本信息。在抖音平台，主要针对的人群会更加的多元化，目的是让更多的人对地理标志产品更感兴趣，让大家知道地理标志产品的实际意义。

针对品牌推广，我们制订了完整的内容营销选题计划。内容营销的选题计划包括地理标志概念介绍、地理标志产品专用标志、地理标志产品如何申请、地理标志产品保护规则、中国地理标志产品分布、地理标志产品介绍、推广家乡地理标志产品、地理标志产品管理办法等内容。

抖音的直播功能会分为两个时期。

第一个时期粉丝数量比较少。因为在抖音平台粉丝需要达到一定的数量，才可以挂小黄车卖货，所以在前期粉丝数量较少的时候，我们主要会直播介绍地理标志产品的知识，找一些朋友品尝我们的产品，在直播间里和粉丝分享品尝后的感受，与粉丝进行互动，聊一聊大家所在地区的地理标志产品以及希望看到我们所产出什么样的视频内容，听取群众的建议。

第二个时期是粉丝达到平台所规定的数量，可以进行直播带货，在直播间里会请专业的主播对我们的农产品进行讲解和售卖。

2. 公众号

公众号宣传产品互动性强，多文化输出（视频，美文，美图，音频）。

（1）跟其他公众号互推。在公众号有一定粉丝基础下，与其他公众号进行互推是最有效的吸粉方式。根据公众号内容定位匹配度、粉丝数以及阅读量相似度、推送情况等，寻找一个“门当户对”的公众号进行互推，可以达到引流的目的，吸引到比较精准的目标粉丝。

（2）通过公众号活动吸粉。在微信公众号中发起一些活动，这也是公众号快速吸粉的一个方法。不过具体要做什么类型的活动，是线上的还是线下的，需要具体情况具体分析。还有免费的沙龙分享活动、社群分享活动、抽奖活动等。

（3）通过优质内容吸粉。在“内容为王”的时代，做好高质量的原创文章，是公众号吸粉的重要途径。但是，想要利用好公众号原有的粉丝，除吸引更多的粉丝点击阅读文章，提高阅读量外，更有价值的是让粉丝做二次转发分享。只有这样，才能让更多的人看到，进而吸引新的粉丝。

（4）保持公众号高活跃度。公众号的活跃度指公众号更新推送的频率。大家在日常运营公众号的过程中，推送频率要保证，因为微信公众号每天都可以推送文章，如果能坚持日更，活跃度将达到最高。如果没办法每天都更新，可以保持短间隔更新（如每隔2~3天更新一次）。一旦长时间不更新（如隔了十天半个月都不推送一次），活跃度就会变得很低，公众号很难被作为邀请对象进行评估。

3. 微店

本项目小组注册的微店已经成立，产品之后会陆续上架；店铺内也会设有新人福利来吸引消费者。

（三）线下推广

1. 推广运营模式

近年来，国家地标产品逐渐走进了大众视野，成为高校文化的一部分。然而，由于宣传力度不够，校园内很多人对于国家地标产品的了解仅限于听说，缺乏深入的了解和体验。因此，开展校园地标产品宣传和售卖的活动，不仅可以增加地标产品的知名度，也能够在一定程度上培养校园主播，提升校园文化氛围，形成校园地标天地。

首先，开展校园地标产品宣传和售卖的活动，可以促进品牌的推广。通过活动宣传和售卖，可以让更多的人了解校园地标产品的特色和优势，对品牌产生信任和认可，提高品牌的知名度和美誉度。同时，通过满足消费者购买需求，积极反馈消费者信息，树立品牌良好口碑，增加品牌忠实粉丝。

其次，校园地标产品宣传和售卖的活动，可以培养校园主播。作为校园文化的重要组成部分，校园地标产品不仅是一种产品，更是一种文化的展示。在活动中，可以邀请校园明星或者优秀学生代表担任主播，通过直播、分享经验等形式传递地标产品的信息，让更多的人了解品牌，提升品牌的影响力。

最后，校园地标产品宣传和售卖的活动，可以形成校园地标天地。随着学生数量的增加和校方对校园文化建设的不断重视，校园地标已经成为高校文化的一个重要标志。通过校园地标产品宣传和售卖的活动，可以让更多的人了解、认同并参与到校园地标这一符号性建筑物的文化体系之中，形成浓郁的校园地标天地氛围。

综上所述，开展校园地标产品宣传和售卖的活动，既能够提高联合地标品牌知名度，也能够培养校园主播，同时能够形成浓郁的校园地标天地氛围。希望通过这样的活动，更多的人能够了解到国家地标文化的魅力，让校园文化更加丰富和有活力。

2. 具体实践

为了更好地推广校园地标产品，提高品牌知名度和影响力，项目团队计划开展一系列校园地标产品宣传和售卖的活动。这些活动将包括线上直播和线下操场活动。

我们将在校内的社交媒体平台和直播平台筛选校园代言人推广地标产品，并进行直播宣传。在直播中，我们将介绍地标产品的特色和优点，分享使用心得和用户口碑。同时，我们将设置满减活动，让消费者在购买校园地标产品时能够享受到更多的优惠和折扣。如此，可以吸引更多的人关注校园地标产品，提高品牌的知名度和美誉度。然后利用抖音平台发布关于征集家乡地理标志产品的活动，拍摄关于产品介绍的视频，并经过剪辑和挑选等发布到抖音、小红书、快手等社交媒体平台，丰富数据。

在学校操场举办校园地标产品售卖活动，并提前制作宣传海报。在活动中，我们将邀请校园主播和志愿者一起参与，展示地标产品的外观，并提供免费品尝服务等。为了增加互动性和趣味性，我们将设置游戏环节和小贴士分享，让参与者在游戏中更好地了解地标产品的特点和优点。同时，我们将为购买校园地标产品的消费者提供赠品和优惠券，增加他们的信任感和购买欲望。

在活动结束后，我们将进行数据分析和反馈，统计参与人数、销售额、用户反馈等信息，并根据反馈结果进行改进和调整。这样，不仅可以帮助我们更好地了解消费者需求和市场反应，还可以提高地标产品的校园市场适应性和竞争力。

通过线上与线下方式相结合，我们旨在提高国家地标产品的知名度和美誉度，培养校园文化和校园共识，促进消费者购买和使用国家地标产品，营造浓厚的校园文化氛围，孵化校园主播。

七、联合地标项目财务分析

（一）联合地标项目收入预测

团队的主要收入来源在平台进行商品销售时，按照小程序和微店入驻商家10%的销售收入比例作为平台的佣金收入；线下校园销售则按照15%的商品销售收入比例提成。其他收入来源于项目后期，地标产品IP设计及文创产品售卖、撰写推文及发布视频对未上架的、所合作的地标产品宣传与推广、推广广告的接洽以及后期小程序的会员开通等。因此，联合地标项目初期的营业收入主要来源于地标产品的售卖，包括联合地标圈小程序、联合地标微店以及线下的校园售卖活动。后期在抖音平台积攒到一定粉丝量时，开通抖店进行产品售卖同时进行直播卖货，接洽广告等。

具体而言，联合地标初期知名度较低，因此无论是小程序还是微店，其销量均会较少；与此同时，在初期的校园推广时，项目团队通过在抖音、公众号等平台进行地标知识的普及与推广，对地标产品进行介绍与宣传，以大学校园为平台，筛选出适合在校园进行销售与推广、具有一定文化内涵的地标产品，并同时选择与产品匹配的校园代言人，对大学生进行培训，使其成为具有自身特色、了解所代言的地标产品的主播并实现校内的分销，同时选择一些适合校园销售的咖啡、水果等产品来进行校园平台的初期推广。

综上所述，项目初期的销售收入不会很多。随着后期联合地标知名度的扩大及用户的数量的增加，合作的企业和地标产品逐步增多，会将目标用户扩展至比较注重产品品质与特色、中等收入的人群，选取更多的地标产品企业进行合作，在电商平台进行推广与宣传。同时，选取更多的校园代言人在抖音等平台进行直播售卖。

（二）联合地标项目成本费用预测

初期的联合地标项目主要包括小程序的开发、公众号平台的运营费用、校园代言人的合作成本、校园代言人的培训费用、抖音平台的宣传推广费用、线下活动宣传费用、管理费用、差旅费、水电费等。其中，校园代言人的初期的合作成本为其所分销产品销售收入的5%，随着项目的推进，需要培训更多的校园代言人实现校园分销；举办大量的线下活动来进行宣传售卖、网络平台的宣传与推广也是必不可少的，利用微信公众号、抖音网络红人、微博大V来进行项目的进一步宣传。

（三）联合地标项目净利润预测

联合地标项目初期主要依靠于小程序和微店地标产品的售卖、校园代言人的分销收入，而初期项目的成本往往大于收入，因此，第一年会导致亏损，随着后期联合地标项目团队成员对项目的大力宣传与推广，同时不断积累经验，项目会逐步扭亏为盈。

案例2
知乡心——乡村振兴无障碍直播间*

一、项目介绍

（一）项目概要

前两年，传统旅游业遭受重大冲击，处于经济下行的大环境中，发展后继无力，基本陷入了停滞状态，除此之外，线下市场大量关闭，农户的农产品滞销，乡村振兴处于停滞状态。当前，旅游业逐渐恢复，但远距离旅游市场规模锐减，乡村旅游得到有效发展，本地周边游也成为常态，短途周边游和本地游将是最直接也是最好的选择；农产品方面，依靠火热的直播经济，得以增加销量，弥补线下市场的不足。

践行乡村振兴战略过程中，不只有多数人的努力，更关乎每一个人，包括听障群体。听障群体一般都处于受助者的地位，但在本项目中，聋人主播将联合地方直播，帮助听障人群所在乡村发展。同时，听障群体也将得到反哺，得以实现社会价值，促进聋健融合。在社会的群体里，我们尽自己所能让每个微小的个体被看见，证明再微小的个体也能创造价值。

本项目致力于以无障碍直播间的创新形式，助力乡村产业振兴。项目紧随国家乡村振兴战略，深入到听障人群乡村搭建无障碍直播基地，为当地农民提供完善的直播方案，一村打造一个与众不同、受众群体更广的直播间。项目从高校角度出发，结合青年之力，以高校智慧赋能乡村产业化进程。无障碍直播间创新打

---

* 指导老师：盛晓娟。团队成员：韦会霞、张静雯、王媛、周海月、张可新。

造全流程的无障碍环境体验，以手语直播、字幕呈现、商品卖点等进行无障碍直播间打造，同时提供各平台宣传文案、主播培训、直播间流量、包装设计优化、物流等直播相关服务，把当地的特色农产品引入直播间，帮助农户打开销路，多渠道促进农民增收，完善农业发展基础，将更多的农产品推广到更大的发展平台，提升了乡村产业振兴内生动力，为乡村产业振兴贡献一份力量！

助力农村人才培养和发展，是激发农村内生动力的重要途径。本项目本着“以人为本”的乡村振兴战略理念，整合各类资源，搭建人才培养体系，对乡村的听障人群以及其他残障人群进行主播或者其他就业技能培训，提升了乡村人才就业能力，助力农业、农村可持续发展，积极宣传乡村振兴故事、乡村残障人群的日常以及新农村风貌助力乡村产业发展和文化传播。

项目前期主要是与基地合作，以及自主调研选择商品进行乡村振兴无障碍卖货直播，帮助农户打开销路，多渠道促进农民增收。

项目中期调研全国听障人群所在地的特色农产品，有条件到实地进行直播，帮助当地建立直播间。通过实地直播，因地制宜形成一套较为完善的直播方案，并在当地进行主播培训，帮助新人主播提高自身素质。期间将加大宣传力度，通过抖音、快手、微信公众号等媒体宣发途径，持续输出内容，形成品牌效应，打造乡村振兴无障碍直播品牌。

项目后期主要集中于文旅资源的调研直播以及当地听障人群的职业培训，包括主播培训、设计技能培训等。直播京郊特色旅游资源，文创产品、非遗文化以及特殊风俗民情等体验过程，搭配景区门票、文旅产品等的卖货，并拍摄视频，进行新媒体宣发，利用短视频流量提高知名度。通过培训，帮助听障人群拥有自身的职业技能，实现就业。模式成熟后，可将这种商业模式推广到全国各地，扩大辐射范围，帮助更多乡村实现振兴目标。

（二）项目背景

与听障群体共同帮助乡村农产品通过线上直播打开销路，增加销量，帮助京郊文旅资源通过直播方式实现变现，助力乡村振兴，是我们项目思考和想要解决的问题。

1. 农产品线下市场锐减，农产品电商迎来新机遇

新冠肺炎疫情期间，农产品线下营销遭遇冲击，线下农产品实体场所普遍处于停业或半停业状态，绝大多数农产品加工企业不得不延迟或取消已经规划好的线下营销计划，只得转而通过线上营销来应对线下营销的冲击。

受前期农产品价格结构性上涨、季节性因素和疫情对饮食结构的影响，家庭消费小幅增长。新冠肺炎疫情期间，绝大多数居民减少了购买农产品次数，但单

次消费金额有所增加。据调查，七成以上居民每周购买农产品频次少于2次，仅2.5%的居民每天购买，月均购买农产品约9次；单次农产品消费金额在85~147元，家庭月平均消费金额约1044元。正常情况下我国居民月均购买农产品频次约10次，客单价约82元。

“宅经济”催生了新的居家消费增长点。居民除购买生鲜农产品满足做饭需求外，自制糕点和特色菜品需求突出。当前，国内生产生活秩序加速恢复，新兴业态不断涌现，线上线下融合加深加快，我国农产品消费市场逐步回归平稳，将迎来新的增长点。

2. 乡村旅游发展的空间巨大

“十四五”规划中将文化软实力着重提出来，讲好中国故事，实现乡村振兴，为乡村旅游带来了战略纲领，将大大促进旅游行业的发展。

3. 本地周边游成为常态

本地周边游成为常态，周边游迎来巨大的发展机遇，并加速推进旅游产品品质升级。人们有时间对短途周边游和本地游进行深度挖掘，“重新发现周边和家门口的美景”，就成为了一种新趋势。周边游模式已获得了足够的市场认同与推崇，持续数年的高速增长需求所带来的软硬件设施以及服务的完善化，让这一模式已经能满足更多消费者的需求。而本地游的深挖又能让本地居民更好地体验生于斯的地方，提升生活的幸福指数。

短途周边游和本地游将是市场最直接也是最好的选择。现在的周边游市场以一已之力，撑起了中国旅游行业复苏的大旗，也几乎占据了旅游市场的半壁江山。

4. 消费者对高质量旅游的新要求

人民对美好生活的新期待为旅游业拓展了新空间，也为旅游业高质量发展提出了新要求。“今天，国民大众的旅游需求已经从‘有没有’走向了‘好不好’，从‘缺不缺’走向‘精不精’，从‘美好风景’走向‘美好生活’。”面对复杂多元的新文化，我们致力于让内容创造美好，通过内容传递向上向善的力量，让人与人之间的情感和价值观深度连接，为社会发展创造价值。

旅游行业要满足这些新的需求，进而抓住新的市场机遇，就要促进文旅融合，提升消费者旅游过程中的文化体验，营造外来游客和城乡居民共享的生活空间和消费场景。在此基础上，还要创新红色旅游、乡村旅游、研学旅游、专项旅游等产品体系，增加有效供给、优质供给、弹性供给，完善旅游公共服务，提升旅游服务质量。

（三）项目创新点

项目致力于在乡村打造直播基地、培训主播以及进行其他职业技能培训，帮助乡村开拓直播线上销售渠道，帮助京郊文旅资源以及特色农产品直播宣传，形成乡村振兴无障碍直播品牌效应，实现创收目标。

1. 打造乡村直播基地

我们以通州区为试点，依靠先前积累的直播经验，尝试在当地搭建无障碍直播基地，让当地拥有自己的直播间，线上销售常态化。并对当地的残障人群进行主播培训以及其他相关技能的培训，提升主播素质。在当地实地直播后为其提供一套符合自身的直播方案包括直播流程、无障碍直播打造、宣传、包装、物流等。

2. 打造乡村振兴无障碍品牌

已有的乡村振兴品牌繁多而复杂，本项目将乡村振兴与无障碍相结合，打造一个乡村振兴无障碍直播间，两者互帮互助。同时，配合专业团队，严格选品，打造品牌特色，形成乡村振兴无障碍品牌效应，以获得更多的流量与关注，实现流量变现。

3. 可复制商业模式确立

项目致力于探索出一套完整的可复制的乡村振兴无障碍直播模式，包括规范化主播培训，无障碍直播基地搭建方案和宣传，客服物流运输方案等。可复制的商业模式，不受地域限制，只要形式明确可以大范围推广，也能帮助其他地区实现增收目标，助力乡村振兴。

4. 聋人+助农，边缘群体反哺社会

我们将公益与商业结合，以开展乡村振兴无障碍直播，助力乡村振兴，帮助听障群体享受到互联网发展的红利，一举两得。让聋人主播带货公益产品，实现边缘群体互助，帮助聋人实现自我价值和社会价值，兼顾公益效益和商业效益。聋健融合，互帮互助。

（四）项目意义

1. 打破公众对聋人和助农的固有认知

公众固有观念是将二者都视为需要帮助的角色，乡村振兴无障碍直播项目能够将二者很好地结合，开拓农民销售渠道，扩大销售市场，为农民增收，能够让聋人互联网用户参与直播购物，享受互联网直播经济的红利，为乡村振兴献一份力，实现自我的社会价值。

2. 促进文旅融合

（1）转化资源。本项目致力于挖掘各种产品蕴藏的文化底蕴，调研京郊地区的风俗民情、文创产品、非遗文化等，以直播方式参与体验，促进文化和旅游融合发展。开发京郊地区丰富的资源和多样的风情文化，让文化“活”起来，为文化和旅游的发展提供有利条件融合，通过整合乡村内部IP及生态资源，我们与通州张家湾旅游场景进行深度融合，致力于打造国内首个无障碍文旅IP。

（2）驱动产业。通过乡村振兴无障碍直播，到当地旅游区直播，促进乡村旅游、红色旅游、旅游演艺、特色民宿等宣传，增加客流量，培育文化旅游新业态、新产品融合，实现优质发展。

（3）弘扬文化艺术。推出文化艺术精品。文艺是时代的号角，对文化的继承和发扬起着主导作用。我们深入挖掘文化艺术资源，直播销售一批展示文化的优秀文艺作品。充分发挥旅游在传播优秀文艺作品中的作用，促进文艺和旅游的发展融合，为人们提供丰富的精神食粮。

3. 促进京郊乡村振兴与聋健融合发展成果全民共享

在互联网时代，信息技术飞速发展，不仅要让乡村振兴通过互联网得以加快发展，也要促进聋健融合，二者互帮互助，体现人文关怀，从而真正实现社会层面的大融合，全民共享发展成果。

4. 探索社会创业新模式

通过乡村振兴无障碍直播，我们可以探索出一条乡村振兴与无障碍结合的新方式，让听障群体和乡村振兴人群能够互帮互助，更多地从互联网中受益，体现互联网关怀。乡村振兴无障碍直播是“公益+商业”的结合。大众普遍认为听障群体和乡村振兴地区处于受助者地位，实际上二者也能成为施助者，互相帮助，探索出“听障+助农”等新模式，为不发达地区产品外销助力。

二、项目分析

（一）项目可行性分析

1. 技术可行性分析

（1）语音识别技术。我们致力于构建一个无障碍直播环境，通过在直播间设置字幕的方式来辅助无障碍环境的构建，实施方式是在直播间配备一名健全人助理，再引用市面上成熟的语音识别技术对助理说的话进行语音识别并展现在字幕上。

（2）大数据分析技术。在开展直播之前，进行用户调研，将市场调研收集来的数据进行分析，帮助我们了解用户的购买倾向和面向的客户对直播间功能的需求。然后，在开展直播之后，进行直播间后台数据分析，通过分析点击率、消费额等直播间数据了解用户的实际偏好，有助于我们制定契合用户需求的直播方案。

2. 经济可行性分析

（1）农产品以及非遗产品线上线下市场分析。“互联网+非物质文化遗产”的新型结合，公益性拍卖的引人入胜，超现实主义的文化展现等新兴方式为非遗市场注入了新的活力。

（2）旅游市场以及分析。乡村旅游发展空间巨大：讲好中国故事，实现乡村振兴，将会促进旅游行业的发展，随着新型城镇化和新农村战略的推进，广大农村居民开始成为日渐增长的包括自驾、休闲、研学和亲子旅游市场的新兴消费力量。市民下乡旅游带来的外来消费，农民进城和本地休闲拉动的内生需求，共同构成乡村旅游市场的基础。旅游市场一系列新需求和新供给正在形成。康养旅游、近郊旅游、亲子旅游、自驾旅游等旅游消费新业态快速扩张。

3. 线上+公益+商业的营利模式分析

前期通过对接乡村振兴合作资源进行直播卖货，将直播收益和供应商、主播进行分成；中期除带货收益外，微信公众号、微博粉丝达到一定数量时，我们将以广告投放、定制话题等活动，以及官方挑战赛、粉丝头条、创意贴纸、视频浮窗等形式将流量进行变现；后期可以通过乡村振兴无障碍品牌的成功打造进行新一轮流量变现。

4. 政策可行性分析

（1）乡村振兴相关政策。《中共中央关于制定国民经济和社会发展第十四个五年规划和二〇三五年远景目标的建议》提出：优先发展农业农村，全面推进乡村振兴，坚持把解决好“三农”问题作为全党工作重中之重，走中国特色社会主义乡村振兴道路，全面实施乡村振兴战略，强化以工补农、以城带乡，推动形成工农互促、城乡互补、协调发展、共同繁荣的新型工农城乡关系，加快农业农村现代化。同时，提高农业质量效益和竞争力。推动农业供给侧结构性改革，优化农业生产结构和区域布局，加强粮食生产功能区、重要农产品生产保护区和特色农产品优势区建设，推进优质粮食工程。完善粮食主产区利益补偿机制。保障粮、棉、油、糖、肉等重要农产品供给安全，提升收储调控能力。开展粮食节约行动。发展县域经济，推动农村一二三产业融合发展，丰富乡村经济业态，拓展农民增收空间。实施乡村建设行动，深化农村改革，实现巩固拓展脱贫攻坚成果同乡村振兴有效衔接。

（2）旅游业相关政策。中央一号文件提出，大力发展休闲农业和乡村旅游。文件强调，大力发展休闲农业和乡村旅游。强化规划引导，采取以奖代补、先建后补、财政贴息、设立产业投资基金等方式扶持休闲农业与乡村旅游业发展。依据各地具体条件，有规划地开发休闲农庄、乡村酒店、特色民宿、自驾露营、户外运动等乡村休闲度假产品。实施休闲农业和乡村旅游提升工程、振兴中国传统手工艺计划。开展农业文化遗产普查与保护。另外，国务院印发《关于加大脱贫攻坚力度支持革命老区开发建设的指导意见》，要求各地区各部门结合实际认真贯彻执行。依托老区良好的自然环境，积极发展休闲农业、生态农业，打造一批具有较大影响力的养生养老基地和休闲度假目的地。

（3）对残障人士的支持及优待政策。《中华人民共和国残疾人保障法》是为了维护残疾人的合法权益，发展残疾人事业，保障残疾人平等地充分参与社会生活，共享社会物质文化成果，根据宪法而制定的法规。

5. 管理可行性分析

在项目策划及实施团队中，团队成员各有所长，团队队员技能囊括了推文制作、项目统筹及直播间搭建所需求的拍摄、剪辑技术、资源收集、平台建设、平台推广、团队管理和文案、公关等多方面工作。

（1）团队内部管理。团队成员来自管理学院、商务学院和特教学院，健全生和听障生的配合使得团队拥有跨人群的信息收集反馈优势；因为不同专业、学院的组合，使得不同思想进行碰撞，各方意见充分融合，方案能够被全面的考虑，形成团队的协同优势；处在不同学生组织的成员，便于利用不同学院提供各类资源，及时获知信息，形成资源优势。

（2）团队外部管理。除创始团队外，项目还对接了直播带货的货源供应商、带货主播培训运营团队，此外，还有推广、运营中需要接触的其他团队。

在开播前的准备阶段，我们利用特殊教育学院队员的优势对接聋人高校资源宣传主播海选活动，同时也为直播间吸取了第一批潜在观众，团队成员与微博大V的洽谈合作也是我们有效的宣传管理方式。在带货过程中与中国扶贫基地等供货商加强合作联系。在平台搭建成功后，我们将尝试召集有创新力、直播能力，并且有直播理想的人组成直播运营团队。召集有剪辑技术、创作思维的爱心人士组成技术后期团队，并强化联系和管理，投入资金进行报偿，维持团队运营。

（二）竞争对手分析

在项目启动前，我们进行了针对乡村振兴大学生创业及公益项目，和听障人群直播带货团队的竞争对手调研以及分析。

（三）竞争优势分析

1. 听障人群直播市场空白的有效填补

利用听障人直播市场的低饱和度，迅速打开市场，竞争压力小，听障人直播间开设模式一经推广便能吸引互联网上的绝大多数听障客户。

2. 听障人现象级 KOL 打造

现有的听障网红大部分缺乏专业的运营团队，产出内容不稳定，流量变现方式短缺，无法很好地实现网红带货。我们通过人设打造，直播内容二次创造，持续进行内容输出吸引流量，打造现象级听障 KOL，实现网红效应直播带货。

3. 乡村振兴无障碍直播社群的形成维护

基于微信公众号、微博平台的前期宣传吸引到的粉丝，合并直播吸引的粉丝客群，促进互联网环境下乡村振兴无障碍直播社群的形成，并通过大数据分析粉丝的实际偏好与需求来进行粉丝客户关系的管理、直播社群老客户的维护与新用户的扩展。

4. 公益+商业产业链的搭建

在冷启动阶段，积极探寻第三方公益合作伙伴共同提供供应链货品供应服务，达成互助协议，让京郊地区优质滞销品有处可销，让刚进入直播市场的听障主播有货可带，形成公益+商业的产业链。

在直播后期，形成乡村振兴无障碍 KOL，在带货种类越发丰富的时候利用 KOL 本身影响力助推公益合作伙伴的产业发展，同时塑造乡村振兴无障碍 KOL 积极传播正能量的形象。

5. 国家政策的积极响应

关于残障人无障碍环境的搭建一直是国家政策法规大力支持的事项。2021 年残疾人政策里的七大变化就包括了无障碍和服务设施的建设：完善信息无障碍标准体系，逐步推进政务信息以无障碍方式发布、影像制品加配字幕，鼓励食品药品添加无障碍识别标识。鼓励电视台加配手语解说和字幕。

《中共中央关于制定国民经济和社会发展第十四个五年规划和二〇三五年远景目标的建议》提出，优先发展农业农村，全面推进乡村振兴，坚持把解决好“三农”问题作为全党工作重中之重。

随着综合国力的不断增强，我国政府把文化遗产保护工作纳入重要议事日程，现如今我国非常重视非遗文化，积极帮助受益人推广非遗项目和提升非遗保护意识。市场不断扩大，随着网络的飞速发展，上网是每名大学生每天必做的功课，也成为其生活的一部分。

本项目将结合乡村振兴和无障碍环境搭建实行乡村振兴无障碍直播活动，帮助京郊进行无障碍直播，实现特色农产品以及非遗等文创产品增收，惠及乡村也惠及听障群体。

6. 细致的需求调研

我们将对国内相关问题的现状进行深入的调研和分析，包括听障人对直播领域的了解、网购选品的倾向、直播功能的特殊需求、京郊特色农产品和非遗产品的销售渠道、旅游业的收入和市场等，从全面的样本和多方面的调研数据分析，吸取现有的各界经验，得出乡村振兴无障碍直播间搭建的最佳形式，实现听障人直播带货就业的成功探索。

7. 基于自媒体矩阵打造“乡村振兴+听障人”社区

我们通过微信公众号推文及微博发博进行听乡村振兴无障碍活动公告、日常推送、热点追踪、资讯传播等宣传，比之市面上已有或曾有的听障人直播开设先驱更加注重宣传与引流的工作。

我们以微信公众号为主搭建社群空间，进行直播主播培训、京郊特色农产品和特色文旅资源以及开播系列公告的推送，形成固定社群，进行客户有效管理；同时对接外部合作，促进资源有效整合。

8. 创建团队优势

团队成员来自管理学院、商务学院和特教学院，对于互联网下的直播就业新兴业态具有深刻的认识并在不断学习中持续进步。团队成员齐心协力，优势互补，各有所长。特教学院的听障生作为团队成员的一部分，能够更好地帮助我们进行听障人群直播带货需求的调研，了解他们的包括网购在内的多方面生活习惯与需求，使得团队可以更好且更快捷地进行听障人直播带货的探索，真正帮助听障人融入互联网的新潮流、实现多样就业、成就自我价值。除此之外，我们还可以通过学院和众多合作组织与企业进行沟通并且进行试点，以更加完备我们的项目体系。

（四）SWOT 分析

1. 竞争优势（S）

尝试通过搭建无障碍直播间的方式进行帮扶京郊地区农业和旅游业以及听障人直播就业探索的团队，并配备一套推广营销模式，可以有效吸引流量，打造重量级聋人 KOL，弥补了目前听障人参与乡村振兴直播市场的空白。就现有调查结果来看，市场上很少有直播间能够结合乡村振兴和无障碍而实现听障+助农互帮互助的。

可以实现弱势群体的互助为个人与社会创造新价值，与中国扶贫基金会的供货合作使直播带货具有更大的公益性质，听障人带货卖京郊地区的特色农产品和文旅资源变现是公益与商业的全新结合形式。

2. 竞争劣势（W）

市场上单纯的听障人直播带货先例最终都走向失败，聋人直播与听人直播相比自身竞争力仍然低下，准入门槛较高。“非遗”项目数量巨大，涉及的地域较广，前期的准备、收息工作比较烦琐以及业务人员经验不足。

此外，乡村振兴直播间带货产业有限，大部分局限于农产品的帮扶，对旅游业增益绵薄。如何实现本项目二者的结合，使项目得以存活是一大考验。

3. 市场机会（O）

农产品电商迎来机遇，乡村游、周边游受到推崇，富有文化韵味的文旅更受人们青睐。

听障群体大，2000 多万听障人大都具有网购行为，听障人的直播带货潜在市场用户大且并饱和度极低，直播作为一种新兴的互联网经济业态受众范围需要扩大。

政府政策支持，2021 年残疾人保障政策新变化是关于无障碍环境建设的支持，手语的受众人群正逐渐增加。

4. 外部威胁（T）

资金运转问题，即使是公益性项目也需要追求效益才能存活。许多人听障人对直播间有不好的印象，因而他们对直播间的接受程度还有待商榷。

三、项目调研

（一）调研框架

调研的前期项目组对问卷进行设计，并对大框架进行了仔细修改，主要调研广大群众对京郊特色产品以及非遗产品的期待、购买方式，对直播选品和直播形式的期待以及乡村残障人士的数量、就业情况等基本情况。主要面向北京以及周边地区乡村的人群。除此之外，为了调研目的的实现更有针对性，我们还将结合线下实地考察，走访京郊地区，询问调查特色产品和非遗资源。

（二）调研安排

（1）线上发放问卷，回收 300 份以上的样本问卷。

（2）到京郊地区进行实地调研，访谈当地人民，详细深入地了解当地残障人群的情况，特色农产品和非遗等文旅资源以及不同京郊地区特色农产品和非遗等文旅资源的种类、市场、销售方式、客户情况。

（3）问卷回收，进行分析。分析广大群众对对京郊特色产品以及非遗产品的期待、购买方式以及对直播选品和直播形式的期待和不同偏好，深入了解群众需求，进行精准创作。

（三）调查对象

（1）北京以及周边地区人群（主要向他们了解当地的特色农产品和文旅资源以及各种非遗产品的文化底蕴、市场情况等）。

（2）京郊乡村残障人士。

（四）调研方法

1. 问卷调查法

本项目通过网络平台对北京以及周边地区群众进行需求调研，向他们了解当地的特色农产品和文旅资源，包括其中蕴藏的文化底蕴等。同时，本项目也以访谈的形式对部分人群进行更深一步的调研。

2. 访谈法

通过到京郊地区实地进行考察的方法，与当地听障人群进行访谈，了解他们的就业、收入、职业技能等基本情况。

四、商业模式

青禾团队，致力于以无障碍直播间的创新形式，助力乡村产业振兴。项目紧随国家乡村振兴战略，深入到乡村实行无障碍直播创新，为当地农民提供完善的直播方案。项目从高校角度出发，结合青年之力，以高校智慧赋能乡村产业化进程。无障碍直播创新打造全流程的无障碍环境体验，以手语直播、字幕呈现、商品卖点等进行无障碍直播间打造，同时提供各平台宣传文案、主播培训、直播间流量、包装设计优化、物流等直播相关服务，以直播就业为例来探索聋人实现自我价值的新方式，联动如唐人坊的合作方对当地的听障人群进行非遗产品制作的培训，为想尝试直播就业以及就业情况不理想的聋人提供增加收入的新渠道。另外，我们将当地的特色农产品以及非遗产品引入直播间，帮助农户打开销路，多渠道促进农民增收，完善农业发展基础，将更多的农产品推广到更大的发展平台，提升乡村产业振兴内生动力，为乡村产业振兴贡献一份力量！

（一）价值主张

1. 实现聋人自我价值实现

高质量、多样化就业，在提升聋人生活水平的同时也给了他们实现自我价值的机会，从原来的被选择，到现在拥有双向选择的机会，平等地融入社会各个领域，是质的飞跃。项目致力于以直播就业为例实现聋人多方向就业的成功探索。此外，联动合作方对当地的听障人群进行相应的职业技能培训，带动更多聋人实现高质量就业，自强独立地实现自我价值。

2. 探索乡村振兴直播市场

中国农村电商发展的成功经验表明，数字技术的效益不仅限于高收入国家和城市地区，也可以在发展中国家和农村地区快速发展，成为乡村振兴的强大工具。而直播模式的创新，更让数字技术为乡村振兴赋能，提供了更大的空间。这或将成为乡村振兴的一个重要突破口：到农村去，广阔天地大有作为。

3. 形成良性社会引导

项目通过抖音、公众号等线上渠道、线下活动策划、对接合作方宣发等多方面、多渠道的推广与宣传，引导社会关注乡村振兴，关注非遗行业，为乡村振兴赋能，推动乡村振兴的实现。

4. 助推无障碍理念普及化

在互联网的浪潮下，任何一个群体都不应该被落下。乡村振兴引入残障人士，既可以普及无障碍环境搭建的理念，引发社会各界思考、积极主动引进无障碍理念、搭建无障碍环境，从而优化聋人互联网使用体验，又可以为乡村振兴增添一份新力量。

（二）客户细分

1. 平台使用者

每个平台用户都有可能随机点开视频而产生兴趣，从而转化为客户，因而在平台直播拥有的平台自然流量也是客户来源之一。

2. 社会健全人士

通过公众号、微博的活动宣传与线上推广，会吸引一批感兴趣的社会健全人士，他们出于好奇或关心也会给直播间带来流量与部分交易量，但不是我们的主要面向的客户群体。

3. 组织、企业

一方面，许多国家政策都提出乡村振兴的政策，所以许多企业为了响应国家的号召，会选择为乡村振兴贡献一份力量；另一方面，我们会选择让听障人士来出镜直播，社会上有许多非营利性的公益组织专门为弱势群体权益而设，包括许多注重 CSR 的企业都对听障人群的发展情况十分关注，与这些公益组织和爱心企业的合作交易与捐赠也为我们提升了综合营收，也是我们的客户之一。

4. 中青年龄段的聋人

本项目选取中青年年龄段为主的具有学习能力、对主播职业感兴趣的聋人，将他们作为主播培训以及其他职业技能培训的对象。通过高校选拔、自主报名等形式选取第一批优质中青年聋人作为第一批种子用户。

（三）客户关系

1. 商家与客户

我们作为主播的货品来源商家，为客户提供了一个新的消费形式，同时提供了优质优价的产品。购买我们商品的客户则为我们带来了直播间流量、商品销量，以及一些客户数据，例如可以得知某类型客户的购物需求及偏好等，为我们进行数据分析、整改方案提供了有效信息，有助于我们建立一套完整的直播方案。

2. 商家与供应商

我们作为直播卖货的商家，为京郊乡村合作供应商提供了一个新的产品分销渠道，带动了当地的经济发展，第三方公益合作组织与爱心企业则为我们提供了优质优价的货源，它们参与合作为我们搭建完整产业供应链，保障了供应链的完整性与稳定性。

（四）分销渠道

1. 内容分销

内容分销主要分为微信公众号与微博两个板块。微信公众号主要负责通过软文推广的方式吸引流量与粉丝聚集，为活动宣传与引流提供辅助功能，同时是搭建聋人社群的第一站点；微博主要负责热点追踪吸引粉丝，与公众号一起做好活动宣传与引流工作。

2. 用户分销

用户分销主要针对不同阶段的客户行为进行分析，用分析得出的数据进行下一步方案完善，从而达到吸引用户、留住用户、转化稳定用户成为投资者的目的。

3. 数据分销

数据分销是基于后台数据反馈、市场调研，针对需求人群开展精准营销的重要依据之一。青禾所属的微信公众号平台、问卷发布平台等后台能够收集到用户的网络行为数据、内容偏好数据、交易数据等，并能够以此建立用户留存、转化、成长模型，延长用户生命周期，稳定平台运营。

4. 活动分销

活动分销主要在项目前期举办直播活动，通过策划、实施、总结建立流程化的活动体系，更好地与供应商建立合作关系。

（五）关键业务

1. 搭建商品供应链

与第三方合作公益组织以及爱心企业合作，共同将商品完整供应链搭建成功。

2. 打造品牌效应，搭造直播间

打造一个助力乡村振兴的无障碍直播间，立足于北京郊区乡村，引用市面上成熟的语音识别技术进行一个直播字幕，打造品牌效应，保障产品质量，拓宽销售渠道。

3. 搭建残障人士社群

项目前期的直播试水结束后，我们要进行聋人KOL的打造计划，只有出现了聋人KOL主播才能实现真正意义上的直播就业方向成功探索。同时，我们开展残障人士主播培训，帮扶文化水品较低的乡村残障人群实现高质量就业，以本地区人群带动当地发展，打造一个以乡村聋人为主的社群。

4. 乡村残障人士就业培训

深入乡村进行实地直播时，由团队听障主播对如唐人坊的合作方的听障员工或者当地的听障人员进行主播培训，参与到直播间当中，实现无障碍元素；除此之外，还可对有意愿的残障人士进行相对应的非遗产品制作技能培训，提升其就业资质，为其就业提供机会。

（六）核心资源

（1）垂直用户的快速触达渠道。团队本身拥有的两名听障队友，以及重要的合作伙伴里的高校资源都是我们可以快速触达垂直用户的重要渠道之一；无障碍直播间的宣传也是我们触达垂直用户的渠道之一。无论是团队内部成员还是外部对接资源，都十分有利于进行垂直用户的触达。

（2）全流程无障碍体系设计。依托快速的社群调研及有针对性的无障碍流程保障，我们快速迭代出聋人全流程无障碍体验的方案设计。

（3）高品质的产品资源。对于直播卖货而言，保障产品质量是必要的成功基础，我们依托京郊乡村高品质产品如京郊特色农产品以及唐人坊非遗产品，打造一个无障碍乡村振兴直播间。

（4）专业的听障主播培训以及非遗产品制作技能培训。针对现有的主播培养方法，打磨改造出一套适合聋人主播的专业培训方法，保障聋人主播的技能与竞争力；联动唐人坊对当地残障人士进行非遗产品制作技能培训，为其就业增加机会。

（七）重要合作

（1）与人基金会。

（2）扶贫基地。

（3）唐人坊。

（八）公益创业下的商业模式

1. 激活乡村振兴新动力

充分利用生态环境优美、产业基础雄厚、发展势头强劲、乡风民风淳朴、产品特色等乡村资源优势，通过线上直播带游带货，宣传本地文化，带动乡村旅游，助力农村企业蓬勃发展，壮大村集体经济，让老百姓的生活得到更多的实惠和便利。例如，依靠山水资源，增城“以米为媒”，推动农业生产方式转变升级，推动适度规模经营发展，打造集丝苗米现代化种植、休闲观光及研学科普等功能于一体的美丽田园综合体。创造一种新的商业模式，将观光旅游纳入直播中，促进京郊乡村的特色旅游业发展。

2. 商业反哺公益，实现可持续

项目将把获取的营收除经营成本外全部用于更新、完善无障碍直播间体系的搭建；用于让优质主播得到更专业化的培训，提升主播自身开播素养；用于复制运营方式到世界各地，扩大主播招纳与培训覆盖面；用于扩大宣传的广告费用。以商业反哺公益，让项目在保证营收的情况下持续推进公益事业的可持续发展。

3. 挖掘公益中的商业潜力点

在解决聋人就业方向探索问题的过程中，我们通过直播，打造聋人 KOL 进行直播带货。KOL 形成前以雇佣形式与听障主播形成合作，KOL 形成之后以分成形式达成协议。在拓宽聋人就业面的同时增加聋人收入，并且成功实现项目营收，实现双赢的良性商业合作模式。同时，通过乡村直播的新形式，带动乡村文化水平较低的听障人士就业，以本地区人士对该地区产品进行直播，在每个地区搭建一个听障主播社群，定期进行主播培训，促进听障人士就业，实现乡村振兴和听障人士就业双丰收。

五、产品与服务

（一）产品详介

1. 乡村振兴直播间

利用地理位置优势，主要立足于京郊乡村的特色农产品、非遗产品、旅游业优势。同时，依托校企联合的方式，尝试搭建无障碍直播间，进行聋人主播带货实验，积累无障碍直播间搭建经验，优化直播模式，最终形成完整的无障碍直播间搭建方案。引入特色旅游业直播方案，带动当地第三产业发展，拓宽乡村振兴渠道，带动乡村振兴发展。

2. 听障人士就业体系

从高校听障同学和乡镇文化水平较低的听障人士两方面入手，将高校听障同学打造成听障 KOL，对聋人主播方案进行宣传推广，吸引更多的听障人士加入我们。为了促进乡村振兴，我们可以对乡镇文化水平较低的听障人士进行主播培训，将他们引进我们的乡村振兴直播间，对农产品及特色旅游资源进行介绍，用当地人进行直播介绍，更加吸引人并且主播自身对产品信息也更加了解，可以得到一加一大于二的效果。除主播培训，我们还联动唐人坊对当地的听障人群进行非遗产品制作技能培训，后期可为其实现就业增添一份机会。

3. 自媒体平台内容空间

自媒体平台作为获取信息的主要媒介，是团队宣传的主力渠道之一。我们在微信公众号与微博开设了团队账号，基于不同平台的内容特性，发布相关的产品信息以及乡村振兴相关的内容，借助自媒体平台为直播间吸引流量，拓宽推广振兴乡村的渠道，号召大众集体为乡村振兴贡献一份力量。同时，我们将聋人主播引进直播活动，让大众了解聋人的窗口同时，既可以帮助更多聋人在网络上获取有效信息，又提升了项目在听障人群中的影响力。

（二）产品与服务体系

（1）低价优质的商品服务。虽然是乡村振兴直播间，但采用高价产品，不能面向整体大众，并不能使所有人都可以贡献自己的力量。因此，为了针对大部分的客户群体，我们直播间主要商品采取低价优质策略，打造出低价高品质的品牌效应。

（2）及时有效的售后服务。针对直播间所售出的商品，团队将联合商家持续跟进售后服务，尽可能申请7天无理由退换服务以及30天保价服务，让每一份从直播间售出的产品得到强有力的售后保障，使消费者得到满意的购物体验。

（3）无障碍的直播服务。无障碍直播间将通过手语为主，语言翻译、实时字幕及商品文字信息展示为辅的形式进行商品直播，同时降低商品讲解的速度。无障碍的直播服务通过更加有效的信息传递方式，让听障用户在直播间能够更加直观地感受到商品特性的同时，享受电商直播购物为生活带来的便利。

六、营销推广

（一）线上推广

信息化内容创作时代，大量扶持乡村以及听障群体相关题材内容创作，有利于讲好乡村故事和听障故事，引导乡村残障人群积极投身乡村建设，助推乡村文旅产业发展，激发新型乡村产业活力，带动乡村残障劳动力就业，为农业农村发展注入持久的新动能。

1. 以微信公众号为首发阵地

公众号作为团队的一个重要引流平台、社群搭建的起点，在商业模式中具有不可替代的作用，我们通过板块的功能设计以及有效的内容输出而为关注用户提供多样化的信息，从直播宣告、产品分享两方面给客户群体提供便利以留住粉丝客户。当粉丝数量累积到一定程度时，我们可以以广告投放、定制话题等活动将流量进行变现，作为项目的营收之一。

（1）吸引流量，聚集粉丝。公众号通过将乡村振兴产品及旅游地点以软文推送的形式来吸引人们关注它并成为它的粉丝，并且在公众号这个平台中聚集起来，为后期粉丝管理提供便利。

（2）辅助直播系列活动的宣传与推广。累积了一定粉丝数量的公众号平台在需要进行活动宣传的时候可以对粉丝进行内容输出，大大提升活动的推广力度和获悉人数。

（3）作为其他平台的流量引导出口。我们通过跨App链接或互动的形式实现跨平台的流量引导工作，微信公众号的流量可以过渡到微博，保证客群无论在哪个平台都有稳定的老粉丝群体。

（4）为聋人就业提供所需信息。探索直播就业方向可行性归根结底是为了解决聋人就业问题，故公众号设计了一个放送聋人就业所需的招聘信息或就业技能需求的板块功能。

2. 整合营销：全面推广聋人无障碍直播间

iiMedia Research（艾媒咨询）数据显示，估计2020年中国企业直播行业B端用户超过120万家，预计2025年中国企业直播市场规模将超过260亿元，年复合增长率为36.9%。无障碍直播间是我们项目的重点，因此直播间宣传十分重要，我们将通过多个平台多种形式宣传直播间。

（1）推广形式。①直播预告。在直播开始之前制作海报，包含直播时间、直播平台、主播信息、商品信息，着重宣传直播间爆款商品吸引粉丝，在直播开始前一周联合微博、公众号、短视频、主播账号发布直播预告，直播开始前三天进行倒计时预告，附带相关话题，增加直播间热度。②专场直播推荐。密切关注时事，紧跟重大事件。在节假日前，预测热点，根据热点发布具有创新性的视频，带好话题，提前做热点专场宣传，既贴近日常生活，又可以迎接消费热潮。③直播间无障碍宣传。除了选品，无障碍直播间也是我们的一大优势。根据我们发布的调查问卷结果统计，有相当一部分聋人正在使用当下热门的直播软件。然而现在的主流直播软件并没有完善的无障碍设计，我们的无障碍直播间弥补了主流直播软件的缺陷可以在直播平台进行宣传，这种新颖的直播方式会帮助我们吸引粉丝。④乡村振兴和非遗传播意义宣传。采取互相帮助的思想，在帮助听障人士就业的同时，帮助乡村振兴和非遗发展。立足于直播形式，我们需要宣传普及乡村振兴，带动乡村农产品经济发展，还要宣传国潮，以非遗工艺为基础，大力宣传和创新非遗产品，使非遗活起来。我们的非遗工艺可以和乡村振兴产品相融合创新，吸引更多人的目光，促进文化输出和乡村振兴，提升文化自信和民族自信。⑤听障人士就业宣传。帮助更多的听障人士实现就业是宣传中的一个极为重要的因素，我们团队依托北京联合大学特殊教育学院的优秀人才，培育地方听障KOL，根据他们自身的特点，结合网红培养经验，分析粉丝喜好，利用团队自媒体平台资源，制定培养方案，帮助他们成为有个人特色的聋人KOL，将听障人士和直播相结合，打造一个新型就业方式，为听障人士提供更多的工作出路。

（2）推广渠道

①基于自媒体矩阵的营销推广。我们团队拥有微博账号、微信公众号、抖音号、快手号，在这些平台中植入引流信息，进行多方导流宣传直播间。

②合作渠道推广。第一，公益组织、爱心企业。直播间选品可以与公益组织、爱心企业合作，公益组织与爱心企业的流量也可以借直播间宣传。与公益组织合作带货公益产品，宣传“消费即公益”理念，同爱心企业开展直播专场，

都可以借助公益组织与爱心企业的流量宣传直播间。第二，供应商渠道推广。直播间选品可以与京郊乡村供应商、非遗手艺人合作，寻找一些具有特色的乡村产品和手艺，同时利用视频推广乡村旅游和手艺技能等众多新颖的游玩体验，这样既可以保障商品质量形成一条完整的供应链，同时提升客流量，帮助其更好发展。

（二）线下推广

可以在校园内、人群密集处开展宣传活动，利用新颖的娱乐宣传方式举办一些活动，将助农特色产品和非遗产品以一种大众喜闻乐见的方式传播出去，让大众切实了解到产品质量的同时不反感我们的宣传，对以后开展的直播活动有了解，有助于日后在直播中下单产品。同时，可以让更多人知道助力乡村振兴和非遗传播的意义，为其贡献一份自己的力量。

七、财务预测

（一）投资计划

1. 资金来源

前期资金是创业计划得以启动的基础性条件，团队在创立营运初期，需要有固定资产投入。

2. 预计风险投资数额

本项目的启动资金为 11 万元，由于处于项目的启动阶段，所以属于风险投资资金。

3. 投资收益和再投资的安排

该投资安排需要相关专业人士，以及投资和融资双方进行相关谈判。

4. 投资资金的收支安排及财务报告编制

投资资金主要用于相关的运作支出，每一笔费用都按照公司规划进行相关的分配。

5. 投资者介入公司经营管理的程度

投资者团队与管理团队双轨制进行，管理团队为市场管理机制，能者居之，为投资者的投资资金负责，为项目执行负责。

（二）资金需求和资金流向

1. 资金需求

为保证项目的顺利开展，需要资金进行前期的运作和后期的经营管理。公司募集的资金，主要用于整体运营以及设备购买，保证该项目顺利进行实施，以此实现高额的投资回报率。

现有资产总价值 11 万元，用于人员培训 1 万元，硬件升级 3 万元，用于推广宣传 3 万元，拟对本项目的运作投入资金 4 万元。

2. 资金流向

（1）用于推动此项目的全面铺开，进一步扩大公司经营范围和规模。

（2）在条件成熟的情况下，进行行业内并购、重组。

（3）进一步补充项目的流动资金，盘活项目的“呆死”资产。

（4）对项目的整体包装，引进先进的管理模式，为将来在中小企业板上市提供条件。

（三）成本投资

对本团队听障人员以及合作方的残障员工进行直播技能培训以及相关产品制作设计等职业技能培训。

（1）直播活动。由听障同学联系寻找同伴所在乡村（不限地区）的产品（景点、农产品）进行直播（次数暂定为两场）以及与如北京通州唐人坊的合作方进行合作直播。

（2）推广宣传。获取流量、关注，寻求新的合作方。

（3）合作拓展与服务。

（四）预计利润表

1. 直播间收入

（1）第三方供货分成收入。合作阶段，我们的供应链主要由第三方合作伙伴提供，我们从带货的销售额中按照佣金比例抽成获得盈利。

（2）签约、坑位费。项目较为成熟后，我们在有一定的粉丝积累和社群积累的基础上，向进入直播间销售的商品品牌、合作商收取一定的坑位费用。

2. 广告收入

广告收入来源较为广泛，主要包含：①直播间内的展示类广告；②公众号等新媒体的推送类广告；③线下活动的推广类广告。

3. 公益来源的捐赠

（1）来自高校的科研经费支持。

（2）来自公益基金会的资金资助。

（3）来自众筹的资金。

（4）来自政府的资金扶持。

（五）风险分析

1. 流动性风险

即便盈利性再好的企业若现金管理政策不当，也有可能遭逢流动性风险。为避免此类情形发生，在成长到相当程度后，将建立自身良好的现金管理系统，以期规避风险。

2. 风险规避策略

（1）扩大融资渠道、完善资本结构。

（2）强化资金投资管理、合理制定利润分配政策。

（3）加强固定资产管理和全面预算管理。

（4）有效地提高应收账款和存货周转率。

3. 法律风险

直播销售非遗产品需要注意存在的版权问题，保护好自己的版权不被侵权。

（六）财务分析总结

保守估计，第一年营收预计 12. 5 万元左右，扣除成本净利润在 6 万元左右；按照年利润增长 30%计算，前三年业务总收入可达近 50 万元，业务总利润可达 22 万元以上。虽然此项目利润不多，但根据上述利润率、销售毛利率、销售净利率以及成本费用利用率四大指标可以得出，该项目可行性强，可以为帮助听障人群适应新的职业技能，打通新的就业市场起到重大作用。

八、项目实施

（一）项目前期

项目前期主要是对整个项目的预测和把控，涵盖不同阶段和时期项目的动态推进以及对于不同结果或者是出现的问题，做出尽可能完备的备选方案。前期任务主要是关于残障人群对直播购物与自己职业期待的调查分析，平衡无障碍赋能乡村振兴与听障主播的培训方向，做好让听障主播代入助农感情的完备方案，然后实现残障人士的就业价值，通过就业和直播双重赋能乡村振兴。

1. 问卷调研和实地调查

项目实施的基础是先了解利益相关方，包括消费者、残障就业人士和相关性的爱心企业，包括希望购买什么样的产品作为自己主要的消费目的、希望什么样的就业方式、爱心企业能够提供什么。然后是如何通过无障碍加乡村振兴的模式，让更多的人了解到和参与到这个消费过程中，实现乡村赋能。这离不开问卷得到的初步数据和实地调研企业，从而选出能够让无障碍直播流畅运营的主播以及选出符合大众消费需求的优质产品，在此基础上进行与爱心企业的残障人士就业培训以及安排。

（1）问卷调研。通过在网络媒体上和实际调研中发放两套不同的问卷，分别适用于直播场景以及就业场景。有针对性地制定和调查整个直播间搭建方向和聋人主播的影响力隐形天花板如何破局，以及如何协调安排与爱心企业之间的合作。问卷发放主要基于互联网平台和线下实地调研，通过微信公众号等方式发放，并利用红包抽奖等方式增加潜在消费者的参与度。同时，在调查过程中增加受访者对于该项目，即残障人士赋能乡村振兴的关注度。

（2）实地调查。实地调查主要面对爱心企业以及听障人群调研，地点以北京唐人坊文化发展有限公司和京郊乡村为主，然后是北京联合大学特教学院与残疾人服务中心等。在乡村调查他们对残障人士尤其听障人士的认知以及自身乡村特产优势的所在，作出初步脚本写作。在特教学院与残疾人服务中心则针对是否在直播过程中遇到许多痛点，会不会进行直播间商品的购买，在就业场景下更愿意以何种形式去运用自身价值助推乡村产业赋能。

另外，在实地调查中我们还会根据当下热点列出倾销商品，联系相应的企业，并不断根据消费热点、消费者的需求和无障碍主播的风格进行商品的周期性动态调整，以确定长期售卖的合作产品、助农产品和品牌商品，进而可成体系地对聋人主播进行针对该品类讲解的培训，保证无障碍直播间的生命力，以经济收益直接赋能乡村振兴。

2. 赋能供应渠道的搭建

项目前期对直播商品的供应渠道进行范围布局，通过尝试各种商品的直播比重调整直播计划，保证能够确立较好的直播间形象。通过已有供应渠道的搭建，进行科学精准的调整，筛选出一种物美价廉、方便无障碍助农助残直播发展的供应链渠道。

（1）公益合作。从我们合作的公益基金会、扶贫基金会获得工艺特色产品，在帮助乡村振兴的同时，通过无障碍形式帮助更多的人。品类中会增加由残障人士制作的手工艺品，间接实现对残障人士就业帮助（品类归为爱心合作商品，每售出一笔即给相应机构进行比例捐款，用来打造直播间的公益认同，实现企业社会责任）。另外，通过沟通北京唐人坊文化发展有限公司等爱心企业，达成了残疾人就业相关的公益合作计划，进一步解决无障碍就业问题。

（2）货源地合作。通过跟货源地直接交流，如贵州的基地和北京通州的农业区等，对于长期在线的口碑商品能够掌握第一手货源以及了解商品品质，这样可以更好地保证性价比，打出品牌与口碑。以经济合作的形式直接赋能乡村相关产业。在进行货源合作的同时，了解乡村具体情况，以无障碍直播间的运营经验帮助当地搭建乡村振兴直播间，为赋能乡村提供动态力量。

（二）项目中期

项目中期根据已有的无障碍直播间运营经验和前期做好的背调，同时通过建立目标用户社群，与政府和公益组织开展公益性项目，打造直播间的平台价值与消费者认同。与此同时，着重强调品牌价值，健全服务体系，并在运营同时将主播投入到直播间进行实践，利用直播涉及的产品和文创资源，提出农残互助和爱心企业社会价值的差异化概念，以差异化为契机，进一步扩大直播间影响力，为便利残障人士就业提供流量关注，为赋能乡村提供数字媒体支持。

1. 直播间搭建

中期进行直播间试运营，通过不断迭代优化直播间流程、直播效果而建立科学可靠的运营体系。

（1）直播间设备、场地布置。直播间设在淘宝直播平台，直播间设备等直接联系了商创达盖而映（北京）科技股份有限公司旗下的新媒体直播间进行调试，并达成合作意向。同时，从聋人主播的角度出发，寻找聋人主播助理，参与到整个直播间的搭建与细节沟通。

（2）商品拿货渠道。直播间试运营阶段，商品供应渠道主要从我们的合作伙伴和其他渠道拿货。公益合作伙伴则通过扶贫基金会的资源帮我们联系爱心企业进行拿货，其他渠道是我们自己通过尝试与达成合作的公司进行货物运转、货源地拿货等渠道后建立一条较优的商品供应渠道。

2. 扩大知名度，建立目标用户社群

每场直播后，通过针对目标用户需求进行抽调，为推广产品而细分目标用户群，迅速掌握第一手目标用户的实际需求，了解实际用户体验去收集用户反馈，通过分析问题迭代优化直播间的效果。

在无障碍直播间已积累的销售经验基础上广推农残互助无障碍直播间的概

念，利用积累的直播间形象作为品牌的背景稳固聋人主播的影响力，进一步提升带货能力，从而进一步扩大残障人士就业的影响力。

3. 推广直播间品牌，建立核心竞争力

（1）新媒体、短视频、广告运营推广。新媒体运营推广可以依靠团队本身运营的“守予”微信公众号、微博、知乎等平台，通过写一些跟无障碍京郊乡村振兴相关的文章进行宣传推广直播间。短视频和广告运营推广依靠抖音、快手、小红书、头条、百度等平台，有部分广告收费服务，通过创作内容并发布在各平台上，投入一定的推广基金做平台引流。

（2）社群+裂变+直播。通过社群、公众号、短视频等各渠道发布海报，宣传提供福利给消费者，入群完成任务即可领取红包、折扣等福利，通过社群成员自动去发散吸引更多用户加入，完成一部分下沉市场的沉淀。在直播时通过微信群同步直播内容，激活群内沉睡用户，吸引潜在消费者进入直播间。直播过程中以各种福利做“诱饵”，引发直播间持续的互动分享，增强了用户的转换率。

4. 深化政府、高校合作，开展公益性项目

（1）国家、地区政策帮扶。近几年直播带货行业火爆，引起社会广泛的关注，国家也大力倡导。通过与基金会、聋协等公益组织联系合作，响应国家乡村振兴战略，开展公益性质的直播合作，帮扶经济发展不平衡地区售卖当地农产品与进行公益引流，实现促进乡村产业赋能和残障人士就业发展的作用。

（2）与高校合作，帮助和探索听障大学生就业。北京联合大学特教学院和天津理工大学特教学院等院校是我们帮助和探索听障大学生就业的主阵地。与高校探索听障人主播的垂直发展方向和规划，配合高校开展听障人主播系统化学习的教学方案。高校是我们未来无障碍主播的重要孵化基地，保证主播需求，降低因为头部主播出走而造成的运营风险。另外，我们和北京唐人坊文化发展有限公司等爱心企业的沟通，也会不断健全残障人士就业的选择面。

5. 打造品牌形象，健全服务机制

（1）打造品牌形象，也就是直播间的价值风向：系统的赋能乡村、集结多方力量助残就业，如倾销乡村产品以及帮助建立直播间和通过联系爱心企业实现残障人士就业探索。无障碍直播间利用健全人与听障人士相结合、以聋人主播为主的合作形式，不仅仅是平时进行直播购物的人，也能够改善听障人士及其他残障人士的消费体验。项目中期，直播间主要采用商品薄利多销的策略，注重商品的性价比、个性化，打造出有品牌特色的无障碍直播间。

（2）健全服务体系。我们的服务体系包括直播间交流、下单、配送、收货、售后服务、商品品质等一系列阶段，及时发现问题不断迭代，保证用户良好的购物体验，在其中也能探索残障人士在直播间其他环节就业的可能性。这也是一家

企业应该做到的服务闭环。

（三）项目后期

项目后期进一步提高直播间的影响力，我们将进行全面推广直播间品牌，打造自营 IP，建立核心竞争力，建立完善商品供应链系统，开展合作领域，培养 KOL，提高社会公信力和互联网影响力，使聋人主播的概念深入人心，普及电商赋能乡村，进一步扩大残障人士就业面。

1. 建立成熟商业化直播间

通过中期试运营听障直播间的实践验证，我们逐步建立具备成熟的商业化直播间，在听障主播培训、商品供应链渠道、售后服务、直播流程、社区运营等方面建立规范高效地运行体系，扩大直播间的盈利。

打造成熟的直播框架，包含直播前准备、直播现场、直播间人气、直播间流量四个部分，各部分相应的工作内容和达到目的的方法通过前中期总结出科学高效的方案，可针对不同场景的直播。

建立完善的供应链体系，我们的商品渠道在中期的直播过程中不断探索，并联系更多的农产品或文旅开发产业基地。实现真正做到乡村振兴无障碍直播间的头部直播间，做到能够持续为聋人提供就业岗位。

2. 建立完善的主播孵化体系，培养 KOL

根据不同主播的区别，精心设计出一套针对聋人的培训课程进行培训，提高聋人主播对直播间的把控力、感染力、带货能力。

我们不仅需要培育主播，更要向外宣传，直播间内容二次创作，直播间内容特色化风格化，在各大短视频平台、新媒体平台进行宣传，吸引流量，并且在实践中根据客户需求选出能够代表品牌走出自身直播间，能够在外界直播间达成良好合作的有影响力的大主播，培养 KOL，增强社会认同，实现产业赋能乡村振兴的可观收益。

九、项目展望

（一）前期目标

1. 调研分析

通过实地调研和问卷调研，得到一手数据进行调研分析，了解利益相关方，包括希望购买什么样的产品作为自己主要的消费目的、希望什么样的就业方式、爱心企业能够提供什么。如何通过无障碍直播加乡村振兴的模式，让更多的人了解到和参与到消费过程中，实现乡村赋能。这离不开问卷得到的初步数据和实地到企业的调研，选出能够让无障碍直播进行流畅的主播以及选出符合大众消费需求的优质产品，在此基础上进行与爱心企业的残障人士就业培训以及安排。

2. 无障碍主播培训

通过举办听障人主播海选大赛，在北京联合大学特教学院、天津理工大学特教学院等院校选出主播进行业务技能职业主播培训，让选拔出来的同学能够快速适应主播这个职业，随时可以上镜开播。并且配备和无障碍主播有良好默契及直播效果的健全人主播和聋人主播助理。

3. 搭建商品供应渠道

通过尝试联系各种商品的供应渠道，对各供应渠道进行评级，前期选出一条性价比较高且品质可控的可靠渠道进行进购，为首次开播做好准备。

（二）中期目标

1. 积累第一批直播间忠实粉丝

通过营销，找到第一批直播间目标用户，为以后的针对性推广打下基础。

2. 拓展直播带货其他领域

中期的直播间要涉及帮扶乡村赋能战略，与扶贫基金会等公益组织合作，帮助乡村地区宣传及售卖当地特产或文旅套餐，响应国家政策，初步打造品牌。

3. 健全直播间服务体系

针对听障直播间大部分消费者是听障人，多处于下沉市场，以京郊乡村振兴为宗旨，要求注重商品的性价比，惠利消费者。同时，对直播间消费者的观看体验和商品的售后服务进行不断优化，保证消费者良好的购物体验，逐步健全直播间服务体系，总结出一套可行的经验去培训残障人士就业。

（三）后期目标

1. 打造品牌形象

首先，完善听障人主播培训体系，开展高校孵化基地项目，为直播间输送源源不断的人才；其次，搭建特色供应链系统，为直播间储备充足的商品来源；最后，不断尝试其他垂直商品开展合作领域，完成整个直播生态搭建。

2. 运营推广

在中期的初批核心用户的画像下，通过新媒体、短视频、广告运营推广等方式进行宣传推广直播间，大量曝光听障直播间品牌，并以社群维护转化为我们的粉丝，不断循环裂变积累庞大的人气。

3. 培养KOL

综合前中期流量积累，完善主播人设，使其更加风格化，加大宣传营销投入，培养出现象级无障碍KOL组合以及能够走到普通直播间中的带货能力显著的聋人主播。尝试建立乡村赋能直播产业基地并且探索盈利。

案例3 马安“三乡情”小程序的设计及推广*

一、项目简介

“十四五”时期，是乘势而上开启全面建设社会主义现代化国家新征程、向第二个百年奋斗目标进军的第一个五年。如何巩固拓展脱贫攻坚成果，并与全面推进乡村振兴有效衔接，是整个“十四五”时期“三农”工作的重要任务。民族要复兴，乡村必振兴。项目组响应国家政策号召，深入调研了以马安村为代表的乡村发展现状，了解当地村民需求，发现马安村存在着生产结构单一、宣传和推广方式传统、缺乏有效的传输途径和载体等问题。这些问题同样是许多乡村在发展与振兴道路上面临的主要挑战。

为了打造马安村特色名片，发挥马安村红旅融合优势，拓展马安村的宣传与推广渠道，行之有效地助力马安村发展。项目组与马安村及十渡文化有限公司三方合作对接，针对马安村和企业需求，设计并开发了“三乡情”小程序。该小程序集预约/定位、注册/登录等功能以及预约游览、红色马安、饮食文化、特色民宿等栏目于一体，包含轮播图、新闻资讯、栏目导航、新媒体教程等内容，满足了马安村发展的需求。项目组通过以下六大栏目板块，充分挖掘了马安村的优势。

（1）预约游览：设置预约平台，方便游客预约马安村景点及村史馆等，设置不同旅游路线方便游客查询。

（2）红色马安：涵盖马安村红色历史文化介绍、相关新闻媒体报道收录、

* 指导老师：裴一蕾、詹小冷、李丹丹。团队成员：张嘉琦、赵思淼、周彦霏、甄欣、刘旭。

村史语音介绍和红色经典背后故事等，帮助用户快速具体了解马安村历史文化，提升用户对马安村的兴趣。

（3）饮食文化：介绍马安村当地特色饮食及绿色农产品，方便用户了解及预订，为用户出行提供便利条件。

（4）特色民宿：可以查询特色民宿的地理位置、周边环境、民宿图片等信息，并提前预定民宿。

（5）学习体悟：为村民搭建知识技能培训平台，通过教授村民新媒体相关的知识和技巧，帮助村民更好地运用新媒体手段推广宣传马安村。

（6）文创定制：设计并销售马安村周边文创产品，打造马安村文化品牌，探索马安村经济发展的新思路。

本项目的特色在于因地制宜地发挥马安村优势，利用当地浓厚的红色历史文化底蕴，以红色带动绿色，促进马安村红色文化宣传、绿色旅游产业发展。利用新媒体工具进行宣传、推广与销售，改善马安村宣传与推广方式传统单一的问题，促进经济创收。项目组搭建大学生和马安村合作的桥梁，将大学生创业与马安村文化品牌塑造相结合。同时，在红色文化线路预约、文创产品定制的数字化推广销售平台上开展第二课堂，帮助村民学习知识技能，共同助力乡村振兴。在项目实践过程中，秉承“学以致用”的校训，通过设计“三乡情”小程序，进一步助力了马安村的发展与振兴，践行当代大学生的使命与担当。本项目所得除必要成本外，将全部收入所得用于公益，以点带线、以线带面助力乡村发展与振兴。

二、项目策划书概要

（一）项目概况

1. 项目名称

马安村“三乡情”小程序的设计及推广。

2. 项目背景

（1）相关政策。“十三五”时期，以习近平同志为核心的党中央坚持把解决好“三农”问题作为全党工作的重中之重，把脱贫攻坚作为全面建成小康社会的标志性工程，启动实施乡村振兴战略，加快推进现代农业建设，乡村振兴实现良好开局。“十四五”时期，“三农”工作重心已转向全面推进乡村振兴，加快中国特色农业农村现代化进程，这是“三农”工作任务的历史性转段，也对“三农”工作提出了新的要求。民族要复兴，乡村必振兴。全面建设社会主义现代化国家，实现中华民族伟大复兴，最艰巨最繁重的任务依然在农村，最广泛最深厚的基础依然在农村。

《中共中央关于制定国民经济和社会发展第十四个五年规划和二〇三五年远景目标的建议》中强调，要坚持把解决好“三农”问题作为全党工作重中之重，把全面推进乡村振兴作为实现中华民族伟大复兴的一项重大任务，举全党全社会之力加快农业农村现代化，让广大农民过上更加美好的生活。

乡村振兴是一项国家级战略工程。当下国家的政策支持、北京市政府的针对性工作方针、一批批驻村干部的先锋模范作用，都为本项目的发展营造了良好的政治环境，提供了优越的政策背景，发展前景十分可观。

基于北京市政府的针对性工作方针的背景下，为了更好地建设和发展乡村，北京市委组织部、市委工农委统一部署，分批派遣驻村第一书记，深入周边各村，加强基层组织、促进农民增收、为民办事服务、加强乡村治理，从最开始将脱贫攻坚摆在工作首位，到现在实现全面脱贫摘帽，转向乡村振兴和发展。北京市各个系统都把第一书记驻村帮扶工作摆在重要位置，高度重视、强化保障，同时北京市政府也在不断加大强农重农惠农力度，从政策和人才两端向乡村倾斜，为乡村振兴的工作提供了强有力的支持。

在鼓励人才驻村、努力发展乡村的大环境下，北京某高校响应国家政策及北京市号召，先后派出了唐老师、詹老师两名教师作为驻村第一书记入驻北京市房山区（十渡镇）马安村，充分了解马安村村情、发掘马安村潜在能量，带着马安村从脱贫走向发展。本项目基于上述政策和背景，以马安村为依托，以助力乡村振兴为目标，进行高校大学生创新实践。

（2）现存问题。近年来，在农业、农村、农民发展上，无论是脱贫攻坚还是乡村振兴，国家都投入大量的人力、物力，但人才和集体产业一直是制约乡村发展和振兴的关键因素，目前偏远乡村地区还存在集体经济薄弱，农村经济的发展未建立在先进的技术和生产方式之上，这些低效发展方式一定程度上制约了乡村的发展，并不利于乡村的振兴。

得益于物质经济水平的提高，人们对于精神文化方面的需求同样增长，旅游业为乡村的发展带来新的商机。乡村地区比起传统热门旅游胜地具有更为独特的“味道”，更多人选择远离都市，到乡村感受原始的自然风光及独特的人文历史。可对于绝大多数旅游价值较高的乡村，虽然能够意识到发展乡村旅游业能为当地带来良好的发展，但却不知道如何利用新媒体、新技术吸引游客、扩大自身的关注度。乡村管理者在“互联网时代”，依然采用传统宣传方式，忽略了当下新媒体传播的优势和效率，不能最大限度地扩大宣传面，未达到良好的宣传效果。导致的现象是，乡村蕴含丰富的旅游资源，花费大量人力、财力完善基础设施建设，但却依靠口口相传的方式吸引游客，结果自然收效甚微。因此，项目组认为，如何能通过互联网促进乡村振兴是当下相当具有价值的重大课题。

项目组深入北京市房山区，以马安村为例，走访当地乡村进行实地调研，调研过程中收获颇丰。马安村作为抗日模范根据地，保留了许多抗日战争时期的遗址，并将抗战革命故事代代相传，具有深厚的红色历史文化背景，风景秀美，临近十渡旅游风景区，基础设施完善，旅游资源相当丰富。同时，马安村生产许多绿色农产品，质优价廉。但由于缺乏专门的宣传平台和载体，这些优势很难被广大目标消费群体知晓。当然，乡村不仅仅缺乏运用互联网及新媒体推广当地的手段，更缺乏能有效运用互联网及新媒体的人才，技术和人才的短缺一直是乡村发展中难以逃避的痛点。

综上所述，乡村建设和发展中仍然存在许多问题，譬如发展方式单一、缺乏人们喜闻乐见并行之有效的传播途径和载体、对互联网技术和新媒体技术发展乡村的忽略、缺少能有效运用互联网及新媒体的人才。为解决上述问题，项目组进行了创新实践。

（3）项目内容。项目组针对以马安村为代表的北京市房山区各村的发展问题，借助新媒体在网络上搭建一个推广销售平台，对马安村的景色、景点以及红色历史文化进行宣传推广，并增设预约游览和展示农产品等功能。同时，在数据交流平台中更应增设培训功能，将互联网的基础应用、电子商务运营手段、新媒体推广方法教授给当地村民，鼓励村民积极主动投身新媒体促进乡村振兴道路中。乡村与村民共同形成合力，打造乡村特色名片，吸引更多人关注马安村，将技术和人才培养两大痛点逐一攻破。这必定会让马安村在旅游业回暖后迎来大量游客，进一步实现乡村振兴。

在“电商+乡旅”“新媒体+乡村”的形式下帮助乡村推广当地景点和产品，吸引游客的同时，项目组还关注乡村的可持续发展，“绿水青山才是金山银山”。乡村振兴不仅要产业振兴还需关注代际效益，因此乡村社区一定要持之以恒打造本地生态品牌，坚持绿色生产和开辟绿色销售市场。

基于上述背景与问题，项目组成员设计独具特色、便于使用的小程序，搭建马安村线上集预约、宣传于一体的数字化信息交流平台。加之采用当下人们喜闻乐见的新媒体运营手段，通过抖音、视频号、微信公众号，图文与短视频相结合，对马安村丰富的红色历史文化及得天独厚的自然风光加以宣传推广。通过电子商务手段扩大马安村农产品销售通路，打造预约平台，辅以新媒体手段扩大马安村知名度，吸引更多人关注马安村，为马安村打造红色、生态名片，红旅融合、红绿联动，为马安村的振兴和发展写下新篇章，同时为具有类似特点的乡村探索发展和振兴的模式。

项目组成员将项目名称定为“三乡情”，其中的“三乡”对应乡信、乡知、乡传，以情扣心，意为实现乡村振兴的信心、引智扶贫和实地调研的衷心、传播和推广该乡村的决心。另外“三”代指许多，代表项目组所追求的不仅仅是因地制宜地推动马安村乡村振兴，更是在实践中总结出适合多个乡村的发展模式。

3. 项目意义

（1）大学生创新实践——采用电商模式助力乡村产业振兴。我国作为一个工农联盟为基础的社会主义国家，长期以来十分注重乡村问题，致力于实现乡村振兴。谈及乡村振兴时，最不能忽视的就是产业振兴。时代要发展，产业是基础。本项目紧抓产业问题，引入电商模式，通过设计并推广小程序帮助马安村实现经济创收。

项目组成员均来自电子商务专业，在实地调研马安村情况后，发现马安村相对许多乡村而言存在的特殊优势。首先，马安村蕴含红色文化、风景优美，基础设施较为完善，可作为红色旅游基地进行宣传推广。其次，农产品种类丰富、质量上乘，但长期以来因为销售通路尚未打通，销量并不理想。

基于这一情况，在设计小程序时，项目组成员运用所学知识，将小程序定位为综合性多功能小程序。小程序中设计马安村游览预约栏目，对马安村景色、景点及其背后红色文化进行简单介绍，挖掘用户旅游需求。同时在当地农产品进行展示推广，解决农产品销售通路的问题。希望通过农产品宣传推广和旅游业的发展，助力马安村实现创收，率先解决产业振兴问题。

（2）大学生以智促农——缓解乡村人才匮乏问题。古语云：“授人以鱼不如授人以渔”，在项目组成员深入调研后发现，马安村当地的村民积极性很高，相对项目组成员而言，村民扎根这片土地，对当地的产品、景色、故事了解更为充分，更适合作为宣传推广的核心角色，但因知识技能水平的限制，无法自发在互联网层面进行有效宣传推广。项目组成员在设计小程序时考虑到这类问题，对部分村民进行知识技能培训，教授村民使用本小程序发布产品信息、学习运用自媒体平台发布内容进行宣传。帮助马安村村民搭上互联网经济的快车。

（3）大学生学以致用——践行青年人的使命与担当。近年来，党和国家越来越关注“三农”问题，并不断引入资金、技术和方法帮助乡村地区实现乡村振兴。党和国家指出，实施乡村振兴战略建设现代化经济体系的重要基础，是建设美丽中国的关键举措，是健全现代社会治理格局的固本之策。

“少年强则国家强”，作为实现乡村振兴主要力量的一代人，项目组成员主动肩负起青年人的责任，运用自己所学的知识，采用新媒体工具和网络营销的知识手段，帮助乡村地区传承红色文化、吸引游客、设计销售文创产品，践行了青年人的使命与担当。

4. 项目创新点

（1）实施“以红带绿”“红旅融合”创新发展模式。经历了炮火磨炼和历史沉淀，马安村保留了红色历史，本项目紧跟党前进的步伐，布局红色旅游景区，挖掘生态优势，带动绿色产业发展，引导群众了解更多的历史文化。

马安村作为抗日模范村，在抗日战争时期有着突出贡献，村内保留了革命老区的历史原貌，并建立了村史馆，将有关材料进行了保存。将其作为党性教育基地，爱国主义教育基地，引导更多的人学习先辈艰苦奋斗精神，发扬革命传统，传承红色基因。如今互联网高速发展，现代化村史馆设计，运用数字多媒体技术，智能化展现历史缩影，真实还原历史情形和古典风貌，学习意义和参观价值同步提升。

以此为基础，通过设计“红色马安”小程序，搭建数字化推广销售平台，一方面帮助宣传马安村红色旅游，另一方面扩大了特色产品的销售渠道。项目组通过打造这一数字信息交流平台，让更多的人了解马安村，关注红色历史文化，带动绿色产业发展，响应国家乡村振兴的号召。

（2）设计特色小程序——升级栏目与板块。本项目的小程序设有四大特色栏目和两大功能区，分别是预约游览、红色马安、特色民宿、饮食文化、知识培训、文创定制。通过特色栏目为想了解、参观和游玩的游客提供餐饮、民宿等预约服务和游玩攻略指南。同时，功能区也可以为农产品的推广提供平台、为马安村文创产品提供销售平台、为村民提升自身能力提供帮助。

不同于其他同类小程序，“三乡情”小程序做到内容丰富不繁杂、功能全面、页面简洁美观、主次分明。目的是使所有用户都能进行简单操作，提升用户操作便捷度和使用体验感。

项目组致力于设计一个综合全面的小程序，充分利用现有资源，整合其他外部资源，为马安村村民和小程序用户提供一个安全、可靠、便捷的交流和交易平台，响应国家政策，为乡村振兴贡献一份力量。

（3）应用新媒体工具——改进推广方式。项目组通过多个新媒体平台推广马安村，其中包括微信公众号、抖音、视频号等。以多渠道扩大宣传面，结合大数据分析，采用当下人们喜闻乐见的新媒体运营推广，充分整合文化旅游资源，将历史文化、思政教育、红色旅游与生态旅游、乡村旅游相结合，培育红色旅游新热点，实施“以红带绿”乡村振兴发展战略。

短视频作为当今最火爆的新媒体内容载体，用户群体基数大、覆盖面广、人们接受度高。项目组运用短视频优势，在抖音及微信视频号定期发布短视频内容，介绍、宣传、推广马安村。同时，发动当地村民做自媒体短视频宣传，不断增加关注度，吸引更多的游客前来参观和体验。微信公众号定期发布推文吸引游客受众，并将推文内容群发给关注的人，以便稳固现有粉丝。此外，项目组还在微信公众号进行公益活动推广，举办小朋友线上朗诵传承活动，目的是针对不同群体，采取不同的宣传方式，增加多元化创新维度。

（4）大学生助力乡村公益——创新运营模式。本项目的运营模式与其他小程序运营模式不同，其目的不在盈利多少，而在于充分发挥电子商务专业大学生的优势，以大学生助力乡村公益为目的，创新运营模式。本项目旨在除成本外将盈利所得用于公益助力乡村的推广与宣传，以此促进乡村振兴。

用户可以根据需求进行独家订制。这些文创产品都是在校大学生设计的原创产品，他们利用独具匠心的创造力，抓住新时代的主流，将乡村文化元素巧妙地融入于生活，满足顾客的不同需求。用户可以选择“三乡情”小程序内所售卖的一系列文创产品，既能作为收藏也可留作纪念。

项目组提供免费的平台可以让大学生对自己制作的文创产品进行售卖，鼓励大学生自主创业，这种模式的文创售卖不仅会锻炼大学生的自主创新能力，还为在校大学生带来额外收入。这为大学生创作者和众多乡村搭建了一个互动合作平台，拉动大学生群体就业率。

（二）项目可行性分析

项目的可行性分析是项目前期工作中最重要的内容，在确定项目开展前具有决定性意义。一方面充分研究开展条件，提出项目运行的可能性；另一方面进行分析评估，提出项目开展的合理性。对小程序的设计、应用和推广，进行全方位的分析，其中包括经济可行性、技术可行性以及操作可行性等。通过对这些内容的分析，使项目组能够提前预测到未来可能会发生的问题，从而进行有效规避。

1. 经济可行性

小程序由于只采用一套技术，所以安卓系统与苹果系统用户均可流畅使用，相较于 App 等需要两套开发程序的技术而言，成本较低，成本压力较小；在调查方面，采用的是文献查找、访谈与调查问卷相结合的形式，通过采访相关人士以及线上发布调查问卷的方式获取调查资料；在项目推广方面采用新媒体推广的方式，采用抖音、公众号与微信视频号平台同时宣传的方法进行推广，使小程序被更多人熟知。无论是小程序开发还是推广，经济成本都在项目组可控范围之内，能达到预期效果。

2. 技术可行性

本项目的小程序前端使用 Java 语言进行 UI 界面代码编写，后端使用 Java 语言进行代码编写，开发框架采用微信官方的框架：商城类基础样式库，让用户的使用感知更加统一。小程序的技术架构上清晰明了，相比沉重的原生 App 开发好理解得多，并且小程序也将得到微信官方更大的流量支持，未来的发展前景大。因此，小程序的技术可行性高。

3. 操作可行性

小程序无须下载安装，不必担心程序内存空间，只需要进入微信下拉点击搜索小程序，输入名称就可以进入或者使用微信的扫一扫功能也可以直接进入，操作流程十分简单，适合绝大部分人使用。小程序可以帮助用户高效地解决问题，并且是微信中灵活的应用组织形态，无须卸载。本小程序中包含预约游览、红色马安、特色民宿、饮食文化四大栏目，图标清晰，说明易懂，使用便捷。因此只要按照国家相关规范开发，用户基本没有上手难度，操作可行性强。

4. 同类小程序对比分析

根据同类型的小程序对比，项目组发现一些乡村也采取了通过乡旅小程序来带动乡村电商的发展，这些小程序都各有优缺点。通过对比分析，项目组采用了大多数小程序的模式，每个商品的详情页面中通过具体的文字和图片来展示商品。同时增加了马安村的相关信息，提高小程序的可靠度。由于马安村的扶持政策：打造“平西古寨　红色马安”党性教育基地及红色教育旅游景区，红色乡旅更加独特，希望通过此小程序能够打响乡村振兴的品牌，提高村民收入。项目组发现这类小程序的人工客服大多数留下的是电话号码，与顾客沟通还存在着较远的距离，所以项目组技术人员将客服页面制作成像微信一样的聊天页面，可以发文字、语音、图片，也可以进行语音通话，便于与用户交流沟通，让用户体验到最优质的服务。

项目组发现现阶段大部分利用网络进行乡村振兴的乡旅微信小程序只进行民宿订购或是游玩，覆盖性不强。房山区马安村成立了“红色马安科技文旅（北京）有限公司”来推动集体产业，成立红色教育基地、建立精品民宿，盘活闲置资源，促进村民增收致富。小程序因此使用红色乡旅的模式，让用户在这里进行放松、休憩的同时可以参加马安村红色文化节，游客了解到红色文化，增强游客的社会责任感，将小程序的作用发挥到最大化，使马安村村民利益最大化，推进马安村电商发展，不断完善电商销售渠道，从而全面推进马安村的乡村振兴。

这种“红色乡旅”的电商模式用操作简单、用灵活度高的微信小程序进行展示最好不过了，并且本项目也会结合当下最热的带货模式——直播，在微信视频号等短视频、直播平台进行大力宣传，吸引顾客。

5. SWOT 分析

（1）竞争优势（S）。竞争优势是指超越其竞争对手的能力，以及其他平台所特有的增加竞争力的东西。项目的优势主要体现在以下几个方面：

1）采用“以红带绿”融合发展新模式。马安村具有悠久的红色历史文化，它曾被授予“抗日模范村”的称号，现在，依托红色马安的基础，马安村红色文化传承基地大力开展专题教育，还编著《红色马安》《十渡抗战》，谱写马安歌曲，编排红色马安广场舞等，使红色文化、思政教育与乡村旅游相结合。马安村的“红”与“绿”融合汇通，焕发勃勃生机。

2）马安村的未来发展定位为“乡村酒店”+“山水田园综合体”。本村是特色民俗区选址，以此地开发并使用推广乡村振兴小程序高度符合马安村发展战略部署。

3）政府支持、学校支持。支持多元主体、分工配合。项目组得到马安村村委会的认可和支持，由马安村党支部书记王友山亲自带队进行实地调研，与马安村集体企业红色马安（北京）文化科技有限公司达成合作，并作为小程序依托企业。由北京某高校电子商务专业同学设计和搭建小程序，辅以高校专业老师的指导。在政府和学校的支持下，项目推进形势良好、效果突出。

4）区别于其他小程序，本项目组小程序不仅面向客户，还面向村民。项目组在首页页面中设置课程一栏，向村民进行技术服务、新媒体营销的培训，让他们更熟练地操作小程序。

5）毗邻风景区，形成一定的规模效应。房山区马安村位于龙虎沟瀑布峰风景区的西边，距离此风景区非常近，本身就能够吸引一定游客，如果能够加大开发和宣传力度相信会有越来越多的人前去游览。

6）本项目为公益项目。项目组将盈利所得除成本外全部投入乡村振兴的持续发展和大学生创业中，并与公益组织房山区清风社工事务所达成合作，策划、参与、推广公益活动，将每一份微薄的力量汇集起来，投射给需要的人，真正做到公益常态化。

（2）竞争劣势（W）。

1）成本控制严格。由于前期资金投入有限，平台的人员较少且规模有限。在产品研发方面无法全面发展，使得产品研发上有所侧重，不能更为完善地发展，具有一定的局限性。

2）马安村地处北京西南郊区，村子的推广宣传手段落后传统，并且现在正处于新冠疫情期间线下推广面临一定难度。

3）大部分民众对于马安村及其产品比较陌生，许多人还是会选择知名度高的小程序进行相似产品或服务的订购，对于是否打开这个平台可能会有诸多考量。

（3）市场机会（O）。市场机会是影响项目发展的重大因素。本项目既有相关政策支持，又有庞大的目标客户群。

根据《北京市“十四五”时期乡村振兴战略实施规划》明确，到2025年，北京市乡村振兴取得重要阶段性成果，制度框架和政策体系基本健全，城乡融合发展取得突破性进展。农业发展取得新成效，现代乡村产业体系基本形成，成为农民增收致富的“聚宝盆”；生态宜居实现新进步，全面完成美丽乡村建设任务。继续推进乡村振兴，加快推进农业农村现代化是当下的重中之重。

根据第49次《中国互联网络发展状况统计报告》基础数据显示，截至2021年12月，我国网民规模达10.32亿，手机网民规模达10.29亿，网民使用手机上网的比例达99.7%。并且近几年，抖音短视频、视频号等新媒体行业快速发展，如果使用这些新媒体宣传和推广马安村，可为马安村带来巨大流量，推动广大网民认识马安村的特色产品。

马安村地处北京的西南部，距离北京市区100千米，驱车2~3小时即可到达，此地正值发展当地游、周边游的大好机会。

（4）外部威胁（T）。因为国家、政府积极发展乡村产业，实施乡村振兴战略，越来越多的企业借助互联网这一优势加入到乡村产业发展中来，竞争对手增加，会不利于项目组小程序的推广及发展。

（三）项目调查设计与实施

1. 调查目的设计

项目组通过实地考察了解了设计“三乡情”小程序的迫切性与必要性。通过调查了解，当地村民对“三乡情”小程序栏目、功能、界面设计的需求和建议；同时了解用户对小程序的特色栏目、功能等方面的服务。根据收集的信息，设计小程序，提高小程序的使用感、实用性和适配度。

本项目组利用实地考察、访谈、问卷的方式多角度多层面地进行调查，确保数据来源更加科学、准确，通过数据的回收与分析，能够更好地完成设计“三乡情”小程序。

2. 调查对象设计

“三乡情”小程序是以红色文化传承，促进乡村振兴与发展为核心的一个小程序。由于民众年龄分布面广且来自不同的地区，对项目组的调查会有不相同的见解与观点，并提出不同的建议，因此项目组通过多方面的考虑，决定对不同的对象实施不同的调查方法，以便项目组对不同的调查群体能有更加深刻的了解和分析。项目组此次访谈调查的受众群体主要为村书记、支书等村委会委员以及村民代表。问卷调查的受众群体主要为在校大学生以及企事业单位人员。

3. 调查内容设计

首先，项目组进行实地深入走访调查，了解红色文化。访谈对象为村书记、支书等村委会委员以及村民代表，以此了解"三乡情"小程序可以设置的各个栏目、特色服务、培训活动和农产品等，进一步更好地设计、完善小程序，满足村民的需求。

其次，针对小程序栏目、功能、界面等需求符合度问题，对大学生及企事业单位的工作人员进行问卷发放。

综合以上，本问卷最终设计题项 16 项，其中基础信息 4 项，主题题项 12 项。需求符合度指标主要确定为对于乡村的了解和倾向两个方面，对于民众的其他方面的问题，问卷设计其他相关题项，从不同方面来调查用户对其他需求的符合程度和态度，更全面地了解用户的需求，更好地完成"三乡情"小程序的设计。

本次调查设计主要有以下部分：①关于对城市周边乡村相关问题了解符合度的设计，了解用户对周边乡村的关注程度及对于乡村文化和乡村活动的了解等引申问题，项目组希望通过问卷调查进一步了解更多人的认识和需求。②关于小程序需求符合度问题的设计，为了能更好地和用户进行互动、掌握用户需要怎样的服务，项目组在小程序的栏目、功能、页面设计及特性等方面进行了设问，并请用户提出他们的建议或希望，以此来进一步交流，更好地设计小程序。

4. 调查方法的设计

（1）访谈法。项目组对马安村书记、支书等村委会委员及村民代表进行了深度访谈，全面了解了马安村发展现状及需求，并收集了相关发展建议，为小程序的功能设计打下了基础。

（2）问卷调查法。项目组从用户对小程序栏目、功能、界面的需求、倾向、期望以及人们对乡村文化和活动的了解等几个方面设计调查问卷，通过线上方式进行发放回收，并根据问卷数据的分析结果来设计小程序。

（3）实地考察法。项目组成员实地考察马安村，深入了解马安村的红色历史文化、特色乡村风景、特色资源等发展现状，同时抓取小程序建立所需的基础图片素材等。

5. 调查结果分析

本项目通过微信、QQ 等社交软件进行问卷发放。经过两周左右时间发放，回收问卷 419 份，其中有效问卷 408 份，无效问卷 11 份，问卷有效率达 97.3%。问卷收集完毕后，依靠 Excel 图表对调查结果进行统计与分析。

调查结果显示，多数人对城市周边乡村了解程度都在一般及以上，说明当下社会存在较多人关注城市周边乡村，乡村的发展旅游业的前景较好。

对于城市周边乡村的了解渠道，绝大部分的填写者是通过互联网和电视，由此可见通过新媒体传播人们的接受度较高，传统媒体在当下的传播能力远不如新媒体。谈及参观乡村问题，人们倾向较为积极，乡村旅游业市场具有良好的前景。

在选择游览的乡村类型时，大多数人都选择生态、田园关键词的乡村。红色文化教育占比最少，猜测人们对富含红色文化的乡村并不太了解，此类乡村最需要推广及扩大受众。

在活动倾向方面，其中四类活动选择人数都大于50%，可见人们对乡村游览抱有较积极的态度，其中感受当地风景和休闲娱乐活动选择率较高，说明人们在谈及乡村时更喜爱原始自然风光，在活动中追求舒适自由的体验。而了解乡村文化、特色产品两类选择的人数也不少，应当挖掘潜力，制造需求。若计划到乡村游览，多数人愿意选择线上预约的方式提前准备。因此设计小程序时，添加预约功能更能满足用户需求。

询问到是否愿意使用乡旅类小程序时，大多数填写者持积极态度，由此可见微信小程序的接受度较高，采用小程序发展乡村产业的方式易被人们接受。作为乡旅类小程序，使用者需求的功能呼声较高的是咨询服务及线路查询，在小程序设计时应优先考虑。而选项中罗列的六项功能选择度都较高，说明用户需要的是一款功能全面、使用便捷的小程序。

在栏目选择中，占比最高的两项是攻略路线和餐饮美食，乡旅受众出游率先考虑的就是“行”“食”两个问题，小程序在设计时应优先解决这两个问题，并将这两个栏目放置在较为显眼的位置。对于小程序界面设计，大多数用户强调清晰明了的搜索框，猜测目的是更快速便捷地检索信息或产品，在小程序设计时需要考虑到操作难度问题，力求达到操作简便快速。

填写者对于小程序个性化服务的需求较低，占比45.1%，而对操作便捷、功能简单的关注度较高，因此在设计时应尽量减少不必要的版块，提供完备的基础功能。

通过词云分析，受众填写者对小程序的期望主要包括界面简洁明了、包含红色文化、栏目有特色、操作简单、人工服务负责等。在调查结果中，填写者女性比例高于男性。19~55岁的填写者比例明显高于其他年龄段。学生填写者的比例最高，比例接近填写者的2/3。在所有填写者中，政治面貌为共青团员的填写者最多，比例超过1/2。

对于问卷结果，项目组得出以下结论：一是大部分民众对城市周边乡村有所了解，但了解不深。同时从了解程度可推知多数人对周边乡村较感兴趣；二是大部分民众通过互联网和电视了解城市周边乡村，可见新媒体宣传及推广效果良好，易被人们接受；三是大多数人愿意使用小程序进一步了解乡村文化，对小程序提出的要求是“简洁”“便利”。针对上述调查结果，项目组在设计“三乡情”小程序的功能和栏目有了一个大致的方向，目标是设计出一个功能全面、操作简捷的小程序，内容需涵盖乡村风景、文化、特产、食宿等多内容。而考虑到群众对乡村景观及文化了解倾向和程度，前期应采用人们喜闻乐见的新媒体对小程序进行推广。

（四）商业模式

“三乡情”小程序的设计及推广，将目光聚焦于乡村问题，通过项目组成员所学知识，以电子商务、新媒体运营手段，助力乡村振兴。项目响应国家及政府乡村振兴战略，深入北京房山区马安村进行调研，充分了解以马安村为代表的乡村问题，针对调研结果设计小程序帮助解决马安村现存问题。项目组从多个角度出发，针对产业问题，在小程序内设计预约游玩、民宿预定等功能，为马安村的旅游业进一步发展开辟道路；针对乡村短缺问题，设置学习体悟板块，为村民普及传授电商、新媒体运营基础知识；针对文化传承问题，利用马安村文化优势，将马安村红色历史文化进行数字转化，在小程序中体现及传播。除此之外，搭建大学生创业和乡村合作桥梁，由大学生针对乡村文化设计文创产品，打造马安村红色文化IP。通过多视角、多渠道、多形式，在解决乡村问题的基础上促进乡村地区进一步实现振兴和发展，为乡村振兴贡献力量。

1. 价值主张

（1）基于红色文化以红旅融合促进乡村发展。项目组深入乡村调研，调研对象马安村被誉为平西革命第一村，具有丰厚的红色历史文化，并保留了许多抗战时期的历史遗址，具有独特优势。文化的延续和传承一直以来是中华民族的优良传统，也是当下党和政府所提倡的。项目组充分利用乡村文化优势，通过宣传、推广马安村背后的红色文化与历史故事，吸引游客前来游玩，达到“以红色引领绿色”“红旅融合”的发展效果。通过这样的模式使乡村的红色文化得到更好的传承和传播，也促进了当地旅游业的发展，取得良好的经济效益的同时，反哺历史文化遗址和生态环境的保护，保证了乡村的可持续发展，奏响了乡村振兴的号角。

（2）通过新媒体运营以打造乡村品牌及文化IP。项目组通过抖音、公众号、微信视频号等人们喜闻乐见的新媒体，对乡村的风景、文化、特色产品及有趣的风俗习惯等进行推广和宣传。通过新媒体的宣传推广，帮助更多的人认识到乡村，了解乡村优势和特征，并充分发扬文化传承的功能，打造乡村生态、绿色品牌，将乡村文化形成独立的文化IP，打造一村一故事，一步一历史的特色乡村。

（3）鼓励大学生创业及投身乡村事业。近些年来，同样引起社会广泛关注的还有大学生就业、创业的问题。本项目搭建了大学生创业与乡村发展的合作桥梁。从“引智促农”角度，将大学生所具备的知识能力运用到乡村发展中。同时，以文创产品作为合作重心，由乡村提供文化背景、大学生群体着手设计，共同打造乡村文化品牌。此模式的应用，可以使有知识能力的大学生和富含文化的乡村双方得利，达成有效的合作发展。

（4）树立良好的社会导向。项目利用微信小程序、公众号、视频号和抖音等新媒体工具，对接公益组织清风社工事务所与企业合作方，进行多主题线下活动策划，以多渠道的宣传与推广引导社会关注农村、农业和农民，为乡村振兴赋能，助力乡村发展与振兴。

2. 用户细分

（1）企事业单位用户。党和国家近年来一直强调做好理想信念教育工作，要求定期组织开展各类基层组织活动。同时，国家政策一直都关注乡村的振兴和发展，马安村作为平西革命根据地，具有丰富的红色文化，并保留了许多抗日战争时期的历史遗迹，可以作为一个爱国主义教育基地供企事业单位进行学习参观。

（2）周边城市居民。基于马安村特殊优势，即具有良好的生态环境、优越的自然风光、完善的基础设施、丰厚的红色历史文化、优质的特色农产品。我们将发展的方向定位于促进当地旅游业的发展。根据调研得知，许多城市居民都对生态环境良好、风景宜人的乡村较感兴趣，并有意愿前往乡村短途旅游、了解乡村文化，我们的目标受众便是周边城市的居民。打造以“生态、文明、自然、休闲”为主题的乡村品牌，吸引周边城市居民到乡村游玩、购买特色产品。

（3）村民。在调研中我们发现，乡村中人才短缺的问题是制约乡村进一步发展的重要原因。故此在设计小程序时，我们将村民也即所谓小程序的用户去考虑，小程序通过发布电商、新媒体运营的基础教学视频，帮助村民学习使用相关知识，为村民自己运营自己的新媒体账号、通过互联网介绍当地风景文化、后续尝试为乡村直播带货打下基础。

3. 客户关系

（1）村民与用户。村民作为特色产品的提供者，同时作为供应商、商家两个角色存在，与小程序用户形成买卖关系。

（2）项目组与马安村。项目组与马安村达成合作关系，马安村提供其信息、背景，与项目组沟通发展的需求和方向，项目组为马安村设计并推广“三乡情”小程序，并为马安村宣传推广当地的风景、文化、产品等内容。

4. 分销渠道

（1）内容分销。项目组应用微信公众号、抖音、视频号、论坛等新媒体，在社区、高校以用户互动、线上留言、线上朗诵投稿等形式，以清明节的线上云祭奠、五四青年节的红色寄语留言、庆祝建团百年的“诵读红色经典，致敬百年辉煌”等主题，进行多渠道、多形式、多内容的营销，吸引受众关注，当受众粉丝积累到一定程度之后，内容带来的流量就能助推活动宣传，达到更好的活动宣传。

（2）用户分销。在小程序设计之初就对用户进行了细分，在小程序发上架后根据对不同类型用户的行为分析，可以帮助小程序升级和优化，进一步确保用户的留存率和用户使用小程序时的体验感。

（3）数据分销。基于新媒体的优势，内容可以最大限度地传播给受众，针对后台的数据反馈，项目组可以根据数据进一步细分受众、优化内容，展开精准营销。

（4）活动分销。为培养活跃用户和忠实用户，项目组策划和实施了多形式的内容活动。分为线上活动和线下活动两类，线上活动主要在公众号、视频号和抖音进行，能有效调动公众号、视频号和抖音的粉丝积极性；完成了许多线下活动的策划。

5. 关键业务

（1）搭建线上多功能平台。项目组与马安村集体企业合作，针对村民、马安村的发展需求，设计了行之有效的宣传推广方式，设计并推广“三乡情”小程序，依托微信小程序搭建了集预约、预订、信息查询等于一体的多功能平台。

（2）打造乡村品牌及培育文化 IP。利用人们喜闻乐见的新媒体，对马安村的优势进行宣传推广，使得更多的人认识、了解马安村，深入发掘马安村红色历史文化价值，形成以“红绿融合、以红促绿”为核心的发展方式，打造生态绿色的乡村品牌，培育马安红色文化 IP。

6. 重要合作

项目组与马安村集体企业——红色马安（北京）文化科技有限公司、十渡文化有限公司、房山区清风社工事务所等开展合作。

7. 公益与商业结合

（1）促进乡村经济发展和产业振兴。本项目深入调研后，根据乡村具有良好的生态环境、优越的自然风光、完善的基础设施、丰厚的红色历史文化、优质的特色农产品等优势，采用电商与新媒体结合的方式，带动乡村旅游产业的发展，实现一加一大于二的效果，同时旅游业的发展必定会带动当地特色产品的销售同步提高，帮助乡村地区实现经济创收。

（2）以公益模式促进持续发展。项目组将除运营经营成本外的盈利，全部用于后续的推广宣传及其他乡村的建设。乡村振兴不只是一村的任务，而是每个村子未来发展的必行之路，项目组希望以点带线、以点带面地解决多个乡村的问题，通过商业盈利收入，投入待发展振兴乡村的建设中，尽可能地帮助更多的村子实现乡村振兴，同时也能实现本项目的可持续发展。

（五）小程序设计开发

1. 开发目标

（1）设计满足乡村特色发展需求的小程序。聚焦红色乡村，传承红色文化。项目组通过前期在马安村进行调研活动，在对马安村王书记和村民等深入的交流中，充分了解了现如今马安村对于红色文化传承方面、乡旅推广、农产品推广等一系列的需求，了解村庄现在在引流游览、农产品销售方面的困难与问题，并根据需求设计了小程序的多个功能，让小程序不仅能宣传推广当地农副产品，还能更好地引导人们关注马安村，了解马安村的文化，传承马安村的红色精神。同时，考虑到马安村村民文化水平普遍较低，电子设备使用不熟练，项目组还在小程序上设置电子设备培训课程，为马安村的村民解决使用难题。项目组依托小程序为媒介，给马安村的乡旅活动、农产品提供更好的传播和推广平台，为马安村村民带来收益，为红色马安村的建设提供资金支持。

（2）开发具有特色功能的小程序。项目组设计了一个具有注册/登录、上传/发布、定位/预约、购买/支付等便民服务功能的小程序。此小程序首页主要内容有轮播图、特色栏目、马安村新闻简讯、入驻企业宣传、马安村的简介和风土民情的展示等。在轮播图中插入与图片相关联的马安村资讯，在展示马安村风光的同时，增加人们对马安村的了解。增设个人信息界面，包括个人订单查询、信息查询等栏目，方便用户了解、预约、游玩。

区别于同类小程序，项目组为小程序赋予了两个新的功能：红色马安和培训课堂。这使得该小程序不仅仅是一个预约门票、推广产品的普通小程序，更是一个具有分享、学习功能的小程序。在红色马安板块，用户可以了解马安村的红色历史，收听马安红色遗址和村史馆的语音讲解，项目组希望更多的人能通过小程序了解马安的红色文化，传承红色精神。而培训课堂板块是专门为村民打造的。马安村村民平均年龄偏高，中年人居多，对电子设备的了解较差，村民可以在这里免费学习如何使用电子设备中的社交软件等，项目组还将在这个板块中为村民普及互联网知识。项目组希望在后期，马安村的村民可以自己当网红，做起自己村庄的直播带货，从而打造马安村自己的互联网循环发展体系。

2. 设计理念

“三乡情”小程序不是一个简单的售票类和资讯发布类小程序，而是二者的结合，在拥有最基本的预约售票功能的同时，还可以进行内容的发布和推广，是集信息传播、预约定位、产品推广于一体的多功能小程序。因此，用户在使用小程序时，小程序功能之间的独立性以及整体的完整性十分重要。同时，要求马安村的村民在使用和学习时也要兼顾功能合理。在这一问题上，项目组的解决方法是以预约类小程序的模板为参照，以阿里云服务器为载体，重新搭建小程序框架，在隔开功能板块的同时，增设导航栏标签，将课程板块下移，保证小程序的正常运行与完整，完善小程序的功能与栏目，保证小程序的正常使用。

同时，项目组希望小程序的作用不仅仅是简单的乡旅预约和推广产品，还能以微信小程序为媒介，将马安村的红色精神、红色文化进行宣扬和学习。项目组准确把握新时代文化思想的内涵，唱响时代主旋律，做到思想认同、内心尊崇并内化于心外化于行，旨在通过本平台提高马安村在大众心中的知名度，以达到传承红色马安精神，打造优秀乡旅村庄的目的。

3. LOGO 设计

以马安村为名，突出了“马”字，背景中昂扬奔腾的骏马也彰显了马安村的红色文化底蕴，LOGO 结合国画元素与书法元素，突出 LOGO 的文化特色。LOGO 标志本身没有固定的形状，仅仅是重点突出了简简单单“马安”两个字，“马安”二字使用书法字体。“马安”二字的设计右下角添加“红色乡旅”印章，让用户联想到传统水墨画或书法作品内容末端的章印。此 LOGO 简约而不简单，磅礴大气而又不失淳朴。这样的气质正是经历过抗战，重归安宁的马安村民所独有的。

4. 首页设计

小程序首页的布局设计成熟科学，自上到下依次是搜索框、轮播图、特色栏目、新闻资讯、马安村宣传板块。

5. 功能设计

作为一个多功能、多用途的小程序，该小程序的使用群体主要为想了解马安村人们、想来马安村游玩的游客和出售预约门票、特色农产品介绍和学习基础技能的入驻村民商家。因此在小程序的功能设计阶段，项目组针对不同的使用群体，从便捷使用和便捷管理的角度出发，将功能分为前台功能和后台功能两大部分。

小程序前台的主要功能有注册/登录、定位/预约、查看/分享等。前台功能主要针对使用用户，通过上述功能用户可以便利地实现预约游玩、资讯查询和学习、分享等行为。

后台的主要功能包括商户管理、店铺装修、用户管理、订单管理、预约信息查询整理等功能。后台功能主要针对入驻商家，尽量用简单的操作完成店铺的管理，方便商家的产品销售、推广、宣传，同时项目组在小程序后台单独开设视频上传入口，也方便后期为项目组继续为村民上传学习视频。

6. 特色栏目设计

（1）预约游览。马安村红色文化深厚，是抗日战争和解放战争时期的核心根据地。故此，要依托马安村的特色来吸引消费者，通过“文化+旅游”的模式打造具有核心竞争力的乡村文化品牌位于北京周边，作为平西革命老区，具有浓厚的红色历史背景和优越的乡村风光，又十分临近十渡旅游风景区，旅游资源相当丰富。

马安村设计了多条不同主题的旅游路线，如亲子游、红色研学游、红色主题教育游等。来到马安村，可以参观保留着抗日战争和解放战争历史痕迹的马安村村史馆；可以游览细心保护下来的军队书记办公室和高小遗址；可以充分领略先人前辈投身革命、矢志报国的壮志豪情。马安村充分发挥当地红色历史文化深厚的优势，结合当地山清水秀、自然风光及临近的十渡景区，以红带绿、红旅结合，带动当地旅游业的发展，通过旅游业推动当地经济的创收。

马安村未来想要发展旅游产业，更要注重当下的保护工作。为保护当地生态，同时考虑到马安村对游客的承受能力，设置预约平台。在此栏目内可以预约马安村红色历史博物馆，通过设置预约平台，有利于马安村有效控制和安排旅游人群，科学有效地准备物资和安排工作。

（2）红色马安。马安村拥有完善的红色教育基地，红色墙绘、红色长廊、党建公园、抗战小道、村庄标识、马安精神堡垒、南岭烈士纪念碑亭、村使馆、房良联合县政府、抗日高小旧址，这些历史痕迹就是马安村最具色彩的名片。

（3）饮食文化。中国的饮食文化博大精深，可谓是“舌尖上的中国”。马安村当地也有其特色美食，食材采用的是当地的绿色无公害农产品，制作的方法更是质朴简单，回归食物的本味，对于久居都市的人们来说更是别有一番风味。

本着出门游玩不可不吃的需求，马安村也将特色菜品用于接待游客。同时对马安村当地的绿色农产品进行图文介绍，进一步推广了当地的特色农产品，在本栏目中，来访者可以查阅马安村的特色美食及菜品介绍、绿色农产品，方便来访者了解及预定。通过特色的饮食文化和当地的美食，用味觉保留住游客关于马安村的记忆。

（4）特色民宿。马安村当地基础设施完善，基于接待游客的需要，打造了一系列精美民宿。有恰如红军当年居住的小平房一般让人忆苦思甜，也有舒适宜居的现代套房，临近青山秀水让人放下生活的烦恼。在本栏目中，用户可以查看各类民宿的地理位置、周边环境介绍、民宿图片等信息，了解后提前预定民宿，为出行安排提前做好准备。

7. 特色界面设计

（1）文创定制页面介绍。用于上架和销售特色文创产品，马安村与其他同类型乡村相比，有得天独厚的优势，便是其蕴含的深厚的红色历史文化。为了保护当地历史文化，村民多年来悉心维护历史文化遗址，修建村史馆，为打造马安村文化品牌奠定了基础。项目组作为桥梁，将高校大学生与马安村联系起来，通过马安村这一文化IP，由高校大学生设计文创产品，两方通力合作，设计、制造并销售文创定制产品。除销售已经设计好的文创产品外，还推出文创产品定制服务，用户如果对某类文创产品感兴趣并有一定的数量需求，可以在线联系客服定制。所得费用既可以支持大学生创业，又可以反哺马安村当地，推动实现乡村振兴的宏伟目标。

（2）培训页面详细介绍。为村民搭建知识技能培训平台。项目组设计的小程序，不仅仅是针对消费者，同样针对马安村的村民。要实现乡村振兴，不能仅仅依靠项目组成员前期的搭建和运营，更需要村民自己掌握电商运营的技巧。

8. 小程序的实现

基于Liunx系统开发环境，以阿里云服务器为载体，采用Java语言在微信推出的官方小程序编写器上进行开发，以商城类小程序的模板为参照，重新编写搭建小程序框架，再填写相应功能。后续进行开发测试，逐渐调试小程序的稳定性，最后链接MySQL数据库，使用实时数仓hologres算法对小程序用户进行监测分析，为后续优化小程序打下基础。

9. 小程序的测试

为了保证小程序性能并正常上线，在收集使用建议前，项目组对未上线的小程序进行了测试，主要是理解项目的需求设计等，包括查看功能模块、业务流程、同一功能不同入口时有效性检查、页面交互性检查、输入输出等逻辑进行的测试。特别检查小程序是否能正常获取微信登录权限，方便项目组统计小程序用户使用信息。同时，进行了兼容性测试，以确保小程序在不同手机操作系统检验、分辨率（不同手机型号，页面图片显示等）检验、不同微信版本（测试当前微信版本发布的项目和升级版微信后测项目）、二维码的兼容性（是否识别等）。另外，为了保证小程序能顺利运行，还测试了小程序运行时的后台流量、后台耗电量以及清除缓存时强制退出、后台清理、关机等情况。

一切测试无误后，初始版小程序正式上线，后续又在村民、大学生和用户中间进行使用测试，收集归纳他们的建议，持续提升小程序的用户使用体验。

（六）项目推广

1. 线上推广

（1）公众号推广。本项目组开发的“三乡情”小程序基于微信平台，项目组成员第一时间进行了“三乡情”公众号的创建。“三乡情”微信公众号是项目组作为开发者在微信公众平台上申请的应用账号，在这个公众平台上可以实现和特定群体的文字、图片、语音、视频全方位沟通、互动，形成一种当下推广小程序主流的线上线下微信互动营销方式。创建一个公众号是推广小程序非常重要的途径。项目组在公众号上定期更新马安村及其周边的消息，从而让更多的人对马安村及其周边产生兴趣，引导越来越多的人关注马安村的红色文化和绿色乡旅，关注“三乡情”小程序。

（2）视频号推广。除了使用公众号进行推广，项目组还会使用视频号进行同步推广，其推广优势如下：

微信视频号不同于订阅号、服务号，它是一个全新的内容记录与创作平台，也是一个了解他人、了解世界的窗口。对比其他短视频来说，微信视频号最主要的优势是无须下载。视频号放在了微信的“发现”页面内。视频号内容以图片和视频为主，可以发布长度不超过 1 分钟的视频，或者不超过 9 张的图片，还能带上文字和公众号文章链接，而且不需要 PC 端后台，可以直接在手机上发布。

对项目组来说，视频号同城看到的概率比较大。因此，十分适合用于推广马安村红色文化、活动，同时它的可链接性也很强，可以直接“镶”在公众号上，看完视频了解后，可以直接通过公众号再次跳转界面，再加上适当的引导，如点击进入马安优选、马安村旅游的预约入口等，可以直接为马安村吸引到客流量。

（3）抖音推广。项目组基于抖音的热度，也进行了马安村抖音号的设置。根据字节跳动算数中心发布的《数据报告》显示，抖音目前有 4 亿日活跃用户，这个数据有力地说明了抖音用户的活跃度很高，也从侧面反映了用户对平台的依赖性很强。

抖音现在已经是短视频行业中的佼佼者，是新媒体行业的标杆，所以在抖音推广马安村和小程序是重中之重。抖音具有的优势有视频发布多样化、用户需求多等。抖音作为短视频发布平台，在一定程度上决定了其发布视频的多样性，项目组可以根据需求发布视频，而且发布的视频在法律允许的范围内都能获得一定的流量曝光，这对于“三乡情”小程序和马安村运营推广来说十分有利。并且，视频的多样化还能吸引一定的粉丝关注，积累粉丝量，为后期宣传马安村打下坚实的基础。随着越来越多的人进驻抖音，用户发布的视频也越加多样化，这些多样化满足了不同用户的需求，需求广也是很多用户观看视频的特点，因此，发布不同种类的视频可以满足不同用户的需求。项目组依托这一优势将视频分为多种系列，如马安村红色历史、马安村优美风景、马安村活动专题的视频等，关注视频的时效性和趣味性，让马安村得到大力宣传。

（4）论坛推广。学校论坛作为虚拟社区组织，有着表达自由、无集中控制、多对多传播和成员出于自愿行为的特质，同学在这里可以充分沟通、畅所欲言。论坛是更广阔的平台，使不同专业、不同身份的人能够自由地交流，项目组也抓住这一要点在北京某大学论坛中进行了推广。

2. 线下推广

（1）校园推广。在线下推广中，项目组选择了校园推广，希望通过此种推广模式让越来越多的大学生通过使用“三乡情”小程序认识、游览马安村。

（2）社区推广。

社区推广具有如下优势。

1）操作手段灵活。开展社区推广活动非常简单，只需要走入社区与社区居民进行沟通互动，并以发放传单、展示宣传板等方式展示推广内容，就有很好的推广效果。

2）目标针对性强。社区推广是直接与社区居民面对面进行互动沟通的，并且社区居民的特点比较鲜明，目标人群集中，消费者可信度高，传播性强，能够有效了解用户需求。项目组与社区居民进行近距离沟通接触，社区居民对本项目的一些服务与栏目的询问与建议可以很快反馈，便于项目组不断地更新完善小程序。

（七）项目运营

1. 合作推广运营

（1）与北京十渡文化有限责任公司入驻达成合作意向。项目组与北京十渡文化有限责任公司经过友好洽谈，成功达成合作意向。项目组利用微信公众号、视频号和抖音及时宣传并推广十渡景区，销售企业的旅游系列产品。

项目组邀请了北京十渡文化有限责任公司经理邢海星，为项目组推广马安村景区和十渡景区做相关指导。项目组将马安村与十渡景区做联合宣传，在微信公众号上更新相关推文，在抖音上更新景区组合视频。

（2）与房山区清风社工事务所达成合作。项目组在推广项目时，积极与相关机构联系，力求联动各方，达到推广效果最大化。最终联系到房山区清风社工事务所，并达成合作意向。清风事务所通过其运营的公众号，转载项目组在“马安三乡情”公众号中发布的关于马安村旅游及文化资讯，助力项目组推广并宣传马安村，扩大马安村知名度。

2. 线下线上活动策划

项目组在进行宣传推广的过程中，同时开展了一系列的线下线上活动，线上通过抖音平台、微信公众号以及视频号进行活动预热，吸引更多的人参加活动，包括以“缅怀先烈”为主题的线上云祭奠活动和“诵读红色经典　致敬百年辉煌”朗读活动。

线下策划了以“传承红色基因，坚定理想信念”为主题的高校推广活动、“大思政课善用之红色马安”为主题的党团员活动、“红绿融合乡村游”和“三乡情进社区”为主题的社区推广活动等。

3. 用户体验提升

本项目自开始设计小程序起，就极其重视用户功能体验。从最初的概念图到最后的小程序成品，目前小程序已经进行了三次较大的改进，版本已从最初的1.0版本升级到现在的4.0版本。

4. 资金来源分析

（1）销售提成。后续项目组计划在小程序中销售文创产品，可获得一定的收入分成（按销售收入的10%提成）。

（2）民宿提成。在小程序中设立精品民宿栏目，进行预约订购，可获得一定的收入分成（按销售收入的10%提成）。

（3）研学提成。项目组在线下开展红旅研学活动，为用户准备了当地特色历史文化的路线，并设计专门的学习手册，方便用户进行学习。可获得一定收入分成（按销售收入的15%提成）。

（4）直播收入。后期项目组成员将采用直播带货的方式对产品进行销售，项目组可以与相关商家或者企业联系，销量达到一定数值可收取直播坑位费，这也将成为项目中后期收入来源的一大块。

5. 成本费用分析

（1）前期小程序搭建费用。项目组在前期为村民搭建了小程序，解决了小程序的服务器问题，以及小程序与商户链接的问题。

（2）前期设计宣传推广费用。项目组在运营期间，为了达到推广效果，项目组将线上与线下宣传相结合：在线上，通过抖音、微信公众号等方式进行推广；在线下，积极开展推广活动以及公益活动，为之后的辐射推广铺路。

（3）项目实施运营期间费用。在项目初步成型后，项目组开始进行线下和线上双向运营，其中每年主要的费用成本包括小程序后台的维护及管理、各栏目运行产生的物流费用、用于“扶持大学生创业”、广告费用以及定期举行线下活动的费用。

（4）项目实施运营的管理费用。为了维持项目正常运转，需要支付各类工资及杂费。

（5）经营效果预测。项目组采用投资回收期法预测经营效果。投资回收期法通过项目的净现金流来回收初期投资所需要的时间。

（八）风险管理

风险因素是引起或增加风险事故发生机会的条件。本项目风险分析是在市场分析、技术方案和社会评价论证的基础上，进一步综合分析识别项目在建设和运营中潜在的主要风险因素，提示风险来源，提出规避风险对策，以降低风险造成的损失。

1. 市场风险及规避方案

国家、政府积极发展乡村产业，实施乡村振兴战略，越来越多的企业借助互联网这一优势加入到乡村产业发展中，竞争对手增加、竞争压力大不利于项目的推广及发展。项目组会不断推陈出新、吸引不同需求用户群体。利用高校、政府支持优势，提高品牌效应。同时，抓住项目独特性，扩大特色宣传。

2. 技术风险及规避方案

技术风险主要分为两部分：一是技术保护风险；二是技术使用风险。针对技术保护风险，项目组将申请知识产权专利，保护小程序的专有性和独有性，运用法律保障基本权益；针对技术使用风险，项目组会定期维护服务器，保障用户使用安全，同时在小程序搭建运营过程中，项目组会严格遵守《中华人民共和国个人信息保护法》，用户在授权小程序后，后台会对基本信息加密，最大化保证用户个人信息的安全。

3. 财务风险及规避方案

财务风险是项目在财务管理过程中必须面对的一个现实性问题，财务风险是客观存在的，项目管理者对财务风险只有采取有效的措施来降低风险，而不可能完全消除风险。本项目运营成本较高，前期经济收入较低，甚至出现负债情况，引发债偿风险。项目组将建立合理的预算制度，减少成本与费用，并且适当投资，进行合理投资组合，分散债偿风险。另外，项目组聘请校企合作的企业家，指导投资决策，保证项目与投资的顺利推进。

4. 管理风险及规避方案

管理风险指管理运作过程中因信息不对称、管理不善、判断失误等影响管理水平的一种风险。这种风险具体体现在构成管理体系的每个细节上，可以分为四个部分：管理者的素质、组织结构、团队文化、管理过程。项目组管理经验不足，小程序运营还有待完善。因此项目组会建立规范管理制度，切实采取完善措施，并成立公司，进一步推动系统化管理。

（九）项目展望

1. 深度推广与运营

在未来的推广中，项目组计划定期举办红色主题活动，由当地村民为游客讲述红色马安故事。通过特色活动打造和扩大马安村红色品牌，吸引具有此类红色情怀的游客来访。同时，可以对接周边中小学，设置红色主题夏令营，吸引青少年学生群体关注红色历史、关注乡村发展、感受马安村乡村风光。同时在小程序和自媒体平台上发布活动内容，持续扩大社会关注。

项目组采用直播带货对村落特色农产品进行销售，在直播过程中还会邀请当地的村民对产品进行讲解，甚至由村民在田野间实地独立完成直播带货。项目组力求在网络直播的过程中达到销售产品及扩大乡村知名度的双重效果，从而进一步扩大小程序的用户量。

项目推进一年后，马安村旅游和农产品线上推广效果呈现良好的发展趋势。由此可以马安村为中心，向周边村落辐射，将旅游线路的设计从一村扩大到多村，旅游景点的丰富相信可以满足更多游客的旅游需求，有望吸引更多游客来访。同时多村联动，将每个村落的特色农产品加入到农产品推广的小程序中，帮助周边各村实现经济增长。同样将“电商+乡村振兴”这一主题贯彻到底，实现以点带面的同步发展。

2. 项目成果转化

项目组在2024年进行成果转化，欲成立一个以乡村农产品为核心定位，主营业务包含农产品的线上推广、乡村地区的旅游产业推广、乡村电商人才培训、乡村品牌打造的经纪公司，承接乡村地区发展振兴主题项目，以同样的营销手法包装宣传，帮助乡村地区经济创收和发展，让项目的实现更加成熟，运作更加具有科学性。

3. 前景预测

首先，对于村民而言，农产品依托小程序推广，能够扩大农产品的知名度规模，打开销售通路，以最直接的方式实现村民收入增加。

其次，对于乡村地区而言，本项目的实现能为乡村振兴提供发展的新角度，达成助力乡村振兴与发展的目的，同时扩大乡村旅游的知名度，吸引更多游客来访，引起社会关注。

最后，对于其他乡村地区而言，本项目的“电商+”新形式能够给予其他乡村地区宝贵的发展经验，以点带线、以线带面，促进更多乡村地区振兴与发展。

案例 4
聚练——全民健身热潮下一款致力于精准健身和健身社交的 App*

一、项目介绍

（一）项目名称

聚练——全民健身热潮下一款致力于精准健身和健身社交的 App。

（二）项目商业模式

1. 客户细分

运动人群皆是聚练的目标客户，聚练团队将目标客户分为三类——健身达人、健身小白、非健身人群。

2. 价值主张

由于健身时间、健身场地等外部因素影响，给运动人群的运动带来诸多不便。聚练能提供给健身人群最基本的便捷帮助，如打卡记录、运动教学等。对于健身达人而言，聚练建立健身社区、为健身人群带来良好的健身氛围、提供健身社交的平台，对于健身小白，聚练可以提供 AI 精准健身教学，为健身小白进行精确健身指导。同时聚练设立饮食搭配，记录运动人群每日营养摄入，为减肥、健身等需求制订合理饮食计划。

---

* 指导老师：李立威、梁晔。团队成员：黄皓、李鑫菲、胡思羽、罗超市、牟圣豪。

3. 渠道通路

聚练作为移动网络运动服务商，通过一系列手段为客户提供问题的解决通道，主要通过聚练 App 用户反馈、微信公众号、微博、短视频平台，线下运动比赛获取用户资源。

4. 关键业务

①精准健身，采用 PoseNet 计算机视觉的检测技术和实时深度学习项目进行姿势检测，对用户动作进行技术分析，实时对动作记录、打分、纠正，使用户动作精准化。②建立健身社交，为健身运动人提供专属社交平台。③饮食搭配，记录运动人群饮食营养摄入，制订合理饮食计划。④健身兴趣匹配，对于同一套健身动作运动，系统会针对各方综合打分，并对分数较高者给予相应奖励。

5. 收入来源

产品收入来源为提供付费健身课程教学、会员制度收费，其他收入为定制健身周边、出售运动器材、电商、广告植入。

6. 核心资源

大量资金以供线上线下宣传，AI 技术为用户提供精准健身服务。

7. 成本结构

成本主要来自软件建设维护费用、推广费用、活动费用。软件的建设维护费用主要指软件建设和技术升级、员工薪资等；销售推广费用包括线上、线下广告宣传费用；活动费用主要包括举办线上、线下运动比赛等费用。

8. 重要伙伴

运动器材供应商，电商平台建立深入的战略合作关系，和政府建立合作，开展线上、线下运动比赛，推动“全民健身”。

9. 客户关系

对于目标用户，聚练主要提供精准健身、健身交友社区平台、饮食搭配，为目标客户提供运动、社交、饮食便利。大量的用户为聚练创造了巨大的市场价值和行业门槛。

（三）项目创新点

1. 智：精准健身

聚练基于 PoseNet 计算机视觉的检测技术，通过检测肘部、臀部、手腕、膝盖、脚踝等身体部位来估计人体姿势，并通过连接这些点形成姿势的骨架结构，对健身用户的健身动作做到记录、评估、纠正错误等针对性分析，从而针对性提高用户健身质量，做到精准健身。

（1）运动姿势的追踪。根据 PoseNet 提供的关节的位置坐标，可以计算得出各关节之间的相对位置及夹角，从而判断姿势的准确度，并在此基础上给运动者一些矫正运动姿势的反馈。目前我们已经实现了高抬腿、深蹲、俯卧撑的判断，未来我们将致力于运动评分的准确性、姿势检测的准确性、运动姿势矫正三个方面。

（2）运动评分准确性。目前的运动评分是由用户姿势与标准姿势的差值放大而来。为了达到科学、全面评分，未来我们将统筹运动速度、标准性、运动轨迹等方面综合评分。

（3）姿势检测的准确性。特殊情况比如光线较差，用户身体重叠、遮挡时会影响姿态检测的效果。可以通过人体结构提供关节间重要的约束信息对人体结构关系进行建模，以及相关的图像上下文和人体的相互关系进行推理。

（4）运动姿势矫正。未来我们将结合医学和运动学知识，给出更加专业、更加具体的运动检测及姿势矫正提示。

2. 聚：健身社交社区

聚练建立了健身人群专属的交友社交平台，可以在运动后发布自己的健身动态，利用健身社区扩展自己的交际圈，大量的健身用户聚集可以为健身人群扩展交友圈而增加归属感。

此外，健身兴趣匹配系统利用精准健身打分机制，通过积分排名系统和游戏化设计，将具有共同运动兴趣的人会聚在一起，进行专项运动聚练、运动积分赛等活动以及健身闯关等游戏，克服个人健身的惰性，在增加健身团体的健身趣味性同时能促进健身用户之间的交流。利用此匹配机制，用户可以选择运动，进行随机的 1V1 匹配、多人匹配、匹配好友等运动竞赛。

3. 趣：AI+VR 游戏健身

未来聚练会结合 AI 健身和 VR 游戏增加健身游戏功能，VR 运动解决的是固定化场景内枯燥的运动形态、AI 健身解决的是不标准的运动姿态对身体可能造成损害，两者的有机结合既能保证健身的游戏性、趣味性，同时能保证健身的精准性。

（四）项目意义

1. 对健身达人

健身达人已经可以熟练地掌握健身的动作技巧，健身的动作指导已经远远不能满足他们的需求。聚练建立的健身社区，可以为健身达人提供分享健身日常的平台，可以为健身达人创造交友的环境；大部分健身达人对自我饮食都非常严格，同时，聚练特殊的健身兴趣匹配机制更能激发健身达人的竞争意识；聚练的饮食搭配功能可以在保证健身达人每日的严格营养摄入前提下，为健身达人提供更多的健身餐食谱。

2. 对健身小白

对于刚入门的健身人群，不正确的健身动作会对自身造成一定的损伤，精准健身可以帮助健身小白精准指导健身动作，对动作打分、纠正，保证健身小白可以正确做出健身动作，准确学习健身技巧。同时，饮食搭配功能可以为健身小白每日饮食进行记录，提出合理化意见。

3. 对非健身人群

聚练可以为非健身人群提供一些基础的运动服务，如运动打卡记录、提供减肥课程等。

4. 对社会

《全民健身计划（2021—2025 年）》指出，我国需加快体育强国建设，到 2025 年，经常参加体育锻炼人数比例应达到 38.5%。聚练不仅解决了传统健身的“时间、地点、金钱、人物”四大痛点，同时解决了缺失教练面对面指导一些互联网健身质量难以媲美传统健身的痛点。聚练的出现响应国家政策的号召，推动全民健身的进程，切实为社会创建一个良好的线上精准健身运动平台。

二、市场环境分析

（一）行业环境分析

1. 政治环境分析

党的十九大报告中提出，加快推进体育强国建设，是新时代中国强大起来的重要内容。“十四五”时期是全民健身国家战略落实落细的关键时期，整个全民健身工作要以高质量发展为主题，既要承上启下巩固提升全面建成小康社会阶段的全民健身发展成果，又要深入落实为建设社会主义现代化强国夯实健康基础的新要求。

《“十四五”体育发展规划》部署全民健身以构建更高水平的全民健身公共服务体系承上启下、以推动全民健身与全民健康深度融合夯实健康基础、以智慧化赋能推进全民健身高质量发展。

全民健身智慧化是实现全民健身服务精准化、便携化，培育全民健身新业态，推进全民健身资源整合、共享的重要途径。《“十四五”体育发展规划》提出要推进“互联网+建设”“物联网+健身”，把握数字化转型新趋势，围绕数据采集、模型算法、应用场景等关键问题，实现对健身场景的科学管理、安全监控、及时维护，自动采集和分析群众健身数据，增强健身场景对群众健身的吸引力，实现不同健身场景的数据融合、业务协同、互联互通、服务主动，满足使用者、监管者、服务者的需要。加强全民健身大数据的采集与应用，进行全民健身效应的长期跟踪和数据挖掘，切实解决健身促进健康效益无法定量评估问题，发现体育领域的新现象，揭示全民健身发展的新规律。

2. 经济环境分析

近年来，中国人均 GDP 稳步增长，城镇居民的可支配收入逐年上升，人民的物质生活水平和精神生活水平同步提高。随着人们对美好生活向往的不断提升，经常参加体育锻炼已成为健康生活方式的一项重要标志，人民群众对于体育的需求呈现出多样化的特点，体育已从公共服务领域不断扩展到居民个性化消费领域，人们对于体育的消费方式也从原先的实物型向参与型转变。

3. 社会环境分析

2008 年北京奥运会后，我国的全民健身工程有了快速推进，国务院将每年的 8 月 8 日定为“全民健身日”。如今，中国的群众体育正与竞技体育、学校体育等一起，协同实现着社会主义现代化体育强国梦的伟大目标，体育在促进人的全面发展和社会的全面进步中的独特功能更加彰显出来。随着全民健身观念日渐深入人心，与之相关的体育需求和体育消费更加趋热。随着我国城市化、工业化进程的不断加快，社会竞争日渐加剧，人们生存压力增大，各种慢性病已成为威胁人们生命健康的严重隐患，处于亚健康状态的人群逐年增加。在这种大背景下，健康成为整个社会的共识，人们不再被动地等待非健康状态下寻医问药，而是主动通过体育锻炼来保持身心健康，健康的身体成为个体重要的资本而受到前所未有的重视。

2021 年东京奥运会召开，我国运动健儿再创佳绩，全民运动热情更是持续高涨。如今健身房、健身工作室成为许多人运动的最先选择，因为健身房可提供专业的器材、良好的运动环境，有专业的运动教练提供指导。用户健身习惯发生迅速的转变，借助互联网运动健身平台的人群开始猛增。如今，越来越多的人通过线上开启运动健身生活，并将健身成果和积极向上的精神面貌在社交平台上分享，以此激励身边更多人加入到运动的行列，同时对于运动动作的专业性要求丝毫不减。

4. 技术环境分析

随着互联网技术不断完善，移动网民的快速增长为在线健身的普及和发展奠定了坚实的用户基础和更为广阔的发展空间。从健身人群情况看，中国已经成为全球健身人群最多的国家。据统计，2021 年中国健身人群数量为 4.16 亿人，预计到2026年将达到4.16亿人。从线上健身人群渗透率情况看，中国线上健身渗透率将快速提升，提升幅度快于美国。据统计，2021年中国的线上健身人群渗透率达到45.5%，低于美国的67.9%，预计到2026年中国线上健身人群的渗透率将达到57.4%。

此外，发达的互联网为人们居家健身提供了丰富多元的信息，不少影视明星和奥运冠军也在网络平台上发起了在家云健身的话题活动，吸引了网友的广泛关注。在互联网、智能化的时代，加强互联网技术与体育健身的有效融合，充分利用互联网数据容量大、更新快等技术优势，努力打造“互联网+”健身模式，为人们提供更加个性化、高端化的在线健身产品，已俨然成为时下主流。人工智能作为互联网时代引领发展的颠覆性技术，业已渗透到体育健身行业，并为居家健身的推广和发展赋能。

随着全民居家健身风尚的迅速形成，各大媒体平台、网络直播平台，以及运动健身类App均上线了各种居家健身视频课程。

（二）行业特点与市场规模分析

网络健身是数字体育的新一代，体现出以下特性：便捷性体现在人们可以足不出户，不受恶劣天气等事件的影响，自主选择合适的时间、空间进行健身活动；科学性体现在由于借助信息技术，使人们的健身活动可以通过互联网获得更加科学的健身指导，并通过网络健身终端不断积累个人的健身数据，为网络健身教练给健身者制定更加科学的运动处方提供依据；互动性体现在借助现代信息技术并利用互联网的传播方式，将参与网络健身模式的人群集中在一起，通过对个人运动的情况实时地在网络上进行广播，使参与者可以相互交流和比赛，在一定程度上强化了健身者的锻炼意志，有利于个体对个体、个体对集体的互动；娱乐性体现在网络健身平台可以通过技术手段模拟人们在现实生活中的健身行为，利用高科技的动作传感器来模拟健身者的动作，使健身者在进行正规有效的健身行为时，给予自己精神上的成就感，使之更加投入；经济性体现在网络健身器材的价格相对低于传统健身器材，这对于物质条件稍差的健身爱好者来讲很有吸引力。

（1）技术可行性分析。我们的团队经过App目标计划，针对每个具体目标进行了技术可行性的分析。用户可以在任何体育场所或居家在网络允许的条件下进行精准的动作训练，不用担心因为动作不标准而引起的弊端。

本项目采用机器学习ML5扩展功能中的PoseNet功能。Posenet是一种实时姿势检测技术，通过使用它检测图像或视频中的人类姿势。Posenet可以实现17个人体姿态识别以及追踪位置，从眼睛到耳朵，再到膝盖和脚踝。通过此功能可以进行一些姿态控制应用，且此功能不用连接网络，只需要一个摄像头即可实现。

（2）经济可行性分析。①聚练的经济价值。聚练 App 针对简单的基础动作的精准锻炼是免费的，而组合性训练为收费项目，但相对于传统的一对一健身教练来说，价格便宜，让人们能以更低廉的价格得到科学的指导，吸引更多的人消费。②聚练的社会价值。聚练 App 通过精准锻炼，可以矫正用户的错误姿势，减少受伤概率，有效减轻因动作不当而导致的关节损伤等健康问题，向“健康”迈向一大步。精准锻炼为人们健身提供更多的科学指导，能够更好地减少痛苦、放松心情，使人身心处于愉悦状态。聚练 App 将世界各地的健身用户“聚”到一起健身，在社区中“聚”到一起交流分享，增进了人与人之间的交流与社交。

（3）环境可行性分析。2019 年 9 月，《关于促进全民健身和体育消费推动体育产业高质量发展的意见》出台，进一步明确了体育产业在国民经济和社会发展中的重要地位，为引领全民健身新风尚，培育体育经济发展新动能指明了方向，也为健身服务业的健康有序发展提供了政策支持和有力保障。

进入 21 世纪以来，我国网络技术迅速普及到普通家庭，网民数量急剧增加，这为网络健身的兴起提供了技术基础和民众基础。在经济发达的城市，人们的生活节奏快，尤其是上班族中的年轻群体生活压力较大，没有太多闲暇时间主动参与健身。对于各年龄段的学生群体，由于学业压力较大也没有充足的时间参与健身。另外，相当部分年轻群体闲暇时间沉迷网络，不愿走出户外或去健身房参与健身。

网络健身是一种时尚现代化新型健身方式，它的出现在一定程度上弥补了传统健身模式的某些缺点。通过互联网终端使人们在自己的家中或办公场所就可以抽时间健身。但与此同时，人们更加追求精准性锻炼，坚持科学锻炼。

（4）管理可行性分析。管理可行性主要指团队建设中所需要的人力资源。聚练的项目策划及实施团队中，成员各有所长，囊括了项目统筹及推广所需求的项目建设、项目实施、团队管理和项目管理人员。目前项目孵化阶段团队目标明确，团队分工高效，运作有条不紊。因此在团队管理方面，聚练项目可行。

（三）SWOT 分析

1. 优势分析（S）

（1）针对性强。聚练 App 是一个专门针对精准锻炼的健身社交，相比于大多数的健身 App，可以针对用户自身的动作去判断精准度，对用户自身动作做出专业性的具有针对性的评估与建议。

（2）便捷性。生活节奏加快，现代人压力大、时间紧，既需要运动健身舒缓压力放松心情，又没有充足的时间和精力进行定点定时的传统体育运动。因此，现代人对便捷性的产品和服务有较大需求。聚练 App 的上线在一定程度上满足了用户对便捷性的需求，利用碎片时间，不需要指定地点，随时随地可以动起来，为用户打造一站式运动健身服务。

（3）社交性。聚练 App 是运动健身与社交平台相融合的健身类软件，用户不仅能够根据自身需求选择训练课程，而且能抓住现代人注重仪式感，喜欢“晒”出自已特征，鼓励用户在社交平台上“晒”动态、“晒”成绩、“晒”经验，既监督自己每天坚持运动，又能在平台上收获到志同道合的伙伴，为用户提供了健康和谐的社交平台。

（4）成本低。比起传统健身房，聚练 App 更加节约成本。在健身房运动健身想要获得专业指导，则需要请私教，不仅要花费时间精力去固定的地点进行锻炼，且训练效果、服务质量和场馆设施不一定令用户满意。而用户使用聚练 App 可根据自身情况选择多样性的视频课程，不仅给用户带来新体验，还节约了成本。

2. 劣势分析（W）

（1）同质化。聚练 App 并未与市场上大多数运动健身 App 在基础功能上产生本质区别，同质化严重，导致产品功能缺乏创新。虽然聚练 App 精准 AI 健身丰富了其功能，但目前处于初期阶段，发展不完善，且市场上也存在同类型线下运动空间，不利于其长远发展。

（2）缺乏知名度。由于聚练 App 属于新产品，消费者对其缺乏了解，这需要我们进行大力度的宣传和推广，但产品理念符合消费者的需求。针对劣势，我们尝试将其转化为机会，不断地适应市场的发展情况，不断地改进软件的功能，增加更多的人性化设计，从而满足更多的用户。

3. 机会分析（O）

（1）国家政策扶持。国家注重公民身体健康，对体育产业的发展保持支持且积极的态度，近几年相继颁布有关政策，在政策的引导下，民众响应国家号召，全民运动健身人数持续攀升。

（2）生活消费方式转变。生活水平提高，如今人们注重生活品质、自律、独立，伴随而来的是消费观念的升级，从对物质关注转移到对自我关注，从过去的关注体重变为对健康生活的向往，运动健身成为新的消费，越来越多的人开始投身于运动健身的热潮中。

（3）市场需求旺盛。根据数据显示，到 2020 年，体育运动消费总规模达 1.5 亿元，运动健身 App 总时长将达到 40.6 亿分钟，有 7 亿人每周进行一次运动健身，表明我国运动健身市场迎来发展机遇，市场潜力巨大。

4. 威胁分析（T）

（1）同类产品竞争。市场上同类运动健身App呈现多元化，虽各有各的特色，但差异化不明显，用户的选择越来越多，竞争越来越激烈。如不能逐步发展优势功能，与竞品产生明显差异，势必会造成用户量的减少。

（2）发展时间短。聚练App在我国发展时间短且未与竞品形成明显功能分化，在技术方面，对具有较强交互性应用软件的核心技术认知不完善，造成系统漏洞问题，盲目追求又大又全面的功能设计，不能准确地捕捉到用户的需求。

（3）缺乏监管。目前国家并未指派有关监管部门和出台相关法律法规对提供运动健身产品服务的软件进行监管、管制，导致用户权益无法保障，这一问题亟待解决，否则将影响运动健身App的良性发展。

（四）竞争对手分析

1. Keep

特色功能：①可以进行个性化定制，根据经验水平以及个人健身进行智能编排。②跑步中拥有语音指导，全程教练语音陪伴，指导呼吸和配速。③可以给不同阶段的女性打造适合的训练，如生理期、备孕期、产后期等。

优势：①社区内容优质，活跃用户多。②资方实力雄厚，产品数据良好。③产品功能服务全面，形成产品壁垒高。

聚练App与Keep相比，着重的创新点在于我们的Posenet技术可以通过人体姿态识别以及追踪位置，从眼睛到耳朵，再到膝盖和脚踝等使健身用户可以进行精准健身，解决了动作视频讲解的不规范性，以及不能进行AI精准健身的功能。Keep使聚练App反思到，社区内容的优质化会吸引更多的健身用户。

2. 乐动力

特色功能：①AI健身。AI专属运动助手这个功能相对于一个虚拟的健身教练，通过摄像头抓取我们的动作跟后台数据做比对，监督我们运动训练。②运动赢奖金。让运动游戏化，既能起到锻炼的效果，又能激励我们坚持运动，让运动不再无趣。③天天红包赛。走路领红包是阿里体育的一个活动，能激励用户每天坚持锻炼，用红包的形式激励用户持续运动。④早起打卡。支付押金，坚持早起打卡，便可以瓜分50万元红包，激励用户每天早起打卡，保持规律作息。

主要功能优势：①24小时后台运作，通过GPS、重力感应等硬件设备随时随地记录运动状况。②直观的数据和形象的类比，告诉使用者每天消耗了多少卡路里、吸入了多少$PM_{2.5}$。③可以进行AI精准健身。

聚练App与乐动力相比较而言，优势在于聚练App使用的Posenet技术不用连接网络，只需要一个摄像头即可实现，而乐动力 App 的 AI 运动依靠于网络，在没有网络连接的情况下是无法使用的，聚练 App 很好地解决了无网络连接情况下的 AI 精准健身。此外，聚练 App 还有社区社交的创新，乐动力无法实现健身用户之间的交流。健身用户可以在聚练 App 中进行社交，获得更多的乐趣。此外，乐动力为聚练 App 提供了设计思路，如可以通过增加运动的趣味性吸引健身用户。

3. Zepp Life（原小米运动）

特色功能：小米将智能硬件与软件连接，将生态链延伸到运动领域。小米手环、小米体重秤通过连接手机 App“小米运动”，实现对人体健康状况的监测。

优势：①可以和其他小米产品连接起来，共同实现对人体健康状况的监测。②数据清晰明了。将步数转换为能量消耗，形象有趣。③步数准确，几乎实现 0 误差。

聚练 App 与 Zepp Life 相比较，聚练 App 的创新点一是通过 Posenet 技术进行 AI 精准健身，二是通过建立社交社区使健身用户之间进行更好的交流，这正是 Zepp Life 本身所缺乏的。Zepp Life 为聚练 App 提供的思路与其他运动设备连接起来，形成一体化，更好地检测用户运动。

4. FITURE（魔镜）

特色功能：①可以将云端 AI 技术和在线运动健身课匹配，通过摄像头的动作捕捉，智能矫正用户的错误姿势，使内容与 AI 像齿轮般紧密咬合。②通过体测，收集数据，对用户进行画像，定制专属健身课程。

优势：①是全新品类的健身设备，能够较快得到市场认可，消费者非常感兴趣。②帮助消费者解决居家健身的困难，并带来高水准的健身内容。

聚练 App 与 FITURE 相比，虽然都是 AI 精准健身方面的，但聚练 App 的花费小，并且可以随身携带，而 FITURE 魔镜只能居家健身，聚练 App 可以在任何适合用户健身的地方健身。FITURE 魔镜使聚练 App 反思到，可以通过网红直播等宣传方式让更多用户了解到聚练 App。

三、项目需求调研

（一）用户问卷调研

1. 调研目的及问卷设计

为了更好地了解不同的健身用户对移动端健身 App 的使用情况以及对健身

App 的需求，项目通过问卷进行了市场调研，调研问题包括 20 个。

2. 调研问卷的发放

通过问卷星平台，面向使用过健身 App 的用户发放，调研时间为 2022 年 3 月 20 日~4 月 1 日，共收回问卷 343 份，其中有效问卷有 237 份，有效问卷率 69.68%。

3. 基础数据分析

（1）调查对象基本分析。使用过健身 App 的用户男女比例接近 1∶1，说明我们在设计移动端健身 App 的时候，要根据男生和女生的需求不同设计相关的内容，进一步说明本项目有一定的市场可行性。健身用户的职业范围广泛。其中，学生和企业人员占到 60%以上，这群人几乎忙于学业与工作，很少有时间可以去健身房请专门教练训练，是我们主要的目标客户群。被调查的用户每年用于健身所花费的金额大多在 1000 元以下，可以合理制定我们 App 的产品价格、会员价格等。只有 19.41%的健身调查对象选择在健身房锻炼，接受健身房教练的专业指导，大多数的健身用户是没有专业的个性化的健身动作指导。调查对象习惯通过阅读相关文章资料、相关课程教学、通过他人的线上动态分享、与他人交流互动等渠道获取健身相关知识。

用户使用健身 App 的理由丰富，但主要有两个：一是进行健身，强身健体；二是进行娱乐社交。这完全符合聚练 App 的设计理念“精准健身+健身社交”。健身场所一般在户外或家中，较少比例的人群在专业的健身房健身。但在户外或在家就涉及健身动作是否标准的问题，我们的 App 带领健身用户精准健身，而健身社交填补了他们在家或在户外独自一人的孤独感。同时，体现了本项目有非常好的数据基础。

（2）健身 App 使用情况分析。①使用健身 App 的频率。几乎所有健身用户一周内都会使用健身 App，说明我们项目有着非常广泛的市场，其中有 49.79%的用户使用健身 App 的频率在一周 3 次或更少，说明健身 App 还有广阔的发展空间，还有很多用户没有被健身 App 当中的产品或功能等产生浓厚的兴趣。②使用健身 App 的主要目的。调查对象使用健身 App 的目的丰富多样，如进行健身数据记录、运动辅助、制订训练计划和饮食计划、获取健身方面的知识、通过社交相关功能获取相关知识、激励自己、帮助自己养成良好的生活习惯等。可以看出，健身用户对于运动健康方面非常地注重，无论是实践层面还是理论层面，身体上的还是心理上的，都非常在意。③经常使用的健身 App 功能有哪些。健身 App 的主要功能分为两个部分：健身与社交，此外还带着一些产品出售、活动发布参与等辅助功能。健身主要体现在跑步、动作训练、查看健身攻略、骑行记录等，而这些功能都需要正确健身锻炼姿势才能够保证健身效果和身体安全健康。社交方面的社区互动、记录和收藏笔记、饮食指南与打卡等，有利于健身用户进行健身社交，能够更好地交流帮助。④是否使用过AI健身功能。有59.49%的调查对象使用过AI健身，说明AI健身正一点一点地渗透到健身用户的健身当中。当然，也有40.51%的调查对象表明没有使用过AI健身，说明AI健身还需要不断地大力推广，让越来越多的健身用户去接触AI健身，使用AI健身，爱上AI健身。⑤对于AI健身满意度。调查对象对于AI健身的满意度情况各不相同，有6.38%的人非常满意和43.97%的人满意，满意程度大约在50%，有38.3%的人表示一般，更有11.24%的人表示不满意或者非常不满意。说明AI健身还不够成熟，它的发展空间还非常大，有非常多的地方还需要去改进。⑥现在或曾经使用某款健身App的原因。调查对象使用健身App的原因多种多样，其中简单易懂、文字视频等教学资源丰富、适合自己目前的水平、社交互动带来的愉悦感、健身达人等是很多健身用户青睐某种健身App的原因。对此，为我们聚练App功能的建设提供了思路。⑦您期望通过社交类健身App中的社交功能获得哪些帮助。调查对象对于健身App的社交功能需求很大，符合本项目的设计思路。他们大多希望健身App的社交功能可以帮助自己了解更多的相关知识、了解更多相关实时资讯，通过社交提升健身的参与感。还有的健身用户表示，希望有机会认识新朋友、表达或分享感受、有效激励自己等。⑧对现在或曾经使用的某款健身类App不满意的原因以及放弃某款健身App的原因。健身用户对于健身App不满意的原因有制定的训练目标过高或过低、匹配的训练难度不准确、激励机制不够、操作不容易上手、界面烦琐、功能不健全、视频教学的准确度不高等。放弃某款健身App的原因与不满意的原因很相似。可以得出健身用户对于健身App不满达到一定的程度就会放弃使用它。健身用户不满意的地方主要有两个方面：一方面，健身App界面等操作烦琐；另一方面，训练的目标和难度与自身不符，视频教学不够详细。这就告诉我们，聚练App的界面一定要易操作、好上手，同时AI精准健身可以解决健身用户的大部分困难，易取得用户好感。

（二）用户访谈

访谈的学生都有资深的健身经历，健身年龄都在1年以上。健身场所一般在健身房或者在家。通过在健身房专业的训练以后，也会搭配健身App自己锻炼。他们大多都用Keep进行健身，大多数人使用Keep的原因都是其有大量的免费课程，选择性较强，也有针对性。但他们都不约而同地指出，健身运动细节性不够的问题。

他们都没有体验过AI精准健身，但都表示很乐意去体验并提出合理化的建议。大多数的学生都有在使用健身App过程中而扩展自己的交际圈，进行健身社交。

（三）调研结果总结

1. 项目市场前景

通过上述的调查问卷及访谈，我们发现大部分的健身用户渴望有一个平台来解决精准健身的问题，并且大部分的用户十分愿意体验AI健身并进行健身社交的，说明本项目有非常强的市场可行性。

全民运动的热潮使得越来越多的人开始热衷于健身，健身小白越来越多，对于AI精准健身的需求性越来越高，通过健身App进行健身和社交，可行性高，成本较低，聚练这个项目有很大的可行性。

2. 用户需求

通过上述的调查问卷及访谈，我们发现大部分的用户需求主要是想解决健身App视频中运动细节的问题，而本项目的策划可以帮助用户缓解这一问题，而且极大地提高了健身动作的准确率。

用户的主要担心是动作的不规范从而影响身体健康。针对这一问题，本项目为用户提供了精准健身评估，健身用户通过AI健身以后，系统会根据用户自身的动作标准程度进行评分与评估，并且告诉用户，动作哪里还不到位，还需要做出哪些调整，充分解决健身用户对于影响身体健康的担心。

四、财务分析

（一）项目收益分析

我们大概的收益来源，以广告收入、课程收益、健身装备收益、周边售卖收益、打赏收益、活动收益几项为主。广告部分是我们与各大网站的商家达成合作关系后以链接或悬浮框等形式出现在各大网站上，以此赚取利益的一种方式，我们预计为几十个商家建立跳转链接，为10个左右的商家提供开启页面的广告和悬浮框广告。课程收益来自我们为用户能更规范更全面地强身健体而开设的线上课程，除一些基础课程外均有不同层次的收费。健身装备收益来自与健身相关或有助于进行健身设备的线上售卖活动，用户可根据自身需要选择购买。会员收益是用户为享有会员专属标记、体验会员专区以便得到更多健身功能增强健身体验的支出；而对于活动收益，初期用户少，我们能举行活动的区域少，活动收益少。后来虽然客户增多，但由于分布广泛，所以举办活动的次数增加的不多，收益就增加较少。

（二）项目成本预估

1. 程序开发

初期的程序开发是非常关键的，所以前期投入会比较大，后期不断完善即可。

2. 活动策划和用户回馈

在 App 起步阶段，我们需要在宣传上加大投入，这样才能扩大宣传，而为了增强用户体验感和留住用户，在前期我们必须给用户大量福利和回馈；后期稳定后，这类投入可减少。在活动策划方面，越到后期投入力度越大。

3. 线上宣传

即新媒体推广，我们打算在微博、微信、论坛、贴吧等平台上宣传我们的产品。大概分为自己宣传和借助名人宣传两个方面。借助名人宣传时，我们会有一些花费。

4. 线下宣传

前期宣传力度要大，只有这样，才能够把我们的平台成功宣传出去，吸引更多的用户关注。我们可以采取线下媒体推广，如灯箱、刀旗、LED 屏幕等推广；线下店面推广，如和麦当劳和肯德基合作，下载 App 送一个肯德基的饮料等；展会物料推广，如展会下载 App 送小礼品推广。在与商家合作，做广告板等的过程中，这些会产生一些开销。

（三）项目融资分析

项目虽有基本的功能雏形，但尚不全面，部分想法暂时处于创意阶段，所以并没有大型投资。学校和学院是我们最主要也是最大的投资方，给予我们的投资包括财产、知识等；而资金投入来源于政府对大学生的创业支持。初期资金主要来源于以上两个方面。中期，我们可以进行银行贷款并依靠学校投资。后期，我们主要的资金来源于银行贷款和天使投资，以及中期的少量盈利。

五、产品设计

(一) 产品功能设计

在软件开发方面，手持移动端设备通过摄像头进行动作捕捉比计算机摄像头进行动作捕捉更方便快捷。聚练选用 PoseNet 技术进行人体位姿信息捕捉，设计算法判断人体姿势及动作评估，处理过程包括：由摄像头实时获取用户动作；通过姿态检测模型 PoseNet 获得位姿信息；对各关节的相对位置、关节连线之间的角度等信息分析人体的姿势；进行行为评测，包括计算判断用户所做动作的个数、动作标准性和消耗的卡路里，提出针对性的建议帮助用户以正确的姿势完成动作，避免运动损伤。

此外，本软件还包括团队健身、用户注册、登录、个人主页、社区、个人动态、运动量设置和运动量结算等功能。

聚练的特色功能在于不仅能够自身进行精准锻炼，还能在团队健身模块通过积分排名系统等匹配到具有共同运动兴趣的人，可以选择专项运动聚练、每日打卡监督、运动积分赛、健身闯关等活动，增加整体团队的健身趣味性。

(二) 原型设计

1. 核心功能模块

主体模块包括注册登录界面、主界面、运动界面、运动结算界面。注册登录页面可以进行注册或登录，运动检测界面进行运动模式的挑选，运动结算的界面可以评估运动结果等。

2. 个人中心模块

个人中心模块包括个人中心页以及个人详情页。个人中心页主要用来设置用户的个人目标等信息，个人详情页则可记录用户的身高、体重等较为隐私的信息等。

3. 社区模块

在主界面中，点击左上方社区按钮进入社区界面，在这里来自世界各地的健身用户“聚”在一起，可以看到别人发布的运动动态，用户可以选择点赞、评论、收藏。此外，用户也可以自己发布运动动态，获得其他用户的点赞、评论、收藏。点击别人的动态后，可以看到动态的详细内容和评论，自己也可以点击右下角按钮发布评论，与其他健身用户一同分享交流学习。

（三）技术实现

1. PoseNet 技术

聚练的精准健身采用基于 PoseNet 计算机视觉的检测技术和实时深度学习技术，进行用户运动姿势的检测。

PoseNet 是基于计算机视觉的一个深度学习 TensorFlow 模型，可以实现 17 个人体姿态识别以及追踪位置，通过此功能可以进行一些姿态控制应用，且此功能不用连接网络，只需要一个摄像头即可实现。通过检测肘部、臀部、手腕、膝盖、脚踝等身体部位来估计人体姿势，并通过连接这些点形成姿势的骨架结构。通过 PoseNet 技术，聚练可以对用户的常规健身运动姿势进行定位、分析、打分。

2. 前端界面设计

项目界面由 XML 文件设置布局及布置控件。XML 是一种用于标记电子文件使其具有结构性的标记语言，是当今处理分布式结构信息的有效工具。

3. 后端调用逻辑

本项目主体功能模块是运动检测，我们以此部分为例。开始运动以后我们首先调用摄像头，摄像头由此开始捕捉画面。系统会将摄像头捕捉到的画面逐帧输入到机器学习模型 PoseNet 中，PoseNet 会对摄像头输入的画面进行分析判断，如果检测到人体会将人体各个关节的位置坐标返回到系统中。继而系统会对 PoseNet 返回的数据（依据我们设计的算法）进行姿势分析，如果判断为姿势正确，系统会统计该运动的次数，并计算消耗的热量、姿势准确度。由此完成一次运动的判断，如果用户不主动按下结束运动按钮，这个流程会一直循环。

六、项目运营推广计划

1. 运营推广渠道

项目采用线上与线下推广相结合的方式，围绕健身爱好者这一群体用户，通过健身社群，以及抖音、小红书等新媒体渠道进行产品测试和推广。

（1）线上推广。①微信公众号推广；②微信朋友圈推广；③微博推广；④微信群和 QQ 群推广；⑤抖音、快手、小红书等自媒体推广；⑥论坛、贴吧推广。

（2）线下推广。①传统硬广告；②与相关单位或企业联合；③与健身达人合作；④尝试定期举办线下活动。

2. 运营推广规划

（1）测试阶段。初期阶段，我们希望找到第一批使用聚练的种子用户，线上发布产品原型，收集用户行为数据，关注页面路径转化、按钮点击、启动次数、启动时间段和停留时长等通过社群推广，在微信群和 QQ 群中分享相关信息和 App 动态，使人们了解聚练，同时经营好公众号，以便提高群众对我们的了解度，请健身达人试用。该阶段还会收集用户反馈，改进聚练。

（2）启动和上线阶段。我们注意口碑营销，在一些社交媒体进行推广，经营聚练的抖音号、小红书和微博，加强微信公众号和朋友圈广告的运营。同时，运行线下广告，请满意的健身达人进行宣传，关注新增用户、活跃用户等，以达到扩大影响，吸收用户的目的。

（3）成熟阶段。当聚练运营较为成熟时，我们与应用商店合作，将应用上传到相关的应用商店或者市场。同时，开展线下产品发布会或健身活动，与一些单位或体育馆联合举办一些活动，关注付费用户数、付费金额，通过运营增值服务创造收入。

案例 5
AI Tutor——专属孩子的 AI 教师*

一、项目介绍

（一）项目名称

AI Tutor——专属孩子的 AI 教师。

（二）项目简介

AI Tutor 是一款“硬件+内容+服务+AI”的智能教育产品，该产品为一面 40 英寸 1080P FHD 显示屏。该显示屏通过多次实验和检测，得到一个极其平整的镜面，让用户能清晰看到老师，同时能清晰地看到自己。产品适用于 3~12 岁儿童，满足家长对孩子素质教育的需求，打破时间和空间的界限，基于家庭场景为孩子提供整套的教培服务和体验，让孩子随时进行沉浸式体验，解决传统素质教育的局限性，打造“专属您孩子的私人 AI 教师”。

课程从儿童演讲切入，与少儿演讲教培公司合作共享明星老师，制作小主持人、小演讲家、小配音员等直播课和录播课，并且提供专业演讲指导服务。同时，AI Tutor 内镶嵌高精密 AI 传感器结合核心技术语音打分模块和智能动作追踪系统，轻松识别孩子的姿态动作和语音语调，私人 AI 教师将实时监测并纠正孩子的每个动作和语言的不规范，让孩子无须任何穿戴产品或传感器辅助即可完成人机交互。

---

* 指导老师：李丹丹。团队成员：曹贤睿、张叶璇、张慕颜、彭子怡、郦振邦。

（三）项目背景

1. 政府政策

近年来，美育已成为教育中的重要组成部分，国家相关部门曾多次出台相关文件，美育的重要性不言而喻。其中，青少年播音主持考级培养孩子良好的口语表达能力和沟通能力，对孩子在语言表达方面有很大帮助，保证学员经过培训和考核获得的考级证书（国家文化和旅游部认可的权威证书），在今后升学时能作为特长生的重要参考。

2. 在线教育行业迎来发展机遇

市场前景广阔，在线教育需求趋向多元化发展，学科辅导与语言学习仍是当前市场主流。数据显示，近年来中国在线教育市场规模增速放缓，2019年中国在线教育市场规模为4041亿元，增速为16.1%。2020年，在线教育渗透率大幅度上升，在政策利好、技术成熟的推动下，估计市场规模将达4858亿元，增速上升至20.2%。在线教育服务产品丰富多元，涵盖多个类型。其中，学科辅导与语言学习仍是当前市场主流，有此类需求偏好的受访用户分别达58.6%、44.1%。2015年中投顾问产业研究中心预测，到2020年我国在线语言教育市场规模将达590亿元左右，增速约20%。由此可见，当前在线语言教育市场发展环境较好，还有较大的空间未释放。

3. 技术发展

随着人工智能（AR、VR、AI）、大数据、5G等新兴技术的应用，在线教育行业的产品形态和运营模式渐趋多样化，技术的成熟演进也提高了在线教育的互动性和服务能力，加速了在线教育渗透率的提升。

4. 消费市场升级

时代发展，客户人群父母年龄、理念与之前不同。近年来，居民的教育培训消费意愿一直呈上升趋势，特别是在经济高速发展和产业结构转型背景下，我国人才需求越来越明显，教育投入规模持续扩大。2020年中，27.48%的中国人在为教育培训买单，在12个消费选项中位列第四。2021年，在所有给出的消费选项中，教育培训挤进了前三。中国家庭消费支出中子女教育消费所占的比重越来越大，调查显示，国内城市家庭平均每年在子女教育方面的支出，占家庭子女总支出的78.3%，33.0%的家庭支付于艺术类培训。

5. 家长对子女演讲能力越来越重视

在当前的市场上，大多数的少儿培训机构都比较单一地提供线上或者线下课程，少有一个完整的、全面的综合课程，更少有机构能提供电视台展示方面的相关资源。目前，少儿口才培训行业的发展迅速，但专业水平不高，没有系统，没有正规教材，大多数少儿口才培训机构的师资能力及水平达不到专业化标准，教学质量难以保障。从目前的发展可知，我国少儿口才培训市场的潜力非常巨大，产业发展前景非常广阔。

尚语树公司是一家语言艺术教育培训公司，在少儿演讲教育培训行业具有一定的代表性。基于这一现象，本项目以公司为试点，以少儿演讲为切入点，探索利用智能硬件与在线素质教育结合的新型商业模式，使其满足家长素质教育需求，结合科技最大限度地解决学习短视化、功利性问题；在现有素质教培服务价格持续升高的情况下，让家长以更低的价格体验到更优质的素质教培服务。

（四）项目创新点及项目优势

教育智能硬件与在线教育结合，“硬件+内容+服务+AI”的一体化素质教培服务新生态，使得产品和服务标准化、个性化加强，得以让AI Tutor实现独具竞争力的“人机交互四化”；并且比起普通的在线教培服务，孩子不再是对着一个冰冷的平板上课，使线上教育更人性化。

除此之外，产品所运用技术资源有科大讯飞和Google的支撑；产品所共享的课程资源有尚语树公司的背书；大学生创业有国家和北京市政府的大力支持，使得资源、资金、人员等不再是创业的短板。

1. 项目创新点

（1）科学化——私人老师实时指导，帮助孩子在家就能获得专业的学习体验，突破培训环境壁垒。AI Tutor与尚语树公司合作共享明星老师，制作直播课和录播课，并且提供专业演讲指导服务。拥有强大的师资力量、完整的课程体系和原创的教材，并且利用AR技术，模拟各种不同演讲的情景，让学生能将学到的东西及时运用到实际中。

（2）标准化——基于核心技术，开发出系列录播练习课程和互动直播课程。智能动作追踪系统、语音打分模块结合高精密AI传感器，轻松识别孩子的姿态和动作，还有丰富课程每日更新，让学习变得更有趣。

（3）定制化——科学定制学习计划，通过人工智能评测，系统基于个人状况及学习情况等数据帮助孩子制订专属学习计划。对孩子自己感兴趣的方面专门培训，短时间内在某一方面有所突破，或结合多样化培训课程，培养孩子多方面的能力，成为综合型人才。

（4）便捷化——基于家庭场景为孩子提供整套的教培服务和体验，让孩子随时进行沉浸式体验。打破时间界限，能够按照用户的意愿自主安排上课时间，让孩子随时随地进行学习和训练。

2. 项目优势

（1）产品原创优势——由电子商务专业老师及学生团队开发产品，团队采用技术入股，产品和成果由团队开发和验收。

（2）课程资源优势——AI Tutor与尚语树公司合作共享明星老师，制作小主持人、小演讲家、小配音员等直播课和录播课，并且提供专业演讲指导服务。拥有强大的师资力量、完整的课程体系和原创的教材。

（3）技术资源优势——语音打分模块使用的科大讯飞提供的API接口，正确率以及大众认可度较高，其技术被广泛应用在中考及高考，普通话考试等场景，智能动作追踪系统使用Google开源的姿态检测，拥有33个关键点，可以包含手部信息与面部信息，对用户的细节部分进行捕捉分析。

（4）团队成员优势——来自北京联合大学信息安全专业、财务管理专业、会计专业的5名学生是本项目的执行者，该团队在前期有多次合作的基础，曾以不同的项目参加过多项创新创业大赛。同时，项目从策划到落地实践，均由北京联合大学电子商务专业老师把关，确保项目的可行性及进展顺利。平台起步阶段团队目标明确，团队分工高效，运作有条不紊。

（五）项目意义

发展更加公平更高质量的教育，构建德智体美劳全面培养的教育体系，加大国家通用语言文字推广力度，发挥在线教育优势，健全学校家庭社会协同育人机制。“如何在这个高速发展的时代让每个孩子都有人生出彩的机会，并且让孩子们在学习中健康快乐成长呢？”这便是AI Tutor存在的意义。

1. 宏观方面

（1）社会方面。①减少教育资源压力。在我国“双减”政策下，教培机构数量剧减，现今教育资源严重不足。AI Tutor涵盖孩子学习时所需要的所有重要信息，坚持学生为本、回应关切，遵循教育规律，着眼学生身心健康成长，在保障学生休息权利下整体提升素质教育教学质量，积极回应社会关切与期盼，减轻家长负担。②提高社会人口素质。我国是人口大国，巨大的人口压力会制约社会的发展，做好孩子的教育是提高人口素质的重要手段。AI Tutor旨在建立孩子专属学习档案，并且通过技术的手段，有效协助家长对孩子的教育管理，因此，也有助于整个社会人口素质的提高。另外，作为综合教育课程改革的试点，孩子演讲的能力提高，有利于孩子走出校园，接触社会，增强实践能力与适应社会的能力，助力其成为有塑造性的复合型人才。

（2）数据价值。①各类数据和案例提供给政府后，政府能对家长、孩子素质教育的需求和市场现存状况进行资源整合，更加明确素质教培服务行业的治理方向。②数据可以提供给购买产品的孩子家长，家长能客观地感受到孩子所处的位置，并获取更加全面、更具有针对性的解决措施。③后期按照分类处理后，孩子记录的各类数据能形成各个总和，体现出不同年龄段儿童展现的问题和必要的需求，当某类资料被购买后，可以用来分析相关年龄段儿童的需求，以刺激相关企业的兴起和发展。例如，数据被演讲教培服务机构购买后，能根据相关数据对服务内容进行升级。

2. 微观方面

（1）孩子方面。①形成孩子学习成长档案，记录孩子在学习时的一系列数据，为孩子留下宝贵的学习记录。AI Tutor 产品给予孩子持续的学习状况记录，并最终形成孩子的学习成长档案，伴随孩子的学习成长之路。②AI Tutor 根据孩子的基础，为孩子特别推送合适的课程，节约孩子选择老师、适应课程的时间，提高孩子的学习效率。设立学习提醒小助手，及时提醒家长孩子上课时间，为孩子的学习成长之路保驾护航。

（2）家长方面。①现代人对于子女的培养很重视，如何让自己的孩子快速、有效学习一直是每个家长都很关注的点。AI Tutor 通过对数据的可视化，可以很直观地反映孩子的学习状况，还会定期反馈孩子的学习情况，并推荐矫正方案以及制订后期学习计划。②当代年轻人以及他们的孩子大多是独生子女，而当代社交离不开网络，AI Tutor 为这群年轻父母提供了平台。在这个平台上，能看到其他家长以及孩子的学习情况，并且还会有来自其他父母的教育孩子经验，通过沟通和分享，父母会更有经验，对孩子的学习管理会更加有效。③专家的建议能够给遇到问题而感到迷茫的家长提供处理方法，更有时效性和针对性。平台能积累类似的典型案例数据，通过私人 AI 教师服务，帮助家长解决问题。

二、市场调研

（一）项目需求调研

以深入调研家长对孩子在线素质教育的需求、社会各界对在线素质教育的看法；家长对少儿演讲教培服务的重视程度；当前少儿演讲传统教培机构如何运营作为出发点。结合 AI/AR/VR、大数据、5G 等新兴技术的应用，剖析少儿演讲教培服务如何达到既能够保证教学质量的基础上，又能有效提升学习效率及解决孩子需求。利用新媒体手段，让更多人了解智能硬件与在线素质教育结合的新型商业模式。

调研方式以线上调研为主，重点问题、复杂问题结合点对点的访谈式调研，深度挖掘问题。

（二）项目调研目的

（1）线上发放问卷，回收 500 份问卷以上。了解人们对于 AI Tutor 使用用意（包括是否愿意使用该产品、被哪些功能吸引、希望增加/删改哪些功能等）；了解人们在孩子成长过程中所面临的教育问题（如没有时间照看孩子、没有演讲锻炼的渠道、没有正确的演讲方法等）；了解家长是否存在发展孩子综合能力的意愿；以及了解人们期待 AI Tutor 可以拥有哪些附加功能等。

（2）以北京联合大学为中心，与育慧里社区、惠新北里社区、安慧东里社区建立联系。同时与小区居委会建立合作，将被选中的小区作为产品的首个落地试点小区。力图在试点的过程中，深入家长教育生活，以及所遇困难。根据参与试点的居民的试用意见，对产品的功能进行调整，使之更加贴合用户的需求。

（3）回收问卷，进行分析。找出本产品的最大用户群体，通过所处不同收入阶段的用户对答案的选择，精准分析各阶层的不同需求，根据需求对症下药。

（4）研究儿童素质教育的市场潜力与前景，思考如何快速有效地切入市场。在市场中运作后，可为后期工作的具体展开提供数据支持。

（5）通过调研分析出确定市场人群定位，以及产品客户需求及功能。

（三）项目调研方法

（1）文献分析法。通过对现有文献资料，如统计报表、期刊和档案等历史资料进行分析并得出结论。通过检索与少儿演讲的相关内容，对研究现状加以考察，以便发现研究的热点和薄弱之处，为本项目提供实证材料和可行的研究思路，并为研究的顺利开展奠定良好的基础。

（2）问卷调查法。本项目通过网络平台对小区不同类型的家长进行需求调研，主要是年轻的父母、对发展孩子综合能力有需求的家长。同时，本项目也以访谈的形式对部分人群进行了更深一步的调研。

（3）实证搜索法。通过搜索相关企业机构，包括国内外各个相关的研发方法，整理我国现有儿童语言素质教育的宣传工作、资金来源、相关辅助、工作人员、服务系统等各项资源，分析相关产品及服务机构的服务模式及启发，整合有效经验，进行更加深入完善的比较分析。

（四）项目调研分析

1. 市场供给分析

AI Tutor 为了更准确地预测市场供求，特地设计了《少儿传媒问卷调查》，发布在问卷星网站（https：//www.wjx.cn/vm/OHqnd5y.aspx）上。

调研共回收 517 份有效问卷，问卷分为三个主要问题：第一个问题是对于孩子演讲的重视程度，结果显示：一般重视为 41.59%、非常重视为 29.79%、极少重视为 18.18%、不重视为 10.44%；第二个问题是对 AI 智能教育产品的信任程度，结果显示：非常信任为 10.25%、一般信任为 50.48%、不太信任为 32.69%、完全不信为 6.58%；第三个问题是对传媒产品课程的价格接受范围结果显示：3000 元以内为 43.91%、5000 元以内为 42.94%、10000 元以内为 13.15%。

2. 市场需求分析

AI Tutor 在市场供求调查的结果基础之上，继续对市场需求进行调研。

调查结果显示：在产品提供的教育方式中，AI 老师实时指导为 24.95%，科学定制学习计划为 55.13%，AI 老师针对自己感兴趣的方面，专门培训为 46.23%；基于动作识别系统，开发出系列学习游戏和互动直播课程，还有丰富课程每日更新，让学习变得更有乐趣为 47.78%，基于家庭场景为孩子提供整套的教培服务和体验，让孩子随时进行沉浸式体验为 41.59%，打破时间界限，能够按照自己的意愿自主安排上课时间，按照自己的时间来安排课程时间，随时随地进行学习和训练为 44.29%。

调查结果显示，AI Tutor 完美地集结了以上所有的教育模式于一体，因此产品和服务拥有较广泛的潜在需求市场。

（五）竞争对手情况分析

经过多方面考虑，将从课程内容端和产品技术端两方面做竞争对手情况分析。

1. 腾讯课堂

腾讯课堂升级为综合性终身教育产业互联平台，希望帮助教育机构突破线上化、数字化瓶颈，实现更快速的成长与升级。

2. 道宝国际教育

道宝国际教育集团总部设在加拿大多伦多，是一家国际化教育培训机构，旗下拥有知名的品牌课。

3. 北京语慧天下文化艺术有限公司

北京语慧天下文化艺术有限公司拥有优质课程体系，促进了现行普通话培训测试体系的延伸与完善。

4. FITURE（魔镜）

FITURE通过技术创新，为用户提供了集智能硬件、AI教练、丰富课程、专业服务于一体的科技健身方式。

结合以上的分析，总结出以下产品优势：

（1）在孩子健康方面，比起普通的线上教培服务，AI Tutor更重视孩子视力的保护。40英寸1080P FHD显示屏，该显示屏通过多次实验和检测，得到一个极其平整的镜面，从屏幕的大小、亮度、辐射多个方面保护孩子的视力。

（2）在孩子隐私方面，比起普通的线上教培服务，AI Tutor更重视孩子个人信息的保护。在建立同龄人社群的同时，将所有孩子的形象统一化为火柴人，家长无法看到其他用户的具体信息，通过“火柴人”的动作和声音了解其他孩子的学习情况，让用户体验学习氛围的同时保护孩子的隐私。

（3）在孩子学习方面，比起传统语言教培服务，AI Tutor更重视孩子学习的方法和效率。传统教学模式下，家长很难确定孩子在课堂上有哪些收获、存在哪些问题，AI Tutor对孩子每节课的学习情况在与标准作对照后进行打分，指出孩子存在的问题的同时提出相关纠正措施，针对薄弱的方面进行针对性的、量身定制的强化训练课程。

（4）在孩子学习方面，比起传统语言教培服务，AI Tutor更重视孩子的时间安排。在传统教育模式下，教师和场地等都需要提前预约，AI Tutor能够让家长按照孩子的意愿安排上课时间，根据孩子的时间来决定课程时间，并且随时随地进行学习和训练，突破了培训时间和空间的壁垒。

（5）在培养孩子方面，比起传统语言艺术教育，AI Tutor更重视孩子的能力的培养。在传统教育模式，在课程方面会出现老师时间拥挤或某个课程方面的老师稀缺等一系列问题，AI Tutor拥有完整的课程体系和原创的教材，采用直播课和录播课两种形式，突破空间壁垒后，让优秀的老师最大限度地发挥作用。同时多样化的培训课程，培养多方面的能力，培养孩子成为综合型人才。并且，孩子可以针对自己感兴趣的方面专门培训，产品利用AR技术，模拟各种不同演讲的情景，将学到的东西及时运用到实际中，短时间内在某一方面有所突破。

三、项目分析

（一）项目可行性分析

1. 项目设计

孩子首次使用产品的时候，要求孩子做一系列评估，确定孩子的基础，并将孩子的信息录入数据库，根据算法对比，继而匹配适合孩子的优质老师、给出相应课程的推荐方案。

课程分为录播课和直播课，直播课中由老师讲解少儿演讲的方法和要领，录播课主要是一些练习作业，对孩子在直播课上的弱点进行分析，分解练习。录播课的逻辑是，当课程开启之后，孩子先看到显示屏里的内容，听到扬声器里的声音针对弱点进行纠正，然后是有趣的练习环节，孩子演讲过程中的声音从麦克风传入，动作被红外线摄像头捕捉，同时在后台与青少年播音主持考级的标准进行对比。产品检测孩子的发音和肢体表达并且对孩子表达的效果进行及时反馈。练习结束后，孩子可以根据反馈调整口语表达方式和肢体动作再次练习，从而达到巩固学习到的演讲技巧的效果。这体现了 AI Tutor 的价值主张“专属您孩子的私人 AI 教师”。另外，根据用户的自身状况和学习情况，为用户定制专属学习计划并监督执行，通过 1 对 1 专业私人定制管家，帮助用户解决任何学习中出现的难题。

AI Tutor 在技术方面拥有人工智能和数据智能两大核心竞争力的支撑；并且拥有一套完整的、全面的综合课程和原创的教材。研发部翻阅大量资料，邀请专业老师，结合行业特性，做好市场调查，打造拳头产品。利用 AR 技术，模拟各种不同演讲的情景，让学生能将学到的东西及时运用到实际中。从产品本身到课程体系做到全方位、多层次，打造独一无二儿童素质教育培训服务。

除训练课程外，AI Tutor 公众号录制相关科普视频，教导家长如何更好地辅导孩子进行线上课程学习以及更科学有效地照顾管理孩子。此类科普视频也面向广大普通人群，以吸引人们对产品的关注。

以科技塑造创新的学习娱乐体验，培养孩子面向和改变世界的能力和信心。从时间和空间上解决了孩子学习的问题，为家长提供高性价比的儿童艺术教育培训服务。

2. 技术可行性分析

AI Tutor 是项目组开发人员使用 Python 语言利用 AI 交技互动的功能、语音测评功能、智能动作检测功能，结合物联网、大数据、5G、智能硬件、屏幕镶嵌等新兴技术研发出来的一款新兴产品。

语音打分模块使用的是科大讯飞提供的 API 接口，正确率及大众认可度较高，将演讲者的音频文件上传，与文字稿进行比对。同时，从流畅度、准确度、标准度等不同指标进行综合评分。使用 Python 语言进行编写可以在不同的设备间快速切换，可以快速部署到嵌入式设备。同时，使用 API 可以大大减少设备的运算量，为其他部分节约性能。

智能追踪系统使用的是 Google 开发的姿态检测。由于在本地部署，对性能有一定要求。可以利用视频分析和摄像头实时分析，将标准演讲的视频在后台分析并形成模板，在未来使用时取出并与实时视频数据进行比对，从而给出建议。

3. 经济可行性分析

（1）研发成本。项目组对产品成本有十分全面的考量，以 Google/百度开放平台为支撑。由于代码的开放性，AI Tutor 的开发成本较低；调查方面，项目组自行设计纸质和网页调查问卷，通过走访社区、机构、转发等方式获取信息，经济成本较低；推广方面，项目组利用微信公众号、微博、传单等形式推广 AI Tutor，这些方式的经济成本较低。

（2）消费用户。现在市面上机构开设的课程价格较高，家长经济负担过重。AI Tutor 利用 AI 技术，结合互联网的发展规律，极大降低了产品的成本。与传统的演讲教育相比，AI Tutor 更容易形成规模经济，根据规模经济理论，产品的价值与用户数的平方成正比，使用者越多，产品的价值越大。AI Tutor 会随着产品的迭代、用户的增加而形成产品的护城河。

（二）SOWT 分析

（1）竞争优势（S）。

①互联网技术不断进步。产品研发和用户拓展都能很好地维持。作为技术的正向循环和相关数据的不断积累，能够提高用户忠诚度。②产品宗旨具有创新点。产品配备多样化的培训课程，可培养孩子多方面的能力，成为综合型人才。产品从用户角度出发，结合线上课程和线下课程的优点，采取直播课和录播课的形式，满足用户多元化的需求。③产品功能具有吸引力。在建立同龄人社群的同时，将所有孩子的形象统一化为火柴人，家长无法看到其他用户的具体信息，通过“火柴人”的动作和声音了解其他孩子的学习情况，让用户体验学习氛围的同时保护孩子的隐私。产品不仅拥有完整的课程体系和原创教材，并且利用 AR

技术，模拟各种不同演讲的情景，让学生能将学到的东西及时运用到实际中去。

（2）竞争劣势（W）。

①外部资源有限。本团队成员均为在校就读的本科生，所能够联系和宣传的资源较为有限。若开展活动，可能无法为机构提供非常有效的技术支持，目前也没有有宣传度的人物可帮我们拓宽宣传范围，所以产品研发的开展和教学宣传较为有限。

②惯性思维影响，团队的实践经验缺乏。对于教育培训缺乏正确的边界认知，习惯用传统的思维和方式对待“三新”（新技术、新业态、新模式）发展，由此难以将资源配置合理分配，实现基于市场的改变创新。同时，本项目是团队对教育经济的第一次尝试，需要以包容创新为前提的基础上，一方面引导教育经济自身规范化发展，另一方面完善监管体制，规范产品保障制作。

（3）市场机会（O）。

①国内线上教育发展迅速。越来越多的线下门店或培训受到相应的冲击，间接促进了在家自身发展的门道，突破教育模式受地域和时间的限制。学生能够按照自己的意愿自主安排上课时间，按照自己的时间来安排课程时间，随时随地进行学习和训练。

②需求不断拓展。社会不断发展，当前为人父母者更加注重孩子个性综合发展的意识，演讲培训客户的需求也往个性化、多元化的方向发展，我们为客户提供量身定制化的服务，可赢取消费者的信任。

（4）外部威胁（T）。

①多样化课程培训愈演愈烈，市场竞争日益激烈。目前，致力于孩子多样化综合发展的课程平台数量依旧很多，竞争压力依旧很大，从定位人群、产品定位再到核心竞争力更是各出奇招，吸引一大批稳定客户。如何利用产品新意快速切入市场将会是平台发展的重要里程碑。

②演讲培训并不是刚需。对于大众来讲，这种需求不是很强烈，互联网信息推送复杂，而快浏览难以让人留下深刻印象。网络宣传也大打折扣，传播效率较为低下。如何让本产品的需求深刻进入人民的生活并且得到社会的关注，也较为困难。

综上所述，得出以下结论：互联网技术不断进步，随着自媒体行业兴起，产品研发和用户拓展都能有很好的维持，并且产品本身具有创新点和吸引力，容易取得用户的信任。但在国内大环境中，多样化课程培训愈演愈烈，市场竞争日益激烈大势所趋。社会需求不断发展，为人父母者更加注重孩子个性综合发展的意识，智能产品结合线上教育的新型教育模式可突破地域和时间的限制，完美解决了用户需求。但是，本产品外部资源有限，团队实践经验缺乏，用户受惯性思维影响，演讲培训并不是刚需，如何建立自己的壁垒是难题。

（三）推广方案

传播速度、媒体质量、内容形式是AI Tutor产品营销推广的重要因素，推广周期将以月为单位，做好App数据监测，对启动次数、用户留存率（次日、周、月）按管道进行分析，有效配合平台广告、线下活动等其他App推广方式，发挥App媒体产品营销的最大效果。

1. 咨询体验服务

在产品正式售卖前，我们会推出相应的咨询体验服务，主要分为线下体验和线上讲解两个部分。

（1）线下体验。鉴于现如今AI的普及率并不高，我们推出的AI智能产品AI Tutor来代替传统儿童演讲教培服务，更是一种大胆的想法。为了让现有客户群体以及潜在客户群体了解我们的新产品。我们首先入驻各大商场，将我们的产品直接展现在孩子和家长面前，让孩子和家长试用及体验。我们会现场开设许多有意思的小活动，主张用爱筑梦、AI助梦，在“玩”中让孩子爱上AI Tutor，突出在“玩”中学习的意义。意在活动中让广大儿童家长接触到AI Tutor，对AI Tutor产生兴趣，并成为我们的潜在客户群体。

（2）线上讲解。线上讲解是基于线下体验开展的，意在使对AI Tutor有兴趣的潜在用户能更加深入了解AI Tutor，打消潜在用户在使用方面的顾虑。AI Tutor用户享受1对1专属私人管家服务，包括生涯规划、个性化课程方案定制和演讲指导、督促陪伴、定期福利活动邀约。私人管家会根据每位家长的需求选择相关课程，并且根据每位孩子的不同上课情况，依照他们自己所相对应的课程制订相应的计划。基于此，我们会现场指导AI Tutor的相关功能，让顾客“好上手，方便上手”，使其选择并信任我们的产品。

在产品正式售卖后，我们将持续为所有适龄儿童家长及亲友提供产品咨询等各项服务，关于产品的咨询可拨打热线电话或关注公众号、小程序以及下载App等方式进行线上咨询。另外，在产品的所有线下销售站点都提供1对1的现场咨询服务。客户可选择最适宜自己的方式进行咨询。

2. 线上推广

（1）迅速覆盖。短时间内在安卓、苹果各大应用市场的上线。App评测发布至苹果和安卓主流应用商店互动媒体，在最短的时间内提升AI Tutor的品牌知名度，并且挑选效果好的媒体进行周期性曝光，以全方位的媒体策略对App进行推广，让App在众多同类产品中脱颖而出。

（2）微信平台推广。腾讯官方数据显示，2021年，微信及WeChat的合并月活跃账户数为12.41亿人次，较20年同比增长3.3%，环比增长1.4%，在以后的发展中，仍会持续增长。我们建立了微信公众平台，在微信平台上以图文、语音、视频等多种形式推送相关少儿演讲的知识，以及有关素质教育方面的新闻、政策。当然，最重要的是宣传我们的品牌文化及App，向用户介绍我们的App功能、针对的人群及未来的发展方向，让人们更多地关注我们的App。

（3）口碑传播。我们在各类聊天软件中介绍目前与少儿演讲有关的动态，收集用户体验效果，得到用户的好评，用户之间互相宣传、推荐，以此获得大量的用户。行业社区、专栏专题、互动评论等多样的媒体营销形式，搭配行业优质的媒体资源，逐步建立AI Tutor的良好口碑，特别是在自媒体流行的移动互联网时代，口碑决定了一切，从细节上展示App的设计创意和特色功能，对App知名度的提升有至关重要的作用。

3. 线下推广

（1）与实体店合作宣传。我们利用在线平台帮实体商家宣传，换取我们在实体商家的宣传机会，与实体商家相互共享双方所拥有的营销管道，即利用在线平台的资源换取线下的营销推广管道。

（2）体验活动。在线下开展App的体验活动，让用户实际体验App的具体操作与实际功能，并给予相应的指导与介绍，让使用者拥有人工化服务体验，以此吸引用户，让用户信赖我们的App。

（3）广告。线下活动中推行广告。制作各种宣传品如宣传单、X展架等并在线下管道中发行。

四、产品与服务

（一）产品介绍

1. 硬件

该产品为一面40英寸1080P FHD显示屏。该显示屏通过多次实验和检测，得到一个极其平整的镜面，让用户能清晰看到老师，同时也能清晰地看到自己。

2. 内容

产品内容包括直播课和录播课，课程从儿童演讲切入，与尚语树公司合作共享明星老师，制作小主持人、小演讲家、小配音员等直播课和录播课，并且提供专业演讲指导服务。用户在实际使用中，手机可下载AI Tutor进行更好的操作和使用产品。

3. 服务

根据用户的自身状况和学习情况，为用户定制专属学习计划并监督执行，并通过1对1专业私人定制管家，帮助用户解决任何学习中出现的难题。

AI Tutor用户享受1对1专属私人管家服务，包括生涯规划、个性化课程方案定制和演讲指导、督促陪伴、定期福利活动邀约。私人管家会根据每位家长的需求选择相关课程，并且根据每位孩子的不同上课情况，按照每位孩子自己所对应的课程制订相应的计划。

4. AI

AI Tutor内镶嵌高精密AI传感器，并结合核心技术语音打分模块和智能动作追踪系统，轻松识别孩子的姿态动作和语音语调。私人AI教师将实时监测并纠正孩子的每一个动作和语言的不规范，让孩子无须任何穿戴产品或传感器辅助即可完成人机交互。

（二）课程介绍

"语言表达能力"是一项综合素质，包含对事物的理解、语言表达的逻辑性、语音语调、讲述、沟通、语言艺术表演等多种要素。为此，AI Tutor与Y公司合作共享明星老师，精心研发了语言艺术教材，教材分为初级、中级、高级三册，内容深入浅出，通俗易懂，适合3~12岁儿童学习。

课程包括小小主持人、小小朗诵家、一线小记者、小小配音员等。

1. 小小主持人

（1）课程简介。课程综合了综艺小主持、新闻小主播、电台小主播与栏目主持人艺术等多类型的主持技巧及实践。该课程不仅培养学生的语音发声与主持能力，在教学与实践中也使学生更加自信，敢于表现自我，同时，抗压能力与社交能力也同步提高。

（2）课程内容。普通话语音语言表达技巧；舞台主持技巧；广播与电视节目主持；主持人体态语训练。

（3）课程目的。重点培养孩子各类型主持能力，无论是舞台主持、电台节目主持，还是电视栏目主持，注重学习与实践相结合，一边学习一边实践，同时为孩子提供AR录音棚与主持设备，挖掘和培养小主持人自己的主持风格。

2. 小小朗诵家

（1）课程简介。专注于发现和培养"朗诵艺术"的可造之才，培养能够"通过发声，传递情感"的小小艺术家。朗诵时，学生通过文字作品，感受不同的思想情感，并通过自己的理解对作品进行表达，所以，朗诵艺术课程其实也是一门情商培养课程。可以说，“愈朗诵，愈明心”，学生的情商水平也会因此得到培养和提高。

（2）课程内容。普通话语音；朗诵作品的选择；文学作品阅读与理解；古代、近现代诗歌朗诵、散文朗诵表达朗诵时的体态语训练。

（3）课程目的。在培养孩子有效阅读能力的基础之上，提升孩子的情绪感受能力（情商）与语言表达能力，生活中能够自如的表达和交流想法。专注孩子各类型朗诵能力的培养，着重教授在诗歌、散文以及其他题材类型的文学作品朗诵的阅读和表达技巧，提升孩子作为一名朗诵者的语言艺术修养与舞台表演素质。

3. 一线小记者

（1）课程简介。课程通过完整再现专业记者的工作流程，让学生在拥有一份专业的“职业体验”的同时，学会人际交往中的沟通与表达技巧，以及如何倾听与交流。该课程着重培养学生的社会交往能力与写作能力。同时，在教学实践中，也将培养和提高学生的思考探索能力。

（2）课程内容。普通话语音新闻节目；现场报道；记者外景主持与采访；小主持人访谈节目训练。

（3）课程重点。培养学生在人际交往中的沟通与表达技巧，学会倾听与交流，注重沟通中的倾听与回答技巧，现场报道与记者采访技巧，让学生在语言表达与沟通讲述的能力方面获得提升。通过学习与实践，让学生掌握现场报道和采访中的技巧，能学会问问题和从对方回答中获得信息点。

4. 小小配音员

（1）课程简介。“小小配音员”课程包括电视栏目配音、纪录片配音、影视作品配音、动漫配音等多类型配音教学与实践。为喜爱“发声”，为爱好配音的学生提供教学与展示的平台。该课程不仅培养学生的情绪感受能力，声音塑造技巧，更在不断的教学实践中，培养孩子做事的专注力与创造力、培养孩子对待事物具备“钻研精神”。

（2）课程内容。普通话语音；语言表达技巧；动画形象的表演与语言特色表达；配音气氛与口型技巧；专业录制动漫作品训练；动漫作品舞台表演体验。

（3）课程目的。培养学生的语言气质，并通过语言层次和声音特色的变化，塑造角色声音形象，贴合人物气质；声音台词与表演相辅相成，根据动画环境去分析人物特色和特点，掌握动画角色的语言表达中基调、语调、语气、语势等技巧，刻画生动真实的动画角色，成为动漫配音小达人；进入 VR 录音棚，为自己喜爱的动漫作品配上自己的声音。

（三）服务介绍

儿童演讲涉及知识范围广、教学内容多且训练时间长，导致传统演讲教培机构费用较高，给家庭造成一定的经济压力；传统演讲教培机构主要收入来源为学费，学费中较大一部分要交分给授课教师，机构收入仅能供正常运转。AI Tutor，实现“硬件+内容+服务+AI”一体化；采取会员制度，仅收取硬件设备费和较为合适的会员费，减少家长对孩子演讲教育的支出，扩大了客户规模的同时，解决了机构不赚钱的问题。随着受众范围的扩大，形成规模效应，可打造产品的护城河。

1. 会员服务

客户购买产品，后期订购与产品相匹配的会员服务。购买产品含会员权益一年。除主账号外，另外可供多个子账号成员使用。

2. 后续服务

（1）AI Tutor 将尽力提供畅通无阻的在线服务。

（2）AI Tutor 为用户提供多样的互联网产品和服务，包括但不限于少儿演讲、电商等相关产品，用户可以通过 AI Tutor 平台使用、分享、购买 AI Tutor 提供的产品和服务。

（3）为增进用户体验、完善服务内容，AI Tutor 会根据用户对软件的使用状态和行为开发新的服务。为改进、增强和进一步开发新服务，AI Tutor 会不时提供软件更新（包括软件升级替换、修改、功能强化、版本升级等形式）。

（4）AI Tutor 提供了或可能提供支持第三方应用供用户使用的功能模块，包括但不限于工具类服务、视频或图片类服务等，以及今后可能出现的各种服务。

（5）用户在购买 AI Tutor 会员服务后，根据 AI Tutor 不时公布的会员服务相关规则，还有机会享有相应的其他权益（包括但不限于获得积分、赠品、礼品、奖励，以积分兑换产品或者以优惠价格购买 AI Tutor 提供的产品）。

（6）AI Tutor 未来可能为不同等级的 AI Tutor 会员提供不同的专属特权和福利。AI Tutor 会根据法律规定及政策变更、版权方要求、运营需求等进行 AI Tutor 线上课程、AI Tutor 会员权益以及特色会员服务内容的全部或部分变更、调整、取消、增加（包括但不限于课程内容播出进度调整、课程的停播或额外付费课程的播出等）。

3. 隐私服务

AI Tutor 定会尽全力保护儿童（指未满 14 周岁的未成年人）个人信息和隐私安全。我们致力于维持用户对我们的信任，恪守以下原则：权责一致原则、目的明确原则、选择同意原则、最小必要原则、确保安全原则、主体参与原则、公开透明原则等。

AI Tutor 平台内置了强大的安全功能，并且制定了严格的信息管理政策，配备专业的技术团队，采取了一系列合理的预防措施，以保护儿童个人信息不会遭受未经授权的浏览、披露、滥用、变更、破坏以及损失，其中包括：

①使用加密技术来确保您的数据在传输、存储过程中保持私密性；

②提供多种安全功能来协助您保护自己的账号安全；

③审查我们在收集、存储和处理信息方面的做法（包括实体安全措施），以防未经授权的人员访问我们的系统。

4. 企业合作服务

在 AI Tutor 的课程中心有各种类型的演讲课程，并且有 AI 技术帮助孩子完成各类课程训练。AI Tutor 在此基础上引入各大院校相关演讲课程资源，积极利用并盘活有效资源，让课程更加丰富全面，让孩子在演讲学习效果方面更上一层楼。

（1）与传统演讲教培机构合作宣传。利用产品的线上课程体验服务帮助传统演讲教培机构宣传，扩充与线下教培机构的合作机会；与传统演讲教培机构共享双方所拥有的营销管道，即利用产品的特殊性丰富课程体系，加强课程体系的可信度与师资力量的权威性；利用线上资源换取线下的营销推广管道。

（2）与产品生产商以及课程专业人才及领域专家长期合作。

与产品生产商紧密联系，建立稳定的合作关系，保障产品的质量；与课程热门王牌讲师签订长期协议，与之建立长期合作关系，共同打造高质量的课程。如此，保证产品内容质量的同时，也确保新鲜内容源源不断流入。

五、商业模式

（一）关键业务（KA）

AI Tutor 提供不仅限售前售后的基础优质服务，在产品的日常运营及课程提升等多方面都有自己的特色以及着重点。

（1）AI Tutor 为用户提供多样的互联网产品和服务，包括但不限于儿童演讲、电商等相关产品，用户可以通过 AI Tutor 平台使用、分享、购买 AI Tutor 提供的产品和服务。

（2）AI Tutor 提供的私人管家服务，这项服务对所有客户开放，并根据私人订制的专属管家为用户讲解我们产品使用指南、课程和服务介绍以及全套产品售后。

（3）AI Tutor 将尽力提供畅通无阻的在线服务。

（4）为增进用户体验、完善服务内容，AI Tutor 会根据用户对软件的使用状态和行为开发新的服务。为改进、增强和进一步开发新服务，AI Tutor 会不时提供软件更新（包括软件升级替换、修改、功能强化、版本升级等形式）。

（5）用户在购买 AI Tutor 会员服务后，根据 AI Tutor 不时公布的会员服务相关规则，还有机会享有相应的其他权益（包括但不限于获得积分、赠品、礼品、奖励，以积分兑换产品或者以优惠价格购买 AI Tutor 提供的产品）。

（二）核心资源（KS）

AI Tutor 在技术方面拥有 AI 和数据智能两大核心竞争力的支撑。AI Tutor 拥有一套完整的、全面的综合课程以及原创的教材。

（三）客户关系（CR）

（1）客户获取。通过产品推广让客户初步了解我们；提供产品咨询体验服务，让客户对我们的产品有更加深入的了解。

（2）客户维系。AI Tutor 除了提供全套对应的服务之外，还针对不同的客户，提供相应的内容知识分享等附加体验和活动，使客户和我们的产品联系更加紧密。

（3）追加销售额。开展连带活动，一个家长介绍一位及以上位的客户并成功签约的话，会有相应的优惠。

（四）客户细分（CS）

经过文献调查以及数据调研，比较各个年龄段家长对儿童演讲教培服务的不同需求发现，儿童演讲教培服务针对的人群主要年龄为 3~16 岁的少年儿童。

13~16 岁是儿童演讲的提升期，在这个阶段，其主要的需求集中在演讲的实际演练。在不断真实的演讲环境中，积累演讲经验，提升演讲能力。比如：参加演讲活动，担当活动的主持，参与实际的辩论活动等。

在对调查数据反复研究后，AI Tutor 的目标客户定位于 3~12 岁少年儿童家长，AI Tutor 决定目前开发功能仅为 3~12 岁少年儿童提供演讲的知识储备以及相应基础训练，并不适宜 13~16 岁少年的实战演练。所以 AI Tutor 按成长分为三个年龄段：3~6 岁，6~8 岁，8~12 岁。

（1）3~6 岁为儿童口才的启蒙期。处于这个阶段的小朋友需要进行大量的输入，启发小朋友表达的兴趣。有研究表明，儿童的语音语调正是在这个阶段培养形成的。AI Tutor 有海量优质精品启蒙课程，富有经验的幼师通过我们的产品与小朋友进行教学活动，吸引小朋友的兴趣，从而在课程活动中潜移默化地提升了儿童的语言能力。据调查显示，家长对孩子的素质教育越来越重视，让孩子从小接受素质教育成为家长选择的趋势。相对于后期再选择我们的产品，若客户尽早将 AI Tutor 引入到家庭教育中，将使其发挥更长久的作用。

（2）6~8 岁是儿童口才的成长期。在这个阶段中，对孩子的口才演讲教育将不止于启发和单向输入，也需要对孩子进行反馈。在继续培养孩子的表达能力之外，AI Tutor 的智能修正功能在对儿童的反馈中发挥了重要作用。私人 AI 教师正式上线，除演讲知识的讲解，课后智能修正功能帮助孩子进行实际练习。AI Tutor 将会用它强大的智能功能对孩子的反馈进行修正，以此达到讲练结合的实际效果。相对于请课外老师，AI Tutor 拥有更完美的性价比，更容易启发孩子的兴趣。

（3）8~12 岁是儿童口才的攻坚期。这一阶段的孩子已经掌握了一些演讲的基本技能，着重启发儿童对演讲的感受和认知，以及对孩子能力的多元化培养，包括理解力、感受力、表达力和思维力。这一阶段，AI Tutor 带领儿童身临其境地感受一些文章的片段，加强对文字的理解与感受。同时，语言训练也会同步加强，儿童与 AI Tutor 的互动会越来越多，达到更好的效果。倘若孩子在这个时期第一次接触产品，AI Tutor 可以在对孩子继续演讲教育的同时，巩固孩子以前传统学习打下的基础；倘若孩子持续使用 AI Tutor 此时会轻车熟路。相比传统演讲教培服务，AI Tutor 更智能、更专业、更有助于孩子养成良好的习惯。

（五）渠道通路（CH）

AI Tutor 计划与北京尚语树语言艺术教育公司展开合作。

公司是一家集语言艺术教学、教研、课程开发、师资培训、连锁加盟为一体的综合型机构。由北京中传华盛文化传播有限公司王高峰、梁延芳与著名语言艺术家詹泽共同创办。公司会聚詹泽、虹云、吴弘毅、陈红、胡乐民、王宇红、陈鑫等国内一大批优秀语言艺术家作为专家教学团队，是全国语言艺术教学工作者的加油站，全国青少年儿童语言艺术成长的摇篮。

六、财务分析

该项目处于起步阶段，只涉及部分与机构合作的作品推向市场，并且未接触大型企业或者天使投资等的投资机构。启动资金主要依靠学校、学院对创业项目的资金扶持以及项目发起人自身资金支持。在未来，本项目的部分资金来自于政府对大学生的创业贷款。以上三个方面的资金投入，是本项目目前创业初期最大的资金来源。

在项目组的预想中，项目进行到中期时，重要资金来源能获取更高的政府贷款额度，学校对项目的资金支持比率会降低。伴随项目的不断推入，资金的来源会变得更加多元化。项目进行到后期，校方不再成为我们重要的资金来源，政府贷款比率也会相应减少。随着需要资金增多，我们涉及的项目及创收渠道也会增加。

七、风险与对策

（一）策划风险

风险因素是引起或增加风险事故发生机会的条件。本项目风险分析是在市场分析、技术方案和社会评价论证的基础上，进一步综合分析，识别项目在建设和运营中潜在的主要风险因素，提示风险来源，提出规避风险对策，以降低风险造成的损失。

（二）市场风险

目前，项目组后台支撑薄弱，在有关专业解释及法律权限方面面临着巨大风险。

（三）技术风险

软件项目的风险主要是功能不全和存在信息泄露风险。由于项目技术力量相对薄弱，项目组智能硬件暂时无法满足较高功能的实现。

（四）管理风险

项目组联合在校各专业师生为家长提供素质教培服务，在资源有限时，客户有可能在测评后无法匹配合适的课程，无法及时寻找到合适的指导。在初级阶段，项目组做好与企业机构合作以规避此风险。未来产品将具备自己的核心课程体系，提高核心竞争力。

（五）隐私风险

未经同意，AI Tutor 不会开启摄像录像功能；不使用屏幕时，客户可以将磁吸遮盖放在传感器上。

案例6 柑香乡愿——电商助力广西武鸣*

一、项目执行总结

（一）项目概括

本项目组旨在通过打造品牌形象和规划产品线并与创新方法相结合的手段达到将广西武鸣的优质柑橘产品推向更广泛的市场，促进当地经济发展，提升农户收益，扩大品牌影响力，打造地标性产品，让每一位消费者都能轻松方便地购买到产品。不仅如此，我们还通过微信公众号、抖音、小红书等社交平台，分享沃柑的种植知识、营养价值和美味故事，让广大消费者更深入地领略到广西武鸣沃柑的无限魅力。项目组坚信互联网和电商平台将为广西武鸣沃柑的推广插上腾飞的翅膀，让它的知名度和美誉度得到全面提升，产品线得到最大限度的规划和优化。同时，这一项目将会为当地农民打开一扇通往更广阔市场的大门，助力他们实现更美好的生活愿景。柑香乡愿，不仅是一个品牌，更是我们对广西武鸣沃柑美好未来的憧憬与期待。我们期待让沃柑的芬芳飘向全国每一个角落，让每一个热爱美食的人都能品味到这份来自大自然的馈赠，共同分享这份丰收的喜悦！

（二）实施计划和方法

项目组尊崇以消费者为中心的规划理念，利用市场问卷调研、线上线下互动

* 指导老师：盛晓娟。团队成员：鲍铎、侯凯峰、李雨橙、康睿、胡景仪。

等方式收集消费者意见。目前主要通过问卷星的方式对消费者进行市场调研，调研对象包括的群体较为广泛。

（三）关键成功和进展

1. 社交平台宣发

目前开通了微信公众号、抖音、小红书三个社交宣发平台，跟随社会时事热点进行内容创新，创立了独有的系列推文，“沃”趣故事会，平均浏览量300次左右。抖音平台共发布17条视频，其中破万播放量视频4条，最高播放量4万次。此外，我们还对视频数据进行了分析，发现大众更喜欢沃柑科普类视频。小红书平台我们共发布了40篇软文，平均浏览量200次左右。账号建立后，我们定期分析平台数据整理消费者的意见，进行内容的创新和升级，以达到更好的宣传效果。

2. 线上线下活动

（1）线上活动。①沃柑挑战赛活动，通过消费者参加创新创意活动集思广益进行投稿比赛。②沃柑知识竞赛，用户进行线上答题进行知识竞赛获得积分兑换奖品。③沃柑故事征集，此活动面对广西武鸣征集故事稿，讲述沃柑助农的动人故事。④沃柑DIY手工制作课程，发布手工制作的视频课程征集作品进行参评。⑤线上公益活动，我们开展线上公益活动，将盈利的部分金额捐赠给乡村振兴项目。

（2）线下活动。①线下故事会，宣传沃柑的科普知识和沃柑的发展历史等。②线下沃柑品鉴会：开展线下的沃柑品尝展会，获得消费者现场的真实感受。③线下会展：绿色自然主题和沃柑相结合，在宣传沃柑的同时，高举绿色旗帜。④线下采摘体验：我们和果园签订协议，定期开展线下采摘体验活动，观察消费者喜欢哪些品相的沃柑。

3. 设计类内容创新

（1）IP形象。设计了IP形象沃小满，以IP带动文化，以文化衬托IP，两者相互共存，美美与共。

（2）包装设计。根据消费者在问卷里的答复和社交媒体上的评论，我们设计出了许多不同种类的包装。

（3）Logo设计。有趣生动更适合当代年轻人。

（4）周边设计。设计出了不同种类的周边文化，适用于各种不同的场景。

（5）沃柑盲盒。当今年轻人对盲盒的喜爱程度只增不减，不仅仅可以满足人们的好奇心，还可以带来欢乐和惊喜。

4. 品牌形象塑造

本项目组通过品牌设计、品牌价值、IP 设计、特色服务、营销策略、可持续发展进行品牌塑造形成闭环。

5. 产品线规划

本项目组通过打造核心产品、建立拓展产品、服务创新、营销策略四个方面进行产品线的塑造形成闭环。

（四）调研分析

1. 新时代消费群体

新时代消费群体主要指Z时代人，他们的消费特点：成长于科技蓬勃发展的时代，消费需求也极其个性化和多样化，更愿意为自己的喜好买单，也更容易对消费市场产生影响。

（1）注重体验。Z时代人更看重消费的整体体验，他们愿意为了获得愉悦、舒适的购物体验而花费额外的金钱。

（2）绿色消费。Z时代人更关注环保和可持续发展，他们愿意花费更多的金钱购买环保产品和支持环保品牌。

（3）注重个性化。Z时代人更看重个性化的消费体验，他们乐意花费额外的金钱来获得能够满足自己个性需求的商品和服务。

（4）注重品质。Z时代人更注重产品的品质和功能，他们愿意为高质量的商品买单，而不是只看重价格。

（5）喜欢研究评论和互动。Z世代受教育程度高，对感兴趣的事物或消费对象会主动去研究和评论，且喜欢与网友互动。

2. 旧时代消费群体

（1）节俭为上。由于物资的缺乏，人们养成了节俭的生活习惯，不仅物品可以修修补补使用很多年，在食品消费上也讲究“吃饱就好”。

（2）低水平的消费结构。当时人们的消费主要集中在食品、衣物等基本生活必需品上，娱乐、旅游等现代消费行为非常有限。

（3）从众心理。会根据周围人的消费习惯进行产品的购买，从众心理比较严重。

（4）获取信息渠道少。由于年龄等因素的限制，选择线下购买物品多于线上购买。

（五）商业模式

本项目组采用“电商+合作社+农户”的商业模式，与当地合作社和农户建立紧密的合作关系。通过这种模式，不仅能够确保产品的质量和供应稳定性，还能够为当地农民提供更多的销售渠道和增收机会。同时，积极探索新的商业模式，如开展沃柑定制服务、推出沃柑礼盒等，以满足不同消费者的需求。

二、调研分析

武鸣沃柑是广西著名的特色水果之一，具有独特的口感和甜度，深受消费者喜爱。为了更好地了解大众消费者对于沃柑的想法和意见，本项目组利用问卷星的形式以“关于沃柑类水果产品线规划和品牌塑造调研问卷”为主题进行市场调研帮助本组找到问题和分析问题。截至 2024 年 5 月 20 日共收取 337 份问卷，其中有效问卷为 321 份，问卷有效率达到 90%则该数据有效。

（一）用户群体分析

项目组先对用户群体进行了分析，其中在职女性占比达到了 38.41%、学生占比达到了 35.29%、其他的主体还包括退休老人、在职男性、全职宝妈等。我们将根据主要用户群体为他们设计特定的人物画像，为产品线的规划提供保障。

1. 学生群体用户画像

学生群体可能更倾向于价格实惠的产品，因为他们通常经济能力有限。另外，他们可能对便捷性和多样性有较高的要求。因为学生通常时间紧张，希望能够快速获取到自己需要的产品。此外，他们可能对新奇、时尚的产品更感兴趣，因为年轻人通常追求个性化和潮流。综上所述，沃柑产品在面向学生群体时，可以考虑推出价格亲民、方便快捷、多样化且具有时尚元素的产品，以满足学生群体的需求。

关键词：便宜、便捷、时尚。

2. 在职女性群体用户画像

首先，在职女性通常比较注重健康和美容，因此可能对含有丰富维生素和天然成分的产品更感兴趣。

其次，由于工作压力大，时间紧张，她们可能更倾向于购买方便快捷的产品，例如，即食水果或果汁等。此外，在职女性可能也会关注产品的品质和口碑，因此沃柑产品可以通过提供优质的产品和服务来吸引这一群体。

最后，考虑到在职女性通常具有一定的经济实力，沃柑产品也可以推出高端产品线，以满足她们对品质和品味的追求。综上所述，沃柑产品在面向在职女性时，可以注重健康、方便、品质和多样化，以吸引并满足这一群体的需求。

关键词：品质、方便、健康。

3. 退休老人群体用户画像

首先，退休老人可能更注重健康和营养，因此他们会倾向于选择新鲜、天然的食品。沃柑产品可以强调产品的新鲜度和天然成分，以吸引这一群体。

其次，由于退休老人通常有更多的闲暇时间，他们可能更愿意花时间去购买和品尝不同种类的水果产品。因此，沃柑产品可以推出更多口味丰富、品种多样的产品线，以满足老年人的口味需求。此外，考虑到老年人的经济状况可能有限，沃柑产品也可以提供价格亲民的产品，让他们能够轻松购买到优质的水果产品。

最后，沃柑产品还可以通过定期举办活动或提供社交平台，吸引退休老人参与，增加产品的知名度和用户黏性。综上所述，沃柑产品在面向退休老人时，可以注重健康、口味、价格和社交互动，以满足老年人群体的需求。

关键词：健康、实惠、互动。

4. 在职男性群体用户群体画像

首先，沃柑产品可以强调产品的营养价值和健康功效，以吸引这一群体。

其次，由于在职男性工作压力大、时间紧张，他们可能更希望购买方便快捷的产品。因此，沃柑产品可以推出便携式水果包装或果汁等产品，让在职男性能够随时随地享用。此外，考虑到在职男性可能有较高的消费能力，沃柑产品可以推出高端产品线，以满足他们对品质和品味的追求。

最后，沃柑产品可以通过举办健康讲座或提供健身建议等活动，吸引在职男性参与，增加产品的认知度和用户互动性。综上所述，沃柑产品在面向在职男性时，可以注重健康、便捷、品质和互动，以满足这一群体的需求。

关键词：健康、高端、便捷。

5. 全职宝妈群体用户画像

首先，全职宝妈通常会注重家庭健康和孩子的营养需求，因此她们可能更倾向于选择富含维生素和营养的产品。沃柑产品可以强调产品的营养价值和天然成分，以吸引这一群体。

其次，由于全职宝妈通常忙于照顾家庭和孩子，她们可能更希望购买方便快捷的产品。因此，沃柑产品可以推出即食水果、果汁或果蔬混合包装等便捷产品，让全职宝妈能够轻松为家人提供健康的食品选择。此外，考虑到全职宝妈可能有较高的购买力，沃柑产品可以推出高端产品线，以满足她们对品质和品味的追求。

最后，沃柑产品还可以通过提供育儿知识分享、家庭活动建议等服务，吸引全职宝妈参与，增加产品的认知度和用户互动性。

关键词：健康、高端、育儿。

（二）用户消费沃柑产品概况

通过调查消费者是否了解沃柑类水果产品和购买频率，本项目组发现超过90%的消费者对沃柑类水果产品有着较为深入的理解，有超过70%的消费者每周购买沃柑类水果产品。所以，大众对于这类产品的建议和消费习惯有着较大的影响及信服度。

（三）消费者在食用沃柑时的感受和想法

本项目组通过“您偏向喜欢哪种口味的沃柑产品”“您在食用柑橘类产品时遇到过哪些问题”两个问题分析各个群体对于沃柑类水果产品的喜爱偏好。

1. 消费者喜欢的沃柑产品的口味

学生、在职女性、在职男性、全职宝妈：喜欢的口感类型为鲜甜可口，甜度适中。

退休老人、全职宝妈：喜欢的口感类型为偏酸口感和甜度较少且汁多。

2. 消费者在食用柑橘类产品时遇到过的问题

经过本组的调查发现，消费者在食用柑橘类产品遇到过的问题主要包括“包装盒太大过于挤占空间”“果实不易保存”“售后滞留问题过多”“产品套餐过于单调”等，这也是本项目迫切需要解决的问题，从而优化品牌形象，提高品牌地位。

（四）竞品分析

项目组通过调查消费者所了解的沃柑产地或品牌先做出以下竞品分析：广西武鸣沃柑；广东梅州沃柑；云南红河沃柑；四川井研沃柑。

1. 产品竞争分析

（1）广西武鸣沃柑。广西武鸣为沃柑生长提供了得天独厚的天然气候环境。沃柑是喜温作物，武鸣区位于南宁北部，地处亚热带季风气候区，北回归线直接穿境而过，因此武鸣区的光照充足、雨量充沛，夏季炎热多雨，而且无霜期很长，有效积温也较高，是最适合种植沃柑的黄金维度。而且，武鸣的土地富硒丰富，种出来的果实甜度最多可达到16度，高于其他地区1~5度。经近几年的沃柑种植效果验证，武鸣沃柑的果实果径较大、外观很漂亮，口感更佳，各方面都明显优于其他沃柑种植地区产出的沃柑。但武鸣沃柑也存在一些缺点主要是外界对它的影响，如伤果等。

（2）广东梅州沃柑。广东梅州的沃柑发展时间相对比较短，果品较于其他的地区的沃柑较小。由于地形的缘故，多雨导致果品本身的甜度较其他地区的要低一些。

（3）云南红河沃柑。云南红河的地理位置较好，处于亚热带高原季风气候区，光照充足，种出的果实糖分也较高。但由于基础设施较为落后，地势低平，排水较差，也存在很多果品疾病，所以，沃柑一般品相较于其他地区比较落后。

（4）四川井研沃柑。四川水土肥沃，适宜种植沃柑，井研沃柑是一种新兴的品种，很快就占领了市场，其中“无核沃柑”更是大名鼎鼎。沃柑以甜美细腻著称，果实中等，果肉色泽显名，是颜值高、气质佳、味道美的一种柑橘代表。沃柑有普通沃柑和无核沃柑之分，无核沃柑目前更火，它吃起来没有籽的苦味，而又有些血橙的鲜艳。无核新诺又叫无核金诺，是无核沃柑的一种，研发出来没多久，需要栽培试种。

2. 分析总结

通过项目组的调研和翻阅大量的资料，发现武鸣沃柑无论是自身的果品形象还是本身的口感，相较于其他几个地区的沃柑都存在优势。那为什么武鸣沃柑销量却不尽如人意呢，这也是项目组主要分析的方向。项目组的分析发现有两个方面：①品牌形象落后，不重视产品品牌的塑造，对于武鸣沃柑这一产品的名称保护程度不够；②产品线规划不完整，销售群体单一，营销手段落后，不重视宣传。

（五）消费者问题分析

项目组通过调查发现，在“包装盒”“果实保存”“产品套餐”“售后滞留问题”等方面存在的问题较多。

（六）关于品牌 IP 形象调研分析

项目组通过调研发现，有 90%的消费者都接触过 IP 形象，58%的消费者看好 IP 形象的发展，38%的人只关注果品本身或者保持中立看法。

（七）关于消费者对于附赠品的看法

项目组通过调查发现，消费者对于实用性的希望率最高达到了 82%，限定性、科普性、趣味性在 60%左右。

（八）消费者展望

1. 消费者想要增加的服务体系

通过调研发现，在定期配送方面消费者的需求占 80%左右，产品定制服务、会员机制服务、增值售后服务占比40%左右。

2. 消费者对于柑橘类产品的发展建议

项目组问卷调查共调查了337份，其中“您对沃柑类水果产品的未来发展有何建议?”这一问题共收回有效问卷235份。通过分析与整理，我们提出以下建议：①未来可发展的优惠政策与创新措施，如增加会员机制、增加趣味活动、增加产品定制服务、创新自己独特的包装；②多元化发展，如可以开发多种用途产品、加强品牌建设、注重环保和可持续性发展。

（九）市场定位

通过市场调研和分析，项目组认为，武鸣沃柑作为一种优质的柑橘类水果，在市场中通常被定位为中高端水果产品。其口感酸甜可口，富含维生素C和其他营养成分，深受消费者喜爱。

武鸣沃柑在市场上的竞争优势主要体现在品质上，它是能够提供新鲜、无添加、高营养的柑橘类水果，满足消费者对健康食品的需求。同时，武鸣沃柑还可以通过品牌宣传和营销策略，传递其高端、优质的形象，吸引更多的目标客户群体。

三、品牌塑造

（一）品牌建设

项目组倾力打造“柑香乡愿”品牌，通过独特的品牌标识设计和IP形象设计，展现出品牌的独特性。同时，项目组还将沃柑历史发展、沃柑助力脱贫攻坚等故事融入到产品本身的发展和塑造中，让消费者在购买产品的同时，能感受到一份深厚的文化底蕴。

（二）品牌Logo设计

Logo的主题是“‘沃’清爽一下，让生活更美好”将沃柑拟人化，给人一种生动有趣的感觉。沃柑脚踩着冲浪板，戴着墨镜和帽子，十分有活力和清新。整体形象幽默可爱，展现了沃柑这种水果的活力和阳光。我们将沃柑赋予了生活气息，增加了产品的亲和力和可爱度。水果产品往往给人一种清新健康的形象，拟人化的设计更容易引起大家的共鸣，让消费者在选择的时候更容易对该产品产生好感。

（三）IP形象设计

为了打造武鸣沃柑的地标性水果产物，提高该产品的知名度、客户黏性，我们设计了武鸣沃柑的IP形象。目前设计IP的名称为沃小满，该设计以沃柑为主题元素，结合可爱动人的形象设计。设计中搭配清新明亮的色彩，使整体形象看起来生动活泼，让人一见倾心。它能拟人化地输出品牌价值观，持续性地为品牌营销和宣传；可以衍生品牌周边的产品，为品牌开辟出新的盈利渠道；通过IP可以提升消费者幸福感、忠诚度，也是品牌年轻化的体现。同时，IP形象沃小满主要活跃在公众号平台上，“沃”趣故事会系列的推文持续进行文化的输出，如沃柑引进发展史、沃柑助力脱贫攻坚等系列故事。

为了进一步推广IP形象文化，我们制作了相关的衍生周边，如背包、书签、玩偶、表情包等，让IP形象的产出更加的年轻化，更加的多样化，让单独的品牌宣发变得不再单调无趣。

（四）品牌营销创新

1. 线上营销

（1）抖音。在抖音营销方面，我们跟随实时“热点”，对发表的内容采用“创新+热点+输出”的模式，产生了多条破万浏览量的视频。项目组定期对视频的数据进行分析，挑选适合的内容进行创作。

（2）小红书。在小红书营销方面，我们面向的是年轻化的观众，软文的撰写偏向于给消费者种草产品，让顾客更加了解本项目组的沃柑。

（3）公众号。本项目组创立了“乐果沃柑”公众号，并在公众号上展开“沃”趣故事会、沃柑挑战赛等活动，吸引消费者来身临其境，在消费的同时变得更加有参与感和获得感，并通过活动的方式汲取更多的创新、创意点。

（4）线上活动。利用“沃柑知识大赛”“沃柑创作大赛”“沃柑设计大赛”等，设置对应的奖励机制来吸引用户的参加。同时，我们也会根据用户的创作汲取灵感，应用到我们的产品上。

2. 线下营销

（1）举办果品展会。让用户切身实际地看到产品，体验武鸣沃柑的魅力，同时在展会的过程中适当地摆放产品套装，吸引顾客购买产品。

（2）自然水果会展。整体设计以自然为主题，用绿色环保材料搭建展台，符合现代人环保意识的要求，也更符合消费者食品安全的要求。展厅内外围绕自然元素进行布置，设计师巧妙地将水、植物、石材等元素巧妙地融入展馆中，营造出自然与人和谐相处的氛围。其中，以武鸣沃柑为主的展厅占会展的大比例部分，这样才能起到宣传的效果。

（3）线下采摘体验。在种植地开展线下采摘活动，可以从沃柑的种植、培育、选品到采摘，让顾客体验到全过程，对产品更加的了解，刺激顾客购买的欲望。

3. 线上线下相互结合

（1）线下体验线上购买。线下门店提供产品展示、试用和体验服务，让消费者更直观地感受产品特点，然后引导他们到线上店铺平台完成购买，提高线上销售额。

（2）线上线下数据整合。整合线上线下的销售数据和用户行为数据，进行分析和挖掘，优化销售策略和营销活动，提升销售效果和用户体验。

（3）开展线上线下互动营销活动。结合线上平台和线下门店，开展一系列互动营销活动。例如，举办沃柑知识竞赛、沃柑品鉴会等线上活动，邀请消费者参与并分享体验；在线下门店设立互动体验区，让消费者亲手采摘沃柑、制作沃柑饮品等，提升消费者的参与感和购买意愿。

4. 其他营销创新点

（1）沃柑大王挑战赛营销。通过挑战赛的形式让用户高度参与到内容创作和分享中，通过一定的奖励机制，激发用户的兴趣。用户生成内容营销需要企业与用户之间建立良好的互动关系，激励用户参与内容创作和分享，同时及时回应用户反馈，提升用户体验和满意度。通过用户生成内容营销，企业可以更好地与用户互动，提升品牌影响力和市场竞争力。

（2）开展“沃柑定制”服务。为了满足消费者对个性化和专属感的追求，故推出“沃柑定制”服务。消费者可以选择沃柑的规格、包装，甚至参与沃柑树的命名与养护过程。定制的沃柑将附有消费者的专属标识，作为礼品或自用都极具特色。这种服务不仅提升了产品的附加值，还增强了消费者的参与感和归属感。

（3）利用短视频平台打造沃柑“网红”。在短视频平台上发布与沃柑相关的创意视频，如沃柑美食制作、沃柑趣味挑战等，吸引用户关注和互动。同时，培养沃柑相关的“网红”或 KOL，通过他们的推荐和分享，将沃柑产品推荐给更多潜在消费者。

（4）运用大数据和 AI 技术进行精准营销。利用大数据和人工智能技术，对消费者的购买行为、喜好等信息进行深入分析，实现精准推送个性化的营销内容。同时，根据市场趋势和竞争对手情况，动态调整营销策略，确保品牌始终保持竞争优势。

（5）联合营销。推出联合促销活动，如搭配其他水果礼盒、果汁套餐等，扩大销售渠道和受众群体。

（6）倡导绿色生态理念，提升品牌社会责任感。在推广过程中，强调武鸣沃柑的生态种植方式和绿色环保理念，展示品牌对社会责任的担当。通过公益活动或环保倡议，提升品牌形象和美誉度，吸引更多关注环保和健康的消费者。

（7）公益活动。开办“乡村振兴，橙意满满”公益互动，将部分盈利款捐赠给相关的乡村振兴公益机构和组织，助力乡村振兴，同时提高品牌的口碑。

5. 产品设计类创意点

（1）包装设计。根据前期对消费者的问卷调研发现，包装盒出现了“过于大”“样式单一”等问题，因此，我们专门研发了不同大小的包装盒和不同样式的包装盒。

（2）定制服务。根据顾客所提出的要求进行个性化的服务，如果品种类的摆放、数量要求、样式要求等，满足顾客个性化的需求，拉进品牌与顾客之间的距离，打造良好的品牌口碑。

四、产品线规划

（一）核心产品

核心产品是常规的沃柑礼盒，售价70元，约有23个果实，这也是市面上售卖的最常规的礼盒，适合全年龄段的人购买。

（二）拓展产品

1. 在职女性拓展产品

在职女性通常比较注重健康和美容，因此他们可能对含有丰富维生素和天然成分的产品更感兴趣。同时，由于工作压力大，时间紧张，她们可能更倾向于购买方便快捷的产品。为此我们推出了小盒装的精品果实，甜度适中，营养健康，我们附带的赠品是果味湿纸巾和便携办公室小型垃圾袋，垃圾袋上印有关于沃柑的发展历史小故事等，还有一些活动及参与方式。

2. 在职男性拓展产品

对于男性消费沃柑产品可以强调产品的营养价值和健康功效，以吸引这一群体。同时，由于在职男性工作压力大、时间紧张，他们更希望购买方便、快捷的产品。我们的果品是品相极好和品质较高的果品，附带的赠品为健身小知识宣传单。

3. 学生拓展产品

学生群体可能更倾向于价格实惠的产品，因为他们通常经济能力有限。另外，他们可能对便捷性和多样性也有较高的要求，因为学生通常时间紧张，希望能够快速获取到自己需要的产品。为此我们应降低价格售卖，推出单个包装等。

4. 全职宝妈拓展产品

全职宝妈通常会注重家庭健康和孩子的营养需求，因此她们可能更倾向于选择富含维生素和营养的产品。为此我们选择果实体型较小、汁多的果实，附赠研磨器便于宝妈喂食小宝宝。

5. 退休老人拓展产品

退休老人可能更注重健康和营养，因此他们会倾向于选择新鲜、天然的食品。沃柑产品应强调新鲜度和天然成分，以吸引这一群体。由于退休老人通常有更多的闲暇时间，他们可能更愿意花时间去购买和品尝不同种类的水果产品。为此我们选择甜度较低、汁多、品相好的果实，附赠健康知识宣传单等。

（三）服务创新

1. 会员制度

Orange care+模式是根据 iPhone 手机的售后保障 Apple care+而创造的，通过购买该种模式解锁更多有力的售后服务和相关的优惠政策。

2. 环保倡导

该项目采用绿色包装，即采用环保可持续的包装材料（复合纸质类包装），减少对环境的影响，符合现代消费者对健康和环保的追求，提升品牌形象。

3. 定期配送服务

定期配送新鲜沃柑，并按期收费。

4. 定制服务

消费者可以向我们提供诉求和想法，如包装、果品、数量皆由顾客来制定，满足顾客的需求。

（四）总结

项目组通过核心产品、拓展产品、创新相结合形成闭环，打造出属于武鸣沃柑特有的产品线。

五、产品与研发

（一）产品介绍

1. 产品介绍

武鸣沃柑是广西壮族自治区著名的特产水果，主要产地在广西南宁市武鸣区。沃柑外形呈扁圆形，果皮光滑，颜色鲜艳橙黄，果实肉质细嫩多汁，味道清甜可口，具有浓郁的柑橘香味。武鸣沃柑富含维生素C、维生素B等营养物质，被誉为“柑中珍品”，深受消费者喜爱，且有着丰富的药用价值。武鸣沃柑因其含有丰富的维生素C、维生素B、钙、铁等营养物质，具有清热解毒、健脾开胃、止渴止咳等功效，可以用来制作药膏、药酒或者配合其他药材一起入药。除此之外，还可以用来制作养生茶、果汁等食品，有助于改善消化系统、增强免疫力、促进新陈代谢等功效。

2. 产品的功能

广西沃柑是一种常见的柑橘类水果，富含多种维生素、矿物质、纤维素和抗氧化物质，对健康有很好的保健作用。

（1）提高免疫力。由于富含维生素C，沃柑能够增强机体免疫力，帮助抵抗感冒和其他疾病。

（2）抗氧化。沃柑富含维生素A和其他抗氧化物质，有助于清除体内自由基，延缓细胞老化，保护心脏和血管健康。

（3）降低血压。沃柑中的钾元素有助于平衡体内的钠水平，有助于降低血压，预防高血压等心血管疾病。

（4）帮助消化。沃柑中含有丰富的膳食纤维，有助于促进肠道蠕动，缓解便秘问题，保持消化系统健康。

（5）美容抗老、消除疲劳。沃柑中含有丰富的维生素C和抗氧化物质，可以帮助净化皮肤、淡化斑点、预防皮肤衰老，常食有助于美容养颜；沃柑的水分还可以补充皮下组织细胞由于光照和代谢问题所导致的水分流失，使肌肤更加水润充盈，富有光泽，起到抵抗衰老进程，滋养肌肤的作用。

（6）抗癌功效。在沃柑鲜榨的果汁中，科研人员提取出了一种具有很强的抗癌活性的物质“诺米灵”，它能使致癌化学物质分解，抑制和阻断癌细胞的生长，能使人体内除毒酶的活性成倍提高，阻止致癌物对细胞核的损伤，保护基因的完好。

综上所述，武鸣沃柑的品质高，适宜的人群广，适合作为优质水果进行推崇，也适合进行地标性水果产品的打造。

（二）产品/服务特色优势（新颖性、先进性和独特性，客户价值）

1. 新颖性、先进性和独特性

（1）口感与风味创新。武鸣沃柑的口感层次丰富，酸甜适中，果肉细腻多汁，每一口都让人流连忘返。这种独特的口感和风味，得益于武鸣地区独特的地理环境和气候条件，使得沃柑在生长过程中积累了丰富的营养成分和独特的香味。

（2）营养价值的突破。武鸣沃柑富含多种维生素和矿物质，营养价值远超一般柑橘类水果。其特有的抗氧化物质和微量元素，对于提高人体免疫力、延缓衰老等方面具有显著效果。这种营养价值的突破，使得武鸣沃柑在市场上更具有竞争力。

（3）绿色生态的承诺。武鸣沃柑坚持绿色生态种植理念，全程无化肥、无农药残留，确保产品的品质和安全性。我们致力于为消费者提供健康、安全、美味的水果选择，让人们在品尝美味的同时，也能感受到大自然的馈赠。

（4）地理与气候的双重优势。武鸣地区位于广西南宁，拥有得天独厚的地理环境和气候条件。这里气候温暖湿润，土壤肥沃，为沃柑的生长提供了最佳的环境。这种独特的地理环境和气候优势，使得武鸣沃柑在品质、口感和产量上都具有明显的优势。

（5）品牌与文化的融合。武鸣沃柑作为中国地理标志农产品，不仅享有国家级的保护，更承载着丰富的地域文化和历史传承。我们深入挖掘沃柑与武鸣地区的文化渊源，将品牌与文化相融合，打造出独具特色的沃柑文化品牌。这种品牌与文化的融合，使得武鸣沃柑在市场上更具有吸引力和竞争力。

（6）供应链的创新与整合。项目组构建了完善的沃柑供应链体系，从种植、采摘、加工到销售，每一个环节都严格把控。通过引入先进的物联网技术和大数据技术，实现供应链的智能化管理，提高产品的快速上市和准时交付能力。同时，与国内外知名电商平台和物流企业建立深度合作关系，为消费者提供更加便捷、高效的购买体验。

2. 客户价值

（1）营养丰富。武鸣沃柑富含维生素 C 和其他营养成分，有助于增强免疫力、促进新陈代谢和保持健康。因此，消费者购买并食用武鸣沃柑可以获得丰富的营养价值。

（2）新鲜无添加。武鸣沃柑通常以新鲜的状态上市，无添加防腐剂或其他化学物质，保证了食品的纯天然和食品安全性，让消费者放心食用。

（3）独特口感。武鸣沃柑具有酸甜可口的口感，果肉多汁且细腻，消费者品尝时能够感受到独特的食感体验，满足他们对美味水果的需求。

（4）品质保障。通过严格的种植、收获和加工过程，武鸣沃柑保证了产品的品质和安全性，为消费者提供高品质的水果，树立了良好的品牌信誉。

（三）服务特色

1. 会员制度

我们研发了服务体系2.0模式，我们推出了Orange care+模式，解锁更多服务与保障，分为包月、连续包月、季、年四个选项可供顾客选择。

2. 个性化服务

根据客户所提出的要求提供针对性的服务，如设计包装、果品选择、知识了解等，进行一对一的个性化服务。

3. 配送服务

配送服务主要指定期配送产品。

4. 新颖型服务

区别于传统的客服服务只是偏向于解决问题，我们的服务在此基础上，增加了趣味性，可以和客服互动，如评定机制、互动模式、游戏模式等，我们还会根据顾客的积分开放奖励兑换窗口，增加服务的互动性，拉进与顾客的距离。

（四）技术研发水平

1. 市场营销与品牌推广的创新

项目组充分利用互联网技术，建立了完善的电商平台和社交媒体营销策略，通过线上线下相结合的方式，实现了沃柑产品的广泛销售和品牌推广。此外，开展特色农旅项目，吸引游客前来参观采摘体验，进一步提升沃柑品牌的知名度和美誉度。

2. 市场营销与品牌推广模式的创新

项目组设计相关IP形象，投放在各大宣传平台上，研发了多种营销模式，设计了多套优惠机制吸引顾客购买，同时在宣传上区别传统推广，我们进行了市场调研，了解客户所思所想，走到客户中去，切实推广顾客想要了解的内容，推广内容一切从顾客角度出发。

（五）知识产权情况

1. 品种权

如果武鸣沃柑项目通过育种创新培育新品种，可以申请植物新品种权或者植物新品种专利。品种权可以有效保护新品种的独占权，防止他人未经许可繁殖或销售。

2. 商标权

武鸣沃柑可以注册特定的商标来区分其产品，若商标注册成功，可以在一定时间内独占使用该商标，保护品牌形象和市场地位。

3. 技术专利

若武鸣沃柑项目在生产加工过程中使用了某些创新的技术或工艺，可针对这些技术成果申请相关的发明专利，确保在一定时间内对技术进行独占。

六、产业化程度

1. 目前产业化进展（阶段性成果描述）

首先，在沃柑的种植方面，沃柑企业已建立起了一套完整的种植体系，包括种植基地的选址与规划、苗木培育技术、果树管理技术等。沃柑企业注重科技创新，引进了先进的种植技术和设备，提高了种植效益和产品质量。

其次，在销售方面，沃柑企业注重市场开拓和品牌推广。企业将建立稳定的销售渠道，与超市、零售商等建立了合作关系，拓展销售网络。沃柑企业还开展了多项宣传活动，提升了品牌知名度，增加了销售额。

最后，沃柑企业积极扩大生产规模，以增加产量。他们加强了与农民合作的模式，鼓励农民参与沃柑种植。通过培训和指导，提高了农民的种植技术水平，增加了沃柑的产量。

总体来说，沃柑企业在沃柑的种植和销售方面取得了一定的产业化进展。未来，沃柑企业将继续加强技术创新，提高产品质量和产量，进一步扩大市场份额，加强品牌建设。

2. 已具备的产业化条件（设备、技术、场地、人才、合作）

（1）种植设备。沃柑种植需要使用各种设备，如农用车辆、喷雾器、灌溉系统等。这些设备可以提高生产效率和产品质量。

（2）种植技术。沃柑企业已经掌握了先进的种植技术，包括苗木培育、花艳控制、病虫害防治等。这些技术可以帮助提高产量和产品质量。

（3）种植场地。沃柑企业已经选址并拥有适合沃柑种植的场地。这些场地可能具备适宜的土壤条件、气候条件等，并且可以进行有效的农业管理。

（4）人才培养。沃柑企业需要培养一支专业的人才团队。这些人才具备相关的专业知识和经验，可以支持企业的销售工作。

（5）合作关系。沃柑企业已经建立了与其他农民或种植合作社的合作关系。通过与农民的合作，沃柑企业可以扩大产量和种植范围，并与他们分享技术和资源。

3. 未来产业化进程（分年度目标及前景分析）

（1）年度目标。销售目标：沃柑企业设定销售目标，如增加销售额、拓展销售市场、开发新的销售渠道等。生产目标：沃柑企业设定生产目标，如增加产量、提高产品质量、引进新的种植技术等。品牌目标：沃柑企业设定品牌目标，如提升品牌知名度、加强品牌形象建设、提高品牌美誉度等。技术创新目标：沃柑企业设定技术创新目标，如引进新的种植技术、研发新的产品、提高种植效率等。

（2）前景分析。沃柑是一种受欢迎的水果，具有丰富的营养价值和口感特点。随着人们对健康食品的需求增加，沃柑的市场需求也有望增长。目前，市场上对高品质、绿色生态的柑橘类产品需求旺盛，而武鸣沃柑因其特殊的地理位置、优质的口感和生态种植方式深受消费者喜爱。因此，项目组将目标市场定位为中高端消费者，以高品质、绿色生态的柑橘产品为主要销售商品。沃柑企业也面临市场需求和竞争，但同时也有发展机遇。通过不断提高产品质量和技术创新，积极开拓销售市场，沃柑企业有望在行业中取得更好的发展。

七、市场营销

（一）市场分析（行业背景、现有市场规模及增长趋势）

1. 行业背景

中国是世界上最大的柑橘生产国之一，而广西作为我国重要的柑橘产区之一，在柑橘种植中具有得天独厚的地理和气候条件，尤其适宜沃柑的生长。目前，武鸣沃柑在国内市场享有很高的知名度和美誉度，其销售网络已经辐射到全国各地。

2. 现有市场规模

根据数据显示，近年来中国柑橘市场规模不断扩大，消费需求稳步增长，其中优质柑橘品种的市场份额在逐渐提升。武鸣沃柑凭借其品质优良、口感独特的特点，在市场上拥有一定的竞争优势。除此之外，在广西新闻网上了解到，目前武鸣区根据相关政策在沃柑出口方面也有着较为客观的出口交易。

3. 增长趋势

随着人们对健康饮食的重视和消费水平的提高，优质水果的需求量逐渐增加，这为武鸣沃柑的市场提供了良好的发展机遇。未来，随着农业科技的进步和物流运输的改善，武鸣沃柑的市场规模有望继续扩大，增长趋势将保持稳定向好的态势。因此，武鸣沃柑在未来市场中具有广阔的发展空间和潜力。

（二）市场定位（地域、产业链、市场占有率分析）

1. 地域定位

武鸣沃柑主要产自广西南宁武鸣区，该地区气候适宜、土壤肥沃，是沃柑的优质产地。因此，武鸣沃柑的地域定位主要以武鸣区为核心，同时辐射到广西其他地区以及全国各地市场。

2. 产业链定位

武鸣沃柑的产业链包括种植、采摘加工、包装、物流和销售等环节。在产业链中，武鸣沃柑的生产商注重品质管理和供应链优化，致力于提供新鲜、优质的沃柑产品，以满足消费者对高品质水果的需求。

3. 市场占有率分析

武鸣沃柑作为广西地区知名的优质柑橘品牌之一，在当地市场具有一定的市场占有率。随着品牌知名度的提升和销售网络的扩大，武鸣沃柑在全国市场和国外市场尤其是东南亚国家也逐渐增加其份额。通过与其他柑橘品牌的竞争和市场营销策略的不断优化，武鸣沃柑在市场上的地位和占有率有望进一步提升。

（三）SWOT 分析

1. 优势（Strengths）

（1）品质优良。武鸣沃柑口感独特，皮薄多汁，味甜爽口，深受消费者喜爱。

（2）地理优势。武鸣区气候适宜、土壤肥沃，是沃柑的优质产地。

（3）品牌知名度。武鸣沃柑在广西地区享有很高的知名度，具有一定的市场影响力。

2. 劣势（Weakness）

（1）供应链管理。可能存在供应链管理不够完善，导致生产和销售效率低下。

（2）市场推广。在全国范围内的市场推广和渠道拓展还有待加强。

3. 机会（Opportunity）

（1）健康饮食趋势。消费者对健康饮食的重视增加，提升了对优质水果的需求，为武鸣沃柑市场提供机会。

（2）品牌扩张。通过品牌推广和营销策略的优化，可以进一步扩大武鸣沃柑在全国市场的份额。

4. 威胁（Threats）

（1）竞争压力。柑橘市场竞争激烈，其他优质柑橘品种也在积极竞争市场份额。

（2）天气灾害。气候变化和自然灾害可能对武鸣沃柑的生产和供应造成不利影响。

（3）竞品方案。市场上的竞品价格可能会出现恶意降价的风险，对正常的销售和交易造成影响。

5. SWOT 分析总结

综合来看，武鸣沃柑作为优质柑橘品牌，在品质和地理优势方面具有明显优势，但在供应链管理和市场推广方面仍有提升空间。应利用健康饮食趋势和品牌扩张机会，同时应对市场竞争和不可控因素的威胁，将有助于武鸣沃柑保持竞争优势并实现持续发展。

（四）风险分析

1. 资金风险及规避方案

（1）风险。资金短缺可能影响生产、营销和品牌推广。

（2）规避方案。建立健全的财务规划，寻求资金支持，控制成本，提高效益，确保资金链的稳定。

2. 技术风险及规避方案

（1）风险。技术更新换代不及时或技术人才流失可能影响生产效率和产品质量。

（2）规避方案。加强技术研发投入，培训技术人才，引进先进技术设备，确保生产技术的领先性。

3. 市场风险及规避方案

（1）风险。市场需求变化、竞争加剧或市场营销策略不当可能导致销售不畅。

（2）规避方案。定期进行市场调研，了解消费者需求，灵活调整产品结构和营销策略，拓展多元化销售渠道。

4. 环境风险及规避方案

（1）风险。自然灾害、气候变化或环境污染可能对产量和品质造成影响。

（2）规避方案。建立应急预案，加强农业保险覆盖，采取环保措施，保护生态环境。

5. 管理风险及规避方案

（1）风险。管理层能力不足、内部管理制度不完善或人员流动频繁可能影响企业运营。

（2）规避方案。建立科学的组织架构和管理制度，加强员工培训和团队建设，保持管理团队的稳定性。通过有效的风险管理和规避措施，武鸣沃柑可以更好地抵御各种潜在风险，确保生产经营的稳健发展。同时，不断优化管理、提升技术水平、关注市场变化和环境保护，将有助于武鸣沃柑在面对挑战时保持灵活应对和持续发展的能力。

（五）营销策略

1. 品牌建设

为了建立和提升武鸣沃柑的品牌形象，项目组致力于突出其优质、新鲜和口感独特的特点。通过精心设计的品牌故事和产品介绍，向消费者传递武鸣沃柑的品牌价值和文化内涵。通过独特的品牌定位和形象塑造，期望在市场上树立起一个独特且令人难忘的品牌形象。

2. 产品推广

为了吸引更多消费者购买武鸣沃柑，项目组将开展多样化的促销活动。例如，限时特惠和买赠活动等，这些活动将刺激消费者的购买欲望，增加产品销售量。此外，计划参加各种水果展会和农产品展销会等活动，以扩大产品的曝光度和知名度。

3. 线上线下结合

为了更好地满足消费者的购买需求，项目组将采取线上线下相结合的方式进行销售和推广。在电商平台上开设店铺，提供便捷的在线购买渠道。同时，我们还将与超市、水果店等线下渠道建立合作关系，将武鸣沃柑引入更多实体销售点，从而扩大销售网络。

4. 定位精准营销

针对不同消费群体的需求，我们将制定差异化的营销策略。通过深入了解消费者的偏好和需求，提供个性化的产品和服务，满足他们的期望。此外，我们将利用社交媒体和微信公众号等平台与消费者进行互动，增加品牌黏性和忠诚度。

5. 品质保证

我们始终坚信产品质量是第一位的。为了确保每颗沃柑的新鲜、无污染和口感良好，我们将严格控制产品质量，并强调产地优势和生产工艺。通过提供高品质的产品，我们期望赢得消费者的信任和忠诚。

6. 客户服务

为了提供优质的客户服务，我们将建立完善的客户服务体系，不断根据客户的需求研发新的服务体系。我们将及时回应消费者的投诉和建议，并提供优质的售后服务。通过不断提升客户满意度和忠诚度，为武鸣沃柑品牌赢得良好的口碑和声誉。

在未来的发展中，本项目组将继续秉承“品质至上、客户至上、创新发展、合作共赢!”的理念，不断优化和完善营销策略。通过不断创新和追求卓越，期望将武鸣沃柑打造成为消费者喜爱的水果品牌，并为消费者带来更好的产品和服务!

（六）盈利方式

1. 直接销售

武鸣沃柑生产商可以通过直接销售给超市、水果店、农贸市场等销售渠道，获取销售收入。直接销售可以让生产商更灵活地控制价格和销售策略，提高盈利空间。

2. 电商平台销售

武鸣沃柑可以在各大电商平台上开设官方旗舰店，进行在线销售。通过电商平台，可以拓展更广泛的消费群体，增加销售额并提升品牌知名度。

3. 批发销售

武鸣沃柑生产商可以通过批发渠道将产品批量销售给其他零售商或经销商，获取批发价差从而实现盈利。

4. 产品加工

武鸣沃柑可以将部分产品进行加工，如制作果汁、果酱、干果等副产品，通过多样化产品线提升附加值和盈利空间。

（七）市场预测

（1）消费趋势。随着人们生活水平的提高和健康意识的增强，消费者对优质、安全、营养丰富的水果需求逐渐增加。武鸣沃柑作为口感独特、品质优良的柑橘品种，具有较好的市场潜力。

（2）市场需求。随着国内外市场对水果质量和品牌的重视，武鸣沃柑在市场上的认可度和需求量可能会逐步增加。尤其是在健康饮食和高品质水果消费日益普及的趋势下，武鸣沃柑有望受益于市场需求的提升。

（3）竞争态势。柑橘类水果市场竞争激烈，需要与其他品种如橙子、柚子等进行竞争。因此，武鸣沃柑需要通过不断提升品质、开展差异化营销等方式来应对竞争挑战。

（4）出口市场。武鸣沃柑是否能够打入国际市场也是一个重要因素。如果能够符合国际质量标准，并且拥有竞争力的价格和品牌优势，那么武鸣沃柑在出口市场也有一定的发展空间。

（5）政策环境。农产品市场受到国家政策、质量监管等多方面影响。了解并遵守相关政策法规，同时积极参与各项扶持政策和产业发展规划，有利于武鸣沃柑在市场中立足和发展。

综合考虑以上因素，武鸣沃柑在未来可能面临机遇和挑战并存的市场环境。通过不断优化产品品质、营销策略和市场拓展，有望实现稳健的市场增长和品牌发展。

八、发展战略

（一）企业愿景

本项目组立志成为乡村振兴背景下沃柑产业的领航者。通过线上带货这一新兴模式，将广西武鸣沃柑的甜美滋味传遍四海，让更多的消费者都能品尝到这份来自大自然的馈赠。同时，项目组将携手当地农民，共同开辟增收致富的新天地，为实现乡村振兴的宏伟目标——产业兴旺、生态宜居、乡风文明、治理有效、生活富裕——贡献我们的力量。

（二）发展规划（短期）

1. 品牌建设与市场推广

（1）品牌定位。确立武鸣沃柑高端、健康、美味的品牌形象，并强调其源自优质产地的特色与品质保证。

（2）品牌设计。设计独特且易于识别的品牌标识、宣传语和视觉形象，确保品牌形象的一致性和辨识度且要打造高服务口碑品牌。

（3）市场推广。利用线上线下多元渠道进行广泛推广，包括社交媒体广告、短视频平台推广、线下品鉴会等，提升品牌知名度和曝光率。

2. 短期支撑的创新点

（1）新模式。自主研发的 Orange care+模式可以极大限度地提高用户的范围和用户的黏性。

（2）个性化服务。根据顾客不同的要求进行产品的包装、设计等。

（3）营销创新。在社交平台发布的相关素材，鼓励用户进行转发与优惠机制挂钩由点及面全面扩大宣传。

（4）运营创新。打造线上线下相结合的模式，线上推广，线下打造集沃柑品鉴、文化展示、互动体验于一体的文化体验馆，通过趣味互动游戏、沃柑知识普及等方式，让消费者在沉浸式的购物体验中了解沃柑的魅力。

3. 短期支撑的创意点

（1）IP 文化。打造专属 IP 形象“沃小满”以 IP 带产品，以产品固 IP 美美共生。

（2）包装创意。可以根据顾客意愿定制包装盒以及果品类型，同时我们在定制时也将采用复合类纸张和生物可降解性包装进行设计，在追求美观的同时，也打造绿色环保的品牌形象。

（3）营销创意。在宣传营销方面，采用了社交平台宣传营销的手段，我们积极地和顾客互动，获取顾客想要迫切和更有意愿了解的内容，在每期推送时穿插活动和游戏增加活动的趣味性，在活动游戏中达到某种要求的时候，我们将会采用发放福利券的形式来回馈顾客。

（4）IP 及产品衍生品。在创作的过程中，我们研发了许多相关的衍生品如以 IP 形象为原型的表情包，以及沃柑衍生出的相关产品如果汁果酱等产品联动售卖增加顾客的积极性。

（5）创意比赛。我们会在网络上发布挑战赛等活动，如使用沃柑制作的美食，或者橘皮变废为宝等活动，设置奖项鼓励顾客进行创作，同时根据顾客的创意创新寻找灵感。

（6）沃柑主题礼盒。结合不同节日或特殊事件，推出独具特色的沃柑主题礼盒，如春节团圆礼盒、情人节甜蜜礼盒等，增加产品的附加值和收藏价值。

（三）发展规划（中期 3~5 个月）

1. 拓展市场

多城市布局，在多个主要城市设立销售点或合作经销商，扩大产品覆盖面，提高品牌影响力。

2. 跨界合作

寻求与其他行业的跨界合作机会，如与旅游业、餐饮业等合作，推出沃柑主题的旅游线路或餐饮产品，拓宽销售渠道。

（四）发展规划（长期5个月以上）

1. 提升品牌知名度

通过持续的品牌推广活动和市场拓展，不断提升武鸣沃柑的品牌知名度和影响力，使其成为消费者心目中的首选品牌。

2. 拓展国际市场

研究国际市场需求和消费者偏好，制定合适的出口策略，将武鸣沃柑推向国际市场，实现品牌国际化。

3. 建立稳定供应链

与更多优质果园建立长期稳定的合作关系，确保沃柑品质和供应的稳定性；同时，优化采购、仓储、物流等环节，提高供应链效率。

4. 拓展合作伙伴网络

与更多物流公司、电商平台等建立战略合作关系，拓宽销售渠道和物流网络，提升整体运营效率。

5. 创新业务模式

探索新的销售模式和服务模式，如社群营销、会员制等，以适应市场变化和消费者需求的变化。

6. 拓展产品线

研发沃柑深加工产品，如沃柑果汁、沃柑干、沃柑果酱等，满足消费者多样化的需求；同时，关注市场趋势和消费者需求变化，不断推出新品。

（五）三年规划目标详解与创新点

1. 产品开发与创新

项目组将深入挖掘沃柑的多元价值，研发系列创新产品，如沃柑精油、沃柑果酱等，满足市场多样化需求。同时，引入智能农业技术，对沃柑进行精准种植和品质提升，确保每一颗沃柑都达到最佳口感和营养价值。

2. 品牌形象、产品线规划、营销、服务、运营再升级

（1）品牌形象升级。通过打造更高质量的果品，更优秀的服务，提高我们品牌的知名度和口碑，借助后三者的鼎力支持，对我们品牌形象进行再升级。

（2）产品线规划升级。不断地优化市场调研的问题，扩大样本量，精细用户画像，通过更专业的知识技巧打造更完美的产品线闭环。

（3）服务升级。优化会员机制、配送服务等，在未来的时间里，不断总结客户所提出的要求与愿景，最大限度地实现客户的需求。

（4）营销升级。总结网络营销热点和高热度话题，根据相关内容，不断开拓新的营销方法和手段，促进更多的用户来此销售，不断地创新营销方式，保证营销方式的正常更新换代。

（5）运营升级。从自身角度来说，广泛的交流和市场调研，了解用户的痛点，在原有的解决方法上加以创新，做到事半功倍的效果。同时，定期组织会议交换观点，总结创新思路。

3. 市场开拓

项目组将采取线上线下相结合的市场策略，全面拓宽销售渠道。在线上，充分利用电商平台、小红书、抖音、微信公众号等网络社交媒体渠道，进行品牌推广和产品销售；在线下，与各大超市、水果店等零售终端建立稳固的合作关系，确保沃柑产品能够覆盖更广泛的消费群体。此外，将积极参加各类农产品展览、交易会等活动，与行业内外的合作伙伴交流互鉴，共同拓展市场新机遇。

4. 平台建设

项目组将致力于打造一个功能完善、用户体验优良的线上销售平台和服务体系。通过优化网站设计、提升用户体验、完善物流配送体系等措施，为消费者提供更加便捷、高效的一站式购物服务。对现有线上销售平台进行升级改造，引入先进的电商技术和设计理念，提升用户体验。同时，完善物流配送体系，实现沃柑产品的快速、准确送达。此外，将建立专业的客户服务团队，提供售前咨询、售后服务等全方位服务支持。

5. 社会责任与可持续发展

在追求经济效益的同时，我们将积极履行社会责任，关注环境保护和可持续发展问题。通过推广绿色种植技术、开展公益活动等方式推动沃柑产业的绿色可持续发展，为乡村振兴和生态文明建设贡献力量。

案例7 心手相牵——老年人陪诊服务平台*

一、项目介绍

（一）项目内容

当今社会人口老龄化日益严重，独居老人群体数量加剧，本项目针对老年人就医难等、无人陪伴等的迫切需求，同时为其子女腾出时间从而开展。通过搭建线上陪诊服务小程序，联系需求用户与被服务群体。平台采用线上预约方式，提供陪诊服务——由陪诊师对老年人群体进行一对一的诊疗陪同服务，前往医院、专科门诊、综合诊所进行诊前约号、就诊、检查、治疗办理相关手续，为患者提供合理的就医规划，并及时提醒就医事项，帮助患者建立病情档案，制订健康计划，解决独居老人与特殊群体不方便看病的问题。

随着中国社会老龄化的加剧，老年人口的比例逐年上升，他们面临的健康问题也日益凸显。同时，许多老年人的子女因工作、生活等原因无法长时间陪伴在身边，使得老年人在就医过程中往往感到孤独和无助，许多老年人在就医时，由于身体原因或是对医院流程的不熟悉，需要有人陪伴和指导。因此，老年人陪诊服务市场的需求日益旺盛。

---

* 指导老师：李立威。团队成员：张紫阳、魏宇航、张子旭、贾玉冬、陈佳一。

（二）项目背景

1. 中国社会老龄化严重且程度不断加深

我国老年人众多，相较于 2023 年，我国老年人占比提升了 1.3%。截至 2024 年 1 月，我国 60 岁及以上人口占全国人口的 21.1%，已然正式进入了中度老龄化社会。社会老龄化带来最突出的挑战之一是慢性疾病。据国家卫生健康委员会提供的数据显示，我国超过 1.8 亿老年人患有慢性病，比例高达 75%，其中 50%以上的老年人患有 2 种及以上的慢性疾病。且随着我国目前人口自然增长率的下降，我国老年人占比将越来越大，即未来的数年老人数量会逐渐增长，养老问题更为严峻。

2. 我国空巢老人居多且居住就医状况不佳

根据国家统计局发布的最新数据，截至 2023 年末，中国 60 岁及以上人口超 2.9 亿人，占全国人口的 21.1%，而这其中，空巢老人占比已超过一半。并且预计到 2030 年，我国空巢老人将达到 2 亿人左右，养老形势更为严重。

身体层面上，目前空巢老人经常面临疾病突发无人知晓、慢性疾病无人照料的情况，这种情况使得他们对健康有迫切的需求；心理层面上，目前多数老人选择主动“空巢”，怕给子女“添麻烦”的老人不在少数；其次，缺乏精神慰藉，对许多“空巢老人”来说是一种更大的伤害。总的来说，很多独生子女为生计、工作忙，更加剧了老人独守空巢、无人照料、有病难治的现象。

3. 老年人使用智能设备面临众多障碍

首先，身处于工作压力大的现代社会中，繁忙的年轻人没有充足时间照看生病老人，甚至大部分子女外出务工，与老人并不在同一地区，“看病问诊”变得更加困难。

其次，老年群体对医疗信息的获取和判断能力较弱，更加需要专业的陪诊服务提供建议和指导；现代医疗水平不断发展，科目不断细分，医院内部科室寻找变得问题重重，甚至青年群体进入医院内部寻找相应科室，也变得困难。

最后，在“互联网+”的大背景下，医院的自动化以及现代化程度较高，对于老年群体，异地就诊且本身地区较为落后的问诊人群来说，科技的提高未必能更好地帮助他们看病就医。

4. 陪诊行业市场需求旺盛

国家卫健委日前表示，据测算，预计“十四五”时期，我国将进入中度老龄化阶段。2035 年左右，60 岁及以上老年人口将突破 4 亿，在总人口中的占比将超过 30%，进入重度老龄化阶段。随着老年人口基数不断增长，老年人的需求将拉动老龄产业快速发展。

以北京为例，北京有 90 家三甲医院，接诊量最高的北京协和医院，平均每天接诊量是 13000 人次，接诊最低的医院平均每天接诊量是 4000 人次，取中位数 8500 人次，那么北京 90 家三甲医院每天的接诊人次是 76 万人次。在这 76 万人次中，如果有 1%的老年人患者需要医疗陪诊，则每天需要医疗陪诊的用户是 7600 人次。一次陪诊按最低档的 200 元计算，那么医疗陪诊每天的市场规模为 152 万元，北京每年的医疗陪诊市场规模约为 5.5 亿元。如果放在全国，那么医疗陪诊保守估计是数百亿元的市场。

5. 陪诊行业市场混乱

目前陪诊市场个人陪诊人员较多，遍布小红书、淘宝、抖音等各大网购、视频平台。在这其中不乏存在乱收费、“黄牛党”、培训割韭菜的现象。这势必会导致陪诊的安全性和专业性的降低。不仅服务种类难以保全，服务质量也得不到保证。在非正规陪诊人员处进行陪诊时可能会出现误诊、漏诊的问题，并且售后服务没有专业的平台对接，不仅不能做到及时回复查看信息，还不能给予老人及其子女以专业简洁的叮嘱及注意事项。除此之外，个人陪诊人员可能不具备职业道德或相关法律法规知识，出现售后纠纷时可能会给消费者带来不必要的损失和不满。

陪诊行业的机构数量飞速增长，而培养专业陪诊师的速度却较低，这势必会导致服务质量的降低，同时导致服务质量参差不齐。另外，陪诊服务是近几年新兴的行业，并没有严格的市场规范，导致陪诊师、平台和患者之间的权利、责任不清晰，对于服务过程中产生的矛盾不知如何明确处理。

（三）商业分析

1. 客户细分

本平台主要为子女不在身边的老年人、其他独居人群、异地就医患者提供服务。青年子女作为需求客户通过团队设计的小程序进行操作，填写老年人的基本情况，为有陪诊需要的老年人安排陪诊过程：老年人作为服务客户，团队会派遣专业的陪诊人员对照需求客户的要求完成陪诊过程。同样地，如果需要陪诊老年人需要额外服务要求，我们会按照需求首先告知子女并经过双方同意后按照价格进行额外陪诊需求。对于异地就医者，平台会着重注意用户的酒店位置，方言口音问题，协助用户与医生沟通，确保信息传递准确无误。

2. 价值主张

为老年人提供专业化和贴心的就医陪伴服务；解决老年人就医过程中无人陪伴、情感孤独、智能设备不会用等各种问题；解决工作繁忙的中青年人无法陪伴父母就医的问题，提高就诊效率，提供情感关怀和心理支持，让老年人在就医过程中感到安心和温暖。作为连接老人与子女的桥梁，为老人提供情绪价值，为子女时刻反馈老人的近况。

3. 渠道通路

本项目应用的主要渠道是微信公众号、微信小程序、抖音等平台，通过走访调查锁定老人较多以及医疗机构附近的老旧小区，采用社群微信、线下分发海报的方式宣传陪诊服务。同时，锁定周边可提供志愿服务的大学，联系志愿服务组织、医疗机构以及社会上的陪诊师进行合作。平台采用 B2C 模式，利用小程序进行对接，实现平台与被服务者的面对面沟通。依托微信以及抖音带来的庞大曝光量，为“心手相牵”陪诊团队吸收潜在用户。

4. 关键业务

本团队核心业务：陪诊就医、排队代办、情感关怀。针对老年人就诊时候的困难，如科技产品的使用困难、腿脚不便导致的出行困难、无人陪同的困窘状态。业务主要部分是让陪诊人员陪同就诊困难的老年人进行医疗就诊陪护，帮助老年人对科技设施的使用。代替腿脚不便的老年人代办一些事情，如代排队挂号、取药。同时向子女传达就医诊断单以及医嘱，让子女详细了解老人现状以方便后续的治疗。

5. 重要伙伴

重要伙伴有医院、社区、高校以及医护学校。陪诊项目与医院的合作密不可分，对医院的熟悉能让陪诊进行得更加顺利。在老年人多的社区，本项目会着重进行宣讲，与社区居委会达成合作，定期开展科普工作。医院工作过的人员与陪诊师训练师，高校医护学校的学生有更多的看诊经验，二者的经验和训练能够对陪诊师有更好的加强陪诊师工作能力，让陪诊师服务的需求人群更能体会到陪诊带来的优势和方便。

6. 客户关系

本项目与客户开展一对一服务、个性化服务、自助预约服务。与本项目有需求关系的群体即被服务对象具有抚养或监护权的子女或亲属，其可以在本平台购买相应一对一或个性化服务并支付服务所需费用；与本项目有服务关系的群体为老年人等需要提供服务的人群，可以随时在网上预约陪诊服务。

7. 核心资源

平台主要的核心资源有三部分。首先，平台培训具有一定资质的陪诊师，平台从医护学校招收，亲自培养的陪诊师更有保障；其次，与各个 App 进行合作，作为宣传广告而进行传播，让年轻人了解和知道陪诊的作用，扩大传播知识面积；最后，北京地区三甲医院较多，医疗水平高，平台可以为用户匹配相应适合的医院，宣传陪诊服务的理念，让老年人享受到更好的就诊体验。

8. 收入来源

（1）直接服务费用。这是陪诊平台最基本的收入来源。本平台根据提供的陪诊服务内容和时间，向用户收取一定的陪诊费用。费用的标准根据地区的差异、服务的专业程度、陪诊师的资质等因素而制定。对于一些特殊需求或高级服务，如夜间陪诊、专业医疗咨询等，设置更高的收费标准。

（2）会员制度。平台设立会员制度，会员可以享受更多的优惠和特权，如优先预约、折扣优惠、专属客服等。会员费用可以按月、季或年收取，能为平台带来稳定的收入来源。

（3）广告收入。当陪诊平台积累了一定的用户数量和流量后，在平台上投放相关广告，如医疗机构、保健品、康复设备等广告，通过广告位出租或点击量等方式获得收入。

（4）合作与联盟。与医疗机构、养老院、社区服务中心等进行合作，提供陪诊服务的同时，可以获得这些机构的推荐和合作费用。此外，与其他相关行业如家政服务、健康管理等形成联盟，共同开发市场，实现资源共享和互利共赢。

（5）培训与认证。陪诊平台可以提供陪诊师的培训和认证服务，向有意成为陪诊师的人员收取一定的培训费用和认证费用。这既可以提高陪诊师的专业素质，也可以为平台增加收入。

9. 成本结构

成本结构分为一次性投入和持续性投入。一次性投入包括陪诊平台所有的设计与搭建，办公设备的购买。持续性投入包括员工工资、员工培训、法律援助、平台维护、宣传成本、办公用品支出、房租、水电费等。

（1）人力成本。这是陪诊平台运营成本的重要部分。平台需要聘请一定数量的陪诊师、客服人员、管理人员等，以确保服务的正常运作。人力成本包括员工的薪资、社保、福利等支出。随着平台的扩展和服务规模的增大，人力成本会相应增加。

（2）程序开发成本。陪诊平台需要投入一定的资金用于技术研发和维护。这包括平台的开发、测试、上线以及后续的升级和维护费用。同时，为了保障用户数据的安全和隐私，平台还需要投入资金用于数据加密、安全防护等方面。

（3）营销与推广成本。为了吸引更多的用户和合作伙伴，陪诊平台需要进行广泛的营销和推广活动。这包括线上广告、线下活动、合作推广等方式，需要投入一定的资金。

（4）运营成本。主要包括办公场地租金、设备购置和维护、日常运营费用等。随着平台的发展，这些费用会逐渐增加。

（四）项目特色

1. 采用双平台架构，促进信息同步

本机构可为不同用户提供老年版和子女版小程序。老年版核心旨在帮助老年人正确、方便地使用小程序；子女版旨在为子女帮助老人进行服务预约以及监督平台的陪诊服务为核心。该种架构不仅使老人安享服务、操作简单，还可使子女监督本机构服务过程。在诊后，可通过平台得知病情、医嘱以及治疗方案时，也能做出更好的决策。

2. 按区划培养分派陪诊师，专业与快捷兼在

本机构在培养陪诊师时，不只选择医护专业相关的学生，还会寻找各大三甲医院附近大学内对该行业有兴趣且品行兼备的大学生作为陪诊师行业中的一员。在城市内各区域急需陪诊服务时，大学生陪诊师在兼顾专业性且保证服务质量的同时，又可以以相对较短的时间抵达医院。

3. 建立个人档案，高科技促进医疗

本平台会根据患者以往的病历、生活习惯等建立独属于每位患者的个人档案。平台会通过 AI 介入进行数据分析，结合陪诊后的病情、医嘱等，建立每位患者个性化的病史，并给出相应的日常治疗方案等。

（五）项目意义

1. 搭建沟通治疗桥梁，监督平台陪护老人

子女常因工作时间不满足或因其与亲人分隔两地，家中老人有病在身，独自看病又放心不下，请假费时费力。陪诊师可以较为专业地为老人提供保障。同时，可以在小程序子女端全程监督陪诊过程，免除子女对老人服务过程中安全问题的担忧。

2. 安全方便少弯路，暖心陪伴不孤独

对于老年人来说，不必再为医院各式各样的设备以及流程而困扰。在等待之余因有陪诊师的陪伴，为老人提供精神上的帮助，减少他们的孤独感。在就诊过程中，陪诊师可为患者提供更多的就医经验与指导，让老人少走弯路。在就诊结束后，如果对用药以及医疗方面的疑问可致电陪诊师，免去了来回奔波的后续费用以及安全隐患。

3. 工作实践丰富经验，反思体会父母艰辛

对于陪诊师来说，这份工作相对自由、轻松。既能帮助需求人群获得经济收益，还能提升陪诊人员的爱心、责任心和同理心。在工作过程中，也能切身体会到自身父母就诊过程中的不易。

4. 促进经济医疗发展，助力温暖医患关系

对于社会来说，为养老行业提供了一个新的方案，减轻了养老行业的压力，为更多老人提供帮助。同时，可以提供就业岗位，促进社会经济发展。另外，职业陪诊有利于缓和医患关系，营造和谐的社会氛围，降低了医患矛盾的发生率。而且，职业陪诊可以在一定程度上提高诊治效率和服务质量，让医生高效问诊，提高了医疗服务质量。

二、项目分析

（一）市场环境分析

1. 政策环境分析

2022 年 2 月 11 日，国家发布《“十四五”国家老龄事业发展和养老服务体系规划》，其中提到了党和国家高度重视老龄事业和养老服务体系发展。坚持党委领导、政府主导、社会参与、全民行动，实施积极应对人口老龄化国家战略，以加快完善社会保障、养老服务、健康支撑体系为重点，把积极老龄观、健康老龄化理念融入经济社会发展全过程，在老有所养、老有所医、老有所为、老有所学、老有所乐上不断取得新进展，让老年人共享改革发展成果、安享幸福晚年。

2022 年 11 月 9 日，国家发布《“十四五”全民健康信息化规划》，其中提到推进新一代信息技术与卫生健康行业深度融合，到 2025 年基本形成卫生健康行业机构的全民健康服务体系。即目前的医疗机构智能化、数字化程度会逐渐升高，老年人适应难度加大。

2023 年 5 月 21 日，国家发布《关于推进基本养老服务体系建设的意见》，其中提到了基本养老服务在实现老有所养中发挥重要的基础性作用，推进基本养老服务体系建设是实施积极应对人口老龄化国家战略，实现基本公共服务均等化的重要任务。坚持党对基本养老服务体系建设的全面领导，坚持以人民为中心，坚持以改革创新为根本动力，加快建成覆盖全体老年人的基本养老服务体系，不断增强老年人的获得感、幸福感、安全感。基本养老服务是指由国家直接提供或者通过一定方式支持相关主体向老年人提供的，旨在实现老有所养、老有所依必需的基础性、普惠性、兜底性服务，包括物质帮助、照护服务、关爱服务等内容。

2024 年 1 月 15 日，国家发布《国务院办公厅关于发展银发经济增进老年人

福祉的意见》，其中提出银发经济是向老年人提供产品或服务，以及为老龄阶段做准备等一系列经济活动的总和，涉及面广、产业链长、业态多元、潜力巨大。为积极应对人口老龄化，培育经济发展新动能，提高人民生活品质，经国务院同意，现就发展银发经济、增进老年人福祉。实施积极应对人口老龄化国家战略，培育高精尖产品和高品质服务模式，让老年人共享发展成果、安享幸福晚年，不断实现人民对美好生活的向往。

2. 经济环境分析

从国内从国内市场来看，中国陪诊服务行业正处于发展阶段。据统计，2018~2023年，陪诊服务市场规模从约3.8亿元上涨到约7.5亿元，市场规模增长97%，年均增长率在15%左右；陪诊服务人次也从约200万增长到约430万左右，服务人次增长115%，年均增长率在18%左右，与陪诊服务市场规模大概吻合。未来，随着人口老龄化、医疗资源分配不均等问题日益突出，中国陪诊服务行业将继续发展壮大。

3. 社会环境分析

截至2024年，我国空巢老人达到了约2000万人，其中，北京老年人口已达250万人，空巢老人可能超过100万人。当下常见的就医环境问题包括老年人看病不便、年轻人没空跑医院、医患信息差等。现代人们生活节奏的加快，大多忙于工作和学习，面对突发疾病，没有太多的时间和精力去研究烦琐的问诊流程以及复杂的医疗设施；如果父母身体不适需要去医院，作为子女很多时候是心有余而力不足，无法全身心地陪伴家人前去医院就诊；有一些需要异地就诊的患者，由于对异地医疗信息的不熟悉，导致耗费许多体力和心力，有时候还会做很多的无用功。陪诊服务既可以分担子女的压力，也可以为老年人提供全方位的就医陪护服务。

4. 技术环境分析

近年来，国家密集发布一系列医疗健康政策，尤其是《健康中国2030规划纲要》把医疗健康提升到了国家战略层面。《"十四五"国家老龄事业发展和养老服务体系规划》《"十四五"全民健康信息化规划》《关于推进基本养老服务体系建设的意见》《国务院办公厅关于发展银发经济增进老年人福祉的意见》等政策促进医院信息化、远程医疗等智慧医疗发展。智慧医疗是提高医疗品质、效率与效益的新型医疗模式，已经成为推动我国数字经济飞速发展的"新动能"。数据显示，2022年我国智慧医疗应用规模约为780.5亿元，预计未来行业将继续高速发展，到2023年国内智慧医疗应用规模可达到936.6亿元。

新医院技术科技政策大面积普及，已经进入大多数老年人的日常生活中，这为本项目小程序的宣传及使用打下了坚实的基础。除此之外，随人口老龄化的加剧，老年人对医疗服务的需求不断加大。与此同时，医疗机构的软硬件设施也较为数字化和智能化，为陪诊行业提供了市场。

（二）市场规模和需求分析

1. 市场规模

首先，2023年全国医疗服务量整体增长，与前几年同期相比明显增加，已达到51.1亿诊疗人次；住院服务方面，2023年与前年同期相比增长16.7%。其次，2023年我国养老产业市场规模约为12万亿元，近五年平均增长率达到约20%；其中智能养老占比达到约10万亿元，占比83.3%。最后，我国陪诊市场规模预计达到400亿元，并且保持着每年20%的增长率。据统计，截至2022年底，中国陪诊服务企业数量已达260家，但由于缺乏市场监管部门的有效管控，部分陪诊就医信息良莠不齐、真假难辨。即该行业处于发展初期，未来市场前景十分广阔。

2. 需求分析

据《北京市老年人居家养老服务需求调研报告》显示，老年人对陪同需求需求旺盛，占比为28%；然后是上门看病、代开药取药、代挂号，占比为18%。报告中还提及关于就医不便利的主要原因，55.5%的老年人在挂号、交费、拿药等环节遇到困难，17.1%因无人陪同就医难，因交通不便（13.9%）和上下楼不便（13.5%）导致就医难的老年人占27.4%。即陪诊行业不仅要在专业能力上有专业性，还需要对需求方进行精神上的慰藉。

（三）医院走访分析

1. 医院走访情况

2024年1月10日，走访解放军三零六医院。

2024年1月11日，走访首都医科大学附属北京天坛医院。

2024年2月3日，走访中国医学科学院北京协和医院。

2024年3月10日，走访北京中日友好医院。

2024年3月23日，走访北京市海淀医院。

2024年4月6日，走访北京朝阳中西医结合急诊抢救中心。

2024年4月14日，走访北京市三环肿瘤医院。

2024年5月5日，走访北京十里河医院。

2024年5月11日，走访北京大望路急诊抢救医院。

2. 医院走访调研结论

从目前走访的医院来分析，可分为两类，以解放军三零六医院为首的老牌三甲医院，以首都医科大学附属北京天坛医院为首的新建三甲医院，老牌三甲医院对于医院周围环境和医院内部就诊流程服务都进行了非常完善的处理，陪诊服务所提供的就医便利在老牌医院难以体现。新建医院有更多的医疗科技产品且指导不完善，人手出现短缺，人流高峰期间难以排队和拿号。陪诊服务可以填补这些缺点，所以，我们目前的医疗合作对象和陪诊宣传重点应该放在这些痛点上，以更能体现出陪诊服务的作用。

（四）用户需求调研

本次调研为了解用户老年人以及网络营销对象青年人子女两者对于陪诊行业的认识程度，分析两者对陪诊认知的差异，以调整本项目的工作重心和方针。

问卷于2023年12月发布，2024年3月回收，子女版共回收问卷249份，有效问卷235份，老年版共回收291份，有效问卷285份。

1. 针对子女的调研

通过调研得知：无论是年轻人还是老年人，对陪诊行业的了解的大部分局限于短视频偶然间刷到，说明大部分潜在用户对于陪诊行业的了解不够全面，只能了解服务的部分内容或者表面特点，而无法全面了解其实质和价值。而且短视频很难在有限的时间内全面介绍这些细节，会使人们对于服务的专业性和可信度产生疑虑。

大约95%的患者去医院看病的时间约一天或一天以上，有时需要去2~3次，如预约挂号、实际看诊、诊后复查、取药，严重加大了患者看病的时间成本。而陪诊行业帮助用户有效减少了就诊时间。由此可见，陪诊行业具有良好的市场潜力，发展前景巨大。

可以看到，对于陪诊行业的隐患，大家更多担心自己的病历或私人信息被泄露，也担心陪诊人员的职业能力而造成不良影响。对于这点顾虑，团队建立了良好的隐私保护机制以及公开透明的陪诊员工信息，加强用户对“心手相牵”陪诊服务的信任感。

2. 针对老年人的调研

通过数据得知，现在大多数老年人和子女居住分隔较远，表明在老年人有就医需求的时候，子女不一定能及时地去帮助老年人，侧面反映出陪诊服务行业的前景好，用户资源丰富，客户需求量高。

通过数据得知，老年人独自就医有一定困难，基于科技的发展，医院现在就医的流程中都添加了新的医疗服务设备，这无异于加大了老年人独自就医流程的困难。现代医院都有配备志愿者和护士帮助，但在医高峰期时，经常表现出人员不足的现状。

通过数据得知，老年人希望陪诊员的服务素质全面发展，不仅仅要熟悉的带领老年人完成就诊流程，还要品质优秀。

3. 调研结论

根据调研结论可知，人们对于陪诊行业的了解较为匮乏，同时对于陪诊服务的隐患有不同程度的担忧；且无论是年轻人或老人，在就诊时间、流程等方面上皆有不同程度的困难，种种因素使得陪诊师不仅要加强专业能力，还要给予老年人一定的情绪价值，让老人就诊放心的同时也让子女省心。

（五）竞品分析

1. 传统家政服务机构

（1）北京壹家安康陪诊服务中心（58 同城）。该服务中心服务市场 2 年，服务人数 600 余人。服务类型多样，涵盖陪诊服务行业大多数业务；分店较多，涵盖大部分区域。

（2）北京法戈科技有限公司。该公司主要进行一站式的陪诊服务。服务类型多样；有线下平台，兼顾陪诊与医疗；提供陪诊出行规划。

2. 自媒体平台个体陪诊师

（1）北京陪诊亮哥。在 B 站做个人自媒体账号，服务用户群体多为同城关注者，或异地粉丝。北京本地人，年龄大，熟悉各大医院，品质服务有保障，会制作成视频发布。

（2）米粒姐在北京。同为 B 站个体陪诊师，常在 B 站开直播解答粉丝问题。服务用户群体多为同城关注者，或异地粉丝。通过直播+短视频的方式，保证粉丝黏性和曝光度，专注于一对一陪诊，走亲民路线。

（3）声智学堂。小红书陪诊团队，已有 10 年大健康赛道行业积累。团队人数达到 50 人，团队强大；陪诊内容真实，可以让用户了解陪诊。

3. 其他陪诊服务平台

（1）申小集陪诊。在应用商城里上架，提供全国 24 小时内的陪诊，跑腿业务。有上架 App，软件平台功能强大，用户所有操作都能在 App 内进行。

（2）91 陪诊。该平台为 C2C 模式，为陪诊师和用户提供交流沟通的平台。服务价格较为低廉提供特色服务，如全麻胃肠镜及 2 小时陪诊。

（3）壹心陪诊师。该平台已经运营约一年半，已服务两万余人，业务较为成熟。该平台陪诊师众多且可查看目前服务状态，该平台可提供多种服务。

三、运作模式

（一）平台设计

平台主要是微信小程序和微信公众号。

（二）服务内容

1. 陪诊服务

陪诊员在患者就诊时提供陪同服务，协助患者理解医生的诊断和治疗建议，解释医学术语，确保患者充分理解并能够做出明智的医疗决策。包括全程陪诊、半天陪诊、计时陪诊以及异地陪诊。

2. 健康咨询服务

提供关于疾病、治疗方案、药物管理、康复计划等方面的健康咨询，以帮助患者及家属更好地理解疾病情况，提供相关健康建议。

3. 预约挂号服务

协助患者进行医疗预约和挂号，确保他们能够及时就诊，避免长时间等待。

4. 医疗文件解读

解读医疗报告、检查结果等医疗文件，向患者及家属详细解释医学术语和诊断信息，使其对病情有更清晰的认识。

5. 药物管理指导

提供关于药物的正确用法、用量、副作用等方面的指导，确保患者按照医生的建议正确使用药物。

6. 心理支持

提供心理健康支持，帮助患者及家属应对疾病带来的心理压力，提供情绪支持和鼓励。

7. 随访服务

定期进行随访，了解患者的病情发展和治疗效果，及时调整治疗方案，并提供必要的健康建议和支持。

（三）服务流程

1. 诊前沟通

陪诊师会与客户进行沟通，提前告知当天的陪诊行程规划，交代需要带的证件、病历及就诊注意事项，确认好时间和地点。

2. 诊前准备

陪诊师会在比较醒目的位置提前等待患者的到来，或者直接到约定地点进行患者的接送，确定身份后进行工作。

3. 陪诊服务过程

陪诊师会进行一对一针对性的服务，帮助患者从挂号开始到办理的全流程的服务，还可以协助患者向医生准确地描述病情，让医生更容易了解具体情况。

4. 记录医嘱

问诊时陪诊师会帮患者记录医嘱，方便后续将医嘱内容反馈给家属。

5. 诊后服务

在陪诊结束之后，专业的陪诊员还会进行回馈关怀服务，询问患者是否有按照要求来吃药，在诊断结束之后，如果有需要也会将问诊过程中的一些小细节，以文字或者录音的形式进行提供。

（四）服务保障

1. 平台会对陪诊师进行严格筛选

首先，设定招聘标准，团队明确发表陪诊师的要求和标准。这可能包括相关专业经验、沟通技巧、医学知识、责任心等方面的要求。通过广告、招聘网站或人力资源渠道发布陪诊师的招聘信息，并收集申请人的简历。在筛选简历时，团队针对招聘标准对简历进行初步梳理，筛选出符合要求的候选人。选定候选人后，团队组织面试，以深入了解他们的能力和适应性。面试可以包括个人技能和经验评估、行为面试和情景模拟等环节。

其次，通过面试，可以进一步筛选出表现突出、符合团队要求的陪诊师候选人。在确定最终候选人之前，团队还需进行背景调查，包括核实候选人提供的教育背景、工作经验和职业资质等信息。此外，针对某些特定的陪诊技能或医学知识的要求，团队可以安排技术评估环节，对候选人的技术能力进行测试，这可以帮助团队了解候选人在实际工作中的表现和能力水平。

2. 平台会对陪诊师进行统一培训

陪诊师的培训流程是为了提高他们的专业能力和技能，使其能够胜任陪护患者的工作，提供高质量的服务。本团队严格定制一系列陪诊入职流程，以帮助陪诊师候选人快速适应陪诊工作。

陪诊师入职后，为他们提供入职培训，包括向陪诊师介绍医院的规章制度、服务标准、工作流程以及相关的法律法规等内容。入职培训可以帮助陪诊师了解医院的要求和期望，为他们提供一个良好的起点。

陪诊师需要具备一定的医学知识，以便更好地理解患者的病情和医疗过程，并能与医护人员进行有效的沟通。团队针对陪诊师进行专业知识培训，包括常见疾病知识、医学术语、检查和治疗过程等。这可以通过面对面的讲座、培训材料、在线课程等形式进行。陪诊师还需具备良好的沟通技巧、情绪管理能力以及紧急情况处理能力。团队可以提供相关培训，包括非暴力沟通、冲突解决技巧、应对紧急情况、心理支持和安慰等。通过角色扮演、小组讨论和实际案例研究等活动，陪诊师可以学习并提高这些关键技能。同时，遵守职业道德和伦理标准，保护患者的隐私和尊严。团队开展相关的培训，包括患者权益、患者保密、隐私保护等内容。

陪诊师应了解中医、西医等不同医疗体系的文化特点和差异，以更好地与患者和医护人员合作。培训过程中，团队安排陪诊师进行实践指导，让他们亲身参与陪诊工作。初级陪诊师可以在资深陪诊师的指导下进行实践，积累经验，并逐步独立承担陪护工作。可以安排实际陪诊情境的模拟或在现场实践中进行观摩和反馈。培训并不是一次性的，团队应提供持续的教育和培训机会，让陪诊师保持专业知识的更新和进一步发展。这可以包括定期的研讨会、讲座、培训课程、学术会议等，以保持他们的专业素养和技能的提升。

通过以上培训流程，可以提高陪诊师的专业能力和素质，使其成为合格、有责任心的陪诊专业人员。这有助于提升患者的体验和满意度，提供安全、温暖的医疗陪护服务。

3. 设计陪诊评价制度确保服务质量

陪诊师绩效评估和反馈流程是为了确保他们能够提供高质量的服务，不断改进和发展。本团队明确确定陪诊师绩效评估的具体指标和标准，包括患者满意度、与医护人员的合作、工作效率、专业知识水平、沟通技巧等。指标应与陪诊师的职责和岗位要求相匹配，并能够客观地评估绩效水平。团队通过多种方式收集陪诊师的绩效数据。这包括患者满意度调查、医院内部评估、医护人员反馈、案例分析等，并定期组织陪诊师的绩效评估会议。这是一个双向沟通的机会，陪诊师可以了解自己的绩效评估结果，并与评估人员讨论。在会议中，评估人员可以解释评估标准和指标，提供具体的评估结果和分析，并与陪诊师讨论他们的优势和改进点。评估人员可以为每位陪诊师提供绩效评估结果的报告。报告应包括陪诊师的评估得分、达成的目标和改进的建议。这可以帮助陪诊师了解自己的表现，并提供个人发展的方向。根据绩效评估结果，团队为陪诊师提供个别辅导和指导，包括提供针对性的培训机会、分享经验和最佳实践、提供个人建议和发展计划等。个别辅导和指导旨在帮助陪诊师识别并改善自己的弱点，进一步提高专业能力。

绩效评估是一个持续的过程。团队定期对陪诊员进行绩效评估，检查陪诊师的进展和改进。评估的频率可根据需要进行调整，但应确保足够的频率以跟踪绩效，并保持与陪诊师的沟通和反馈。

通过绩效评估和反馈流程，团队可以帮助陪诊师了解其工作表现，发现优势和改进点，并提供支持和发展机会。这不仅能提高陪诊师的工作效能和满意度，还能推动团队的持续改进和成长。本团队还计划建立一个紧密而透明的绩效评估系统，定期评估并记录陪诊师的绩效数据和发展轨迹，以便制定有效的培训计划和绩效管理策略。

4. 关键过程录音录像的追溯制度

关键过程录音录像的追溯制度，用于确陪诊服务的透明度和合规性。要求在服务过程的关键环节进行现场同步录音录像，以此作为日后可能出现争议的证据。

5. 小程序试运营

项目在陪诊过程中，进行小程序的试运营。患者通过微信小程序进行预约陪诊。

四、营销策略

（一）产品策略

1. 核心产品和服务

陪伴患者就医、协助完成挂号、取药、检查等流程，以及提供健康咨询和情感支持等。

2. 个性化服务定制

用户可以根据自己的需求进行服务内容定制，选择不同的陪诊师、服务时长和服务内容，从而得到更加贴心、专业的服务。

3. 增值服务

除基本的陪诊服务外，根据业务发展增加代办服务、健康讲座、日常陪伴等增值服务。

4. 差异化策略

通过对市场上其他产品的调研，更加专业、受过培训的团队会区别于市场上的其他同类型产品。

5. 品牌策略

通过加强售后服务和评分体系，树立客户品牌意识，引导客户再次购买陪诊服务。

（二）价格策略

在定价策略中，团队考虑到北京市场需求、竞争对手价格、服务质量等因素，确定合理的陪诊服务定价。平台会不定时推出一些促销活动或套餐，以增加吸引力，并吸引更多潜在客户。最重要的是透明定价，将价格明确写在订单中，确保客户清楚了解服务费用，避免隐藏费用，建立信任。通过对有多次、长期就诊需求的客户，采取月卡机制，适当减免价格，并在就诊淡季开展免费体验活动。

1. 陪诊基础收费

全程陪诊总时长为8小时，总费用为556元，超出8小时按每小时79元计费。服务全程不涉及接送陪诊、住房酒店预订服务。

半天陪诊总时长为3小时，总费用为216元，超出3小时按每小时79元计费。主要内容参照“全程陪诊”进行开展。服务全程不涉及接送陪诊、住房酒店预订服务。

计时陪诊按每小时79元进行计费（不足1小时按1小时费用进行计算），

异地陪诊692元一次，超出8小时按每小时79元进行计费。主要内容参照“全程陪诊”进行开展。服务全程包含接送车站。不包含住房酒店预订服务。

2. 增值服务收费

（1）代办服务。按次数收费。代办约号，代办问诊，代办买药，一次收费25~79元。咨询附近医院一次25元，保证用户清晰了解北京医院分布及特点。

（2）上门接送。起步价50元，接送服务一次按每千米2.5元进行计费，超出公里数按每千米3元进行计价。

（3）住房酒店预订。用户将就诊医院信息、就诊需求、个人要求发送给陪诊师，陪诊师将综合用户提供信息进行酒店选取并预订（住宿费用由用户个人承担），一次服务为15元。

（4）健康咨询。提供相关疾病的基本知识，帮助患者及家属更好地理解疾病。给予患者及家属心理上的支持和鼓励，帮助他们应对疾病带来的负面情绪和压力，保持积极乐观的心态。一次视时长而定，价格200~300元等。

3. 免费策略

（1）免费体验日。在销售淡季的每月1日放出5个免费名额，帮助老人就诊提高产品知名度，扩大用户面。

（2）免费健康评估。定期在社区或者自媒体抽取用户进行免费的健康评估，判断老年人的健康情况，让老年人对于自身是否需要定期去医院检查有一个心理预期，扩大潜在的需要陪诊用户。

（3）免费增值服务。对于已购买长期陪诊用户，在陪诊服务中提供免费的增值服务，如健康咨询、餐饮建议等。

（4）免费社区活动。定期举办免费的社区健康活动，提高品牌知名度和社区参与度。

4. 用户针对化策略

对于有不同需求的用户采取差异化策略，短期、单次的患者可以通过办年卡而获取每年固定次数的免费陪诊服务，对于有长期陪诊服务需求的客户采取陪诊需求覆盖的服务。5个免费名额，帮助老人就诊提高产品知名度，扩大用户面。

（三）推广策略

推广对于本团队至关重要，涉及向目标受众传达“心手相牵”陪诊项目的存在、特点和优势，从而促使用户受到吸引或购买。我们充分利用线上线下结合推广的策略，让社区街道的老年人和青年人可以同步了解陪诊服务相关事项。我们在实行推广前进行了陪诊市场调研，了解老年人对于医院和服务的需求与偏好，记录青年人对于价格的期望以及对于自家老年人陪诊的看法。基于调研我们确定了推广的方向和细节，结合线上公众号、小程序，线下社区合作、医院合作来完成对于陪诊服务的推广。

1. 微信公众号

公众号是我们熟悉的一种传统推广方式，心手相牵陪诊公众号在我们持续运营下，分为陪诊相关、养生妙招、医院详解三大板块，做到每周两更，并通过公众号的一些文章，在文章中间接推荐聚练心手相牵小程序的产品或服务，让用户对功能和体验有进一步的了解，而且能锁定、吸引受众群体。软文可以转发到微信群聊、朋友圈等，后期将会进一步扩大小程序的曝光度，得到更多人的了解。未来将从北京各大医院的环境及接诊流程入手，介绍医院的设立的自助机器。

2. 社区街道线下地推

与面对屏幕的数字营销相比，地推活动能够在真实场景中展示品牌和产品。我们设计出“心手相牵”平台的宣传海报直接面对目标受众，建立真实的人际关系。这种直接接触有助于传递信息、解决问题，并更好地了解用户需求。

（1）举办健康讲座或公益活动。在社区、医院等场所举办健康讲座或公益活动，老年人较多的社区内，以发散式进行宣传。吸引目标用户群体，同时宣传陪诊服务。与学校进行联动合作进行校园陪诊互动活动，让更多人青年人了解陪诊行业以及陪诊背后的故事，吸引更多具有专业知识、爱心的学生群体加入。

（2）合作商家推广。与药店、养老院等商家合作，通过放置宣传资料、举办优惠活动等方式，提高平台知名度。

（3）地推团队。组建专业的地推团队，在医院、社区等地方进行实地推广，到小区、广场等老年人聚集和人流量较多的地方举办陪诊知识宣传、陪诊行业宣传解答用户疑问，收集用户反馈。

3. 新兴自媒体平台推广

新兴自媒体平台通常更受年轻人欢迎，这一群体在社交媒体上活跃，对新潮事物更为敏感。这一群体通常家中有需要照顾的老人，同样是陪诊项目的潜在用户。

在这个人人都是自媒体的时代，自媒体平台引流推广效果显著，团队提取出有关陪诊服务、就医诊疗等有质量的内容，制作短小精悍的爆款短视频，同时抓住相关热点新闻事件撰写相关评论性文章等，也可留下推广链接，增加载量访问量，有助于品牌的内容传播。社交共享效应可以让品牌在短时间内获得更广泛的曝光。增加大众对于陪诊的认识，提升其对陪诊服务的认可，吸引更多潜在用户。未来我们会将重点放在将陪诊行业平常化、生活化，让广大老人和青年对陪诊不排斥，不否定。

（四）渠道策略

1. 线上渠道

（1）自有小程序和公众平台。创建专门的陪诊服务小程序和公众号平台，提供在线预约、咨询、服务评价等功能，方便患者及家属随时获取健康信息和咨询服务。

（2）社交媒体。在各大社交媒体平台上建立陪诊服务的官方账号，通过发布健康知识、答疑解惑等方式，吸引用户关注并提供服务。

（3）微信群。创建专门的微信群组，邀请患者及家属加入，定期组织在线健康讲座、互动问答等活动，增强用户参与感和黏性。

2. 线下渠道

（1）社区服务中心。在社区服务中心设立陪诊服务点，提供健康咨询、预约挂号等服务，方便居民就近获取医疗帮助。

（2）医院。在医院内设立陪诊服务窗口或专区，为患者及家属提供专业的健康咨询和指导，协助他们更好地了解和管理疾病。

（3）街道办事处。与街道办事处合作，设立健康咨询站点，为居民提供健康咨询、预防保健等服务，加强社区居民的健康意识和行为。

（4）养老服务机构。在养老服务机构设立陪诊咨询服务中心，为老年人提供健康咨询、医疗协助等服务，帮助他们更好地管理身体健康。

五、财务分析

（一）主营业务收入

本项目主要收入来源于基础服务购买与服务抽成，基础服务包括小程序中的陪诊服务、代办问诊、病例到家等服务。通过主营业务收入保证平台正常运行。

（二）附加收入

小程序平台还额外提供附加服务收入，通过满足客户额外需求，提高客户满意度的同时获得不同于主营业务的收入。

（三）广告收入

本平台还开设广告界面，在首页部分本项目会设有5个专栏，专栏内容锁定为医疗领域商家，经过专业人员筛选过后为用户推荐最为值得的医疗商家进行广告打造，让更多用户看到更多医疗选择。广告位费用为5000元，持续时长2个月，购买链接为3000元，持续时间与购买广告位市场一致。

（四）项目未来三年收入、成本、利润预估

1. 项目收入预估

前期用户对于小程序平台了解较少，所以使用小程序平台用户人数会相应较少。随着宣传进一步深入，广告费用会有所增加，用户人数将会大幅度提升，相应主营业务和附加业务收入也将会得到大幅度增长。

2. 项目成本预估

平台前期搭建成本较高，后续只需简单维护。随着公司规模和用户群体的扩

大，管理费用和活动策划费用会依次增加。项目初期所需要的宣传费用较多，项目成熟后不需要扩大投资。

（五）项目成本分析

1. 一次性投入

一次性投入主要包括前期的小程序设计、平台建设、数据库建立等支出费用，随着持续经营，一次性投入占比将逐渐变少。项目开始运营并形成生产能力后，由于公司的生产能力扩大，从而会引起营运资本的需求量增加，因此，增加的营运资本会成为该项目投资的一项现金流出。公司在经营期内为满足正常生产经营而动用现金支付的成本费用。例如，外购原材料、燃料、动力的费用以及工资、修理费和其他费用。

2. 持续性投入

持续性投入包括平台维护、人员工资、广告投放等费用，随着项目规模的增加而增加。陪诊服务的主要成本包括人力成本、交通费用和其他杂费。其中，人力成本是最重要的开支项目。此外，交通费用和其他杂费也有所增长，但增幅相对较小。

3. 流动资金

流动资金用于项目改进，扩大项目覆盖面等需要资金的改进，通常指企业用于日常运营的资金，主要包括现金、存货（材料、在制品、成品）、应收账款、有价证券、预付款等项目。这些资金都是企业经营所必需的，因此也被称为营业周转资金。流动资金的多寡代表了企业的流动地位，净流动资金越多，其短期偿债能力越强，信用地位越高，因此在资金市场上筹资更容易，成本也更低。

4. 预备金

针对临时性、紧急性或突发性的财政支出需求，设置的不指定具体用途的预留备用资金。预备金是一种风险管理的手段，通过设立预备金，可以在面临未知的风险时有一定的经济保障。预备金可以用来应对可能的赔偿或者退款需求。预备金可以为企业提供一定的经济基础，帮助企业在经营困难时期维持正常运营。例如，在经济衰退期间，预备金可以用来支付工资、租金等固定成本。预备金也可以被用来进行新的投资或者扩大现有的业务规模。拥有充足的预备金，可以提升企业的信誉度，使得企业在获取贷款或者其他融资时更有优势。总的来说，预备金是企业财务管理的重要工具，可以帮助企业更好地应对各种挑战，实现长期的发展目标。

（六）项目融资分析

（1）初始投资：15 万元。

（2）资金来源：自筹 10 万元，长期借款 5 万元。

（3）天使轮融资分析。

六、风险分析及应对

（一）医疗误解风险

陪诊服务需要与医生和其他医疗专业人士进行沟通，存在因为信息传递不准确或误解而导致的医疗误解风险。为了应对这种风险，本项目会采取以下措施：①提供专业培训，为陪诊人员提供较为专业的培训。②建立良好的沟通渠道，保证患者和平台的沟通便利。

（二）紧急情况应对风险

在陪诊过程中，可能会出现如突发疾病或意外伤害紧急情况，为了应对这种风险，本项目会采取以下措施：①建立应急预案，明确陪诊员在紧急情况下的责任和义务。②为患者和陪诊员提供法律援助。

（三）患者满意度和投诉风险

陪诊服务的质量和满意度直接影响到患者和家属的体验和评价，本项目将会采取以下措施：①提供专业培训，确保客服与陪诊员具备良好的沟通技巧和服务态度。②定期进行客户满意度调查，并根据反馈意见做出改进。③设立投诉处理机制，及时处理患者的投诉和不满，保持良好的沟通和解决问题的能力。

案例8
“千味英语”四六级小游戏的设计及推广*

一、项目介绍

（一）项目背景

1. 相关政策

教育游戏指将教育和游戏相结合的一种新型教学方式，它通过设计具有教育意义的游戏场景和规则，让学生在玩游戏的过程中学习知识、培养技能和提高素质。这种教学方式能够激发学生的学习兴趣，提高学习效果和质量。随着科技的飞速发展和社会对人才需求的变化，我国政府越来越注重发挥游戏对于学生的教育价值。

近年来，不少地区已经逐渐将游戏应用到教育中。如青海省教育厅《完善机制、创举措积极推进国家通用语言文字推广普及》中强调，“积极推广‘普通话小镇’App项目，以互动游戏的方式，提升学习普通话的趣味性、体验性”；浙江省教育厅《浙江省宁波市“三个一体化”推进科学教育，全面提升中小学生科学素养》中提倡，通过数字游戏、3D影响、远程实验等方式拓展师生学习半径，不断提升科学教育质量和水平；不仅如此，教育游戏在幼儿群体也极受欢迎，人民日报：“以游戏为基本活动，教师通过观察与倾听，了解孩子的真实想法、尊重孩子的个性特点，帮助他们以自己的方式探索世界、积累经验、收获

* 指导老师：裴一蕾、肖明明。团队成员：张凝香、彭华清、彭卓、彭仕婷。

成长”。

可见，教育游戏势在必行。而大学英语四六级考试（CET-4、CET-6）作为大学关键评估标准，四六级游戏化备考工具也将发挥它帮助用户趣味学习的价值。

2. 现存问题

随着义务教育政策的普及、高校扩招、部分地区提高助学金发放额度以及经济的发展，青少年受教育程度普遍提升。

应届高校毕业生数量逐年增长，2019 年达到了 834 万人，这意味着大学生数量大幅增加，四六级的考试需求不断扩大，为四六级考培软件带来更多机遇。

此外，伴随互联网的普及，群众的认知逐渐开放，四六级报考人数持续上升，但通过率却逐年下降。根据考虫创始人李好宇的分析，2017 年约有 1800 万人报名参加四六级考试，其中，约 900 万人属于低价值用户，包括裸考和弃考者。调查结果显示，大多数学生仅将四六级视为应试需求或适应社会需求的工具，缺乏英语学习的动力和热情。

随着中学进入大学，教育模式从被动转向主动，加上青少年时期接受过严格的教育，使得许多同学开始释放玩心，沉迷于手机和电脑，而面对激烈的环境和就业压力，不得不焦虑地应对各类考试，如专业技能、教师资格证等。如何激发学习兴趣和保持专注，成为许多同学亟待解决的问题。

在这种背景下，游戏化教育软件应运而生。然而，现有的四六级游戏化教育软件仅在游戏化方面进行了初步尝试，如任务指引不明确、奖励机制单一、仅以总分作为激励手段等。此外，排行榜氛围不足，难以激发用户竞争意识。单词 PK 功能局限于单局，缺乏养成类奖励，未能充分调动用户积极性。多数同学仍倾向于使用网课或传统资料进行备考。为解决这一问题，千味小分队将通过全方位游戏化手段，为同学提供一个更具吸引力和互动性的英语学习平台。

3. 项目内容

千味英语——让背单词和刷真题更有趣，针对大学生备考四六级过程乏味、拖延等问题，基于优质真题和养成游戏体系，通过闯关、单词 PK、秘境挑战等功能在用户学习的及时反馈、强化竞争意识上下功夫，达到趣味学习的效果；同时为了提供用户之间相互监督与学习交流的环境，专门设置了“笔记”“部落”等功能；为了让用户能在学的时候及时输出，我们将产学结合，提供教程+答题模式；为了进一步增强用户活力与黏性，我们设置了角色与萌宠养成。

为了了解市场与用户偏好，我们进行线上聊天等间接访谈与问卷调查，回收问卷 201 份，有效问卷 197 份。根据用户意见，我们采用轻度休闲画风，且注重优化 AI 绘画带来的瑕疵，并采取薄利多销、用心经营客户关系的推广策略。由于线上宣传具有成本较低、覆盖面广、传播速度快、目标人群精准等特点，我们采取线上宣传为主、线下宣传为辅的推广方法，着力构建抖音、小红书、快手IP，通过创作有趣的内容、吸引眼球的视觉效果以及与用户互动，提高品牌知名度和影响力。同时，为确保产品本身获客能力，争取更多自然增长，如设置分享奖励机制、提供优质的游戏画面等，吸引用户主动推广和使用我们的产品。

目前，千味英语已引入触手AI作为美术工具，联合爱给网等提供背景音乐，可以对外发布，通过各大平台宣传，用户扫描二维码即可体验。项目组成员将项目名称定为“千味英语”，代表项目组追求让用户能够体会到书中自有黄金屋、学习自有千百味。

（二）项目意义

1. 提高四六级通过率

作为四六级的考生，我们切身体会了焦虑的备考生活。我们将运用所学知识与经验，用心整合备考资料与开发，将四六级从背单词到练习真题，从监督学习到模拟考场等各个功能设计完美，贡献给广大考生。

2. 以“玩中学”的形式推动英语教育

游戏作为当下社会最重要的交互媒介之一，不仅承载着知识传播与能力训练的功能，同时应肩负起文化传承和价值观塑造的责任。我们通过数字化、沉浸式、重实践、重交互、自愿玩等特征，为教育活动带来不一样的方式，让更多学生在快乐之中就可以学习，推动英语教育。

（三）项目创新点

1. 产学间隔创新——产学同步，在战斗中成长

不同于大多数产品教学资料+练习孤立布置的形式，我们实施教学+训练同步，对每道题目进行全面解析，将解题方法、重点划分、考频分析以教程的形式布置在刷题界面右上角，用户在答题时可随时查看教程，并通过丰厚奖励引导用户在学习后立即进行简单易上手的关卡训练。

2. 反馈机制创新——及时反馈，竞争环境强化

千味英语基于优质真题和养成游戏体系，增加外观的UI设计，并且在小程序中加入了闯关、排行榜、RPG角色扮演、抽卡、部落等元素，营造了完善的游戏化体系，能够给予用户充分的刷题奖励。

3. 用户互动创新——更新补偿，意见有奖征集

在产品上线前进行充分的测试，并在维护更新完成后给予用户相应补偿；此外，还设“部落”功能，为用户创造相互认识的空间，增强用户间的竞争与沟

通，从而提高用户活跃度。通过“寻宝”“福利”等功能实现备考进度规划，设模考、预估分、单词和真题查询功能；为用户提供资料内容纠错功能，并通过有奖问卷收集用户意见，以优化产品。

二、项目可行性分析

项目可行性分析是项目前期工作中极其关键的环节，对决定项目是否顺利开展具有重要作用。在此阶段，一方面，要深入研究项目的实施条件，评估项目实施的可能性；另一方面，需要进行全面的分析和评估，以证明项目开展的合理性。对于小程序的设计、应用和推广，我们需要从多个角度进行详细分析，包括技术可行性、操作可行性以及经济可行性等方面。通过对这些方面的分析，项目组可以提前预见到潜在的风险和问题，并采取相应措施进行规避，确保项目顺利进行。

（一）经济可行性

相较于 App 的开发技术，小程序的开发成本较为经济。在数据收集方面，我们主要采用调查问卷方式获取调查资料，并对其进行信效度分析。在项目推广方面，我们选择了新媒体推广策略，利用抖音、小红书等多个平台同步宣传，以提高小程序的知名度，整个过程成本可控。

（二）技术可行性

本项目开发框架采用微信官方的框架与 cocoscreator 游戏引擎，并且小程序也将得到微信官方更大的流量支持，未来的发展前景大。因此，小程序的技术可行性高。

（三）操作可行性

1. 无须下载安装

用户可以直接在微信或其他小程序平台中访问和使用小程序，无须经过 App 的下载、安装和注册流程，降低了用户使用门槛。

2. 即用即走

小程序采用即用即走的设计理念，用户可以随时打开或关闭小程序，操作简便且不占用手机内存，提高了用户的使用体验。

3. 兼容性好

小程序基于浏览器内核开发，具有良好的跨平台兼容性，可在多种设备和操作系统上运行，降低了用户使用小程序的硬件和系统限制。

4. 操作流畅

小程序的前端代码存储在服务器上，由平台负责渲染和加载，使得小程序的操作响应更快，用户体验更流畅。

5. 数据安全与隐私保护

小程序平台对用户数据和隐私提供有力保护，用户在使用小程序时无须担心数据泄露和隐私侵犯问题。

综合以上优势，小程序为用户提供了更加便捷、流畅的使用体验。

（四）对标产品分析

塔塔四六级以其简约免费和放大时间提示功能的特性，深受用户喜爱；此外，其更新国外新闻的功能也备受用户青睐。

知到四六级则通过规划用户的学习时间，以及单词消消乐游戏增强用户的学习兴趣。粉笔三六级在真题方面布置了丰富的辅学细节，如作文审批、写作提纲、逐句听等功能；其任务指引能够迅速指引用户学习，游戏化的任务界面以及现金奖励也能有效吸引用户，提高用户黏性。

英语四级君凭借其资料齐全、物美价廉的优势，以及精听和单词考试频率视频讲解等特色功能，通过“打怪兽”的学习奖励机制，为用户提供了一种有趣且高效的学习方式。

（五）SWOT 分析

1. 竞争优势（S）

（1）引入游戏体系。现有四六级资料整理类产品尽管已尝试引入游戏化元素，但体系尚待完善。如任务指引不够明确、奖励机制单一、无法充分反馈。此外，氛围不足难以激发用户竞争感。单词 PK 功能仅限于单局，缺乏养成类奖励。千味英语以四六级和养成游戏为依托，实施全面游戏化。

（2）免费训练真题。我们为用户提供全部免费真题试卷、专项训练和背单词功能，其他重点内容也提供免费体验。在教学质量上，我们实施教学+训练同步，对每道题目进行全面解析，包括解题方法、重点划分、考频分析等，并通过丰厚奖励引导用户在学习后立即进行简单易上手的关卡训练；相较于需要花费几十元甚至上百元购买的同类资源，用户只需要几十元的费用就能获得相同甚至更好的备考效果。

（3）坚持以人为本。通过“寻宝”“福利”等功能实现备考进度规划，增设模考、预估分、单词查询功能；提供资料内容纠错功能，并通过有奖问卷征集意见以优化产品；在产品上线前进行充分测试，并在维护更新完成后给予相应补偿；此外，我们还增加了“部落”功能，为用户创造相互认识的空间，提高用户活跃度。

（4）商业模式丰富。千味英语的竞品其商业模式较为单一，如知到四六级的主要盈利来源为广告和网课，粉笔四六级的主要盈利来源为付费资源。千味则结合了多种盈利来源，如广告、内购、订阅及付费资源，具有丰富的商业模式。

2. 竞争劣势

（1）开发经验不足。相对于成熟的游戏或教育厂商，尚未积累足够开发经验。

（2）成本控制严格。由于前期资金投入有限，平台的人员较少且规模有限。

3. 市场机会

教育游戏市场规模庞大，包括四六级。市场研究平台 Markets and Markets 报告显示（2019），全球教育游戏市场的份额为 4.5 亿美元，估计 2023 年将达 18 亿美元。

在国内，根据中国同学在线《网上“充电”：同学们在“冲浪”和“社交”中自学》：97%的受访者会使用社交软件进行自学，其中 18%常使用游戏进行自学。

4. 外部威胁

商业模式可能被复制，且竞争对手多，不利于项目组小程序的推广及发展。

三、项目调查设计与实施

（一）调查目的

项目组通过调查与间接访谈了解大学生群体对“千味英语”小游戏的使用意愿，同时了解栏目、功能、界面设计的需求和建议；根据收集的信息，设计小程序，提高小程序的使用感、实用性和适配度。

（二）调查对象

问卷调查的受众群体主要为在校大学生；间接访谈的受众群体主要为高校教

师与大学生。

（三）调查内容

（1）本问卷最终设计题项 14 项，基础信息题含 3 项。

（2）我们与老师、同学通过面对面聊天、微信聊天等方式，对游戏的 UI、功能、页面设计等进行完善。

（四）调查方法

（1）问卷调查主要对使用意愿、支付意愿、下载渠道等方面进行问卷调查。

（2）间接访谈在访谈同时征求发展意见，为小程序开发打下基础。

（五）调查结果分析

本项目通过微信、QQ 等社交软件进行问卷发放。经过两周左右时间发放，回收问卷 201 份，其中有效问卷 197 份，无效问卷 4 份，问卷有效率达 98%。问卷收集完毕后，依靠 Excel 图表对调查结果进行统计与分析。

调查结果显示，有 39.3%（约 40%）的人觉得学习英语比较枯燥，说明有不少潜在游戏化倾向用户。

对于常用的学习资源，多数人填写的是和背单词有关的 App，所以用户常把四六级备考和背单词挂钩，我们应该设置背单词的功能。

对于倾向于游戏化还是传统化学习，有 2/3 的人选择了游戏化，说明有望获得用户青睐。

用户对学习产品的付费意愿达到 47.46%，说明“有蛋糕”。

用户主要通过应用商店下载，然后是朋友推荐、社交媒体、搜索引擎，这启示我们要赢得已有用户的好感争取推广支持，做好社交媒体与搜索引擎攻坚战。

单位用户付费金额并不高，所以要做好推广，薄利多销。

四、设计开发

（一）产品定位

用热爱创造价值，四六级小游戏，让背单词和刷题更有趣：助力用户省钱，提供免费的学习资源和训练。

助力用户省精力，扫清时间规划和技巧掌握的障碍。

助力用户快乐学习，营造轻松愉快的游戏化学习环境。

通过内购、订阅、广告以及付费资源盈利。

（二）Logo 设计

Logo 由金色“CET”字体、“必过 OL”字样以及 Q 版的烈火组成。CET 即四六级目标，醒目的字号能很快展示出产品主旨；“OL”指在线游戏，体现玩中学的特征；画风和火元素加强了游戏特征，同时红色又代表着热烈与激情。

（三）产品功能

1. 游戏化设计

（1）游戏化。所谓“游戏化”，在测评产品中指利用游戏中借鉴的科技手段来吸引顾客。把在游戏中机械的娱乐应用在非游戏应用中，特别是在对消费者具有导向作用的软件中，促使人们接受并激励他们使用这些应用，同时争取激励使用者沉浸于与此应用相关的行为当中。

GBA 游戏是一种综合应用脑神经科学、AI 以及游戏科技，用行为大数据作为客观、精准的人才评估方式，游戏不再是形式，而是核心。借用 GBA 的概念，千味英语主要以竞赛的形式，融合奖励、等级、目标、规则、及时反馈、自愿参与等游戏元素形成比赛机制，用户可通过参加竞赛训练自己的英语水平。

（2）教学同步。通过咨询资深四六级教师，以及查阅百余篇资料之后，千味小分队整理了一套真题解题技巧，并将其融入闯关的教学中，使得用户在做题时可按需学习、即学即用。

（3）游戏介绍。为了使用户的游戏代入感更强，因此我们创造了主人公：男主角小语，女主角小英，宠物猫阿拉丁神喵。在千味大地上，恶魔肆虐人间，唯有历经艰险集齐听力、阅读、翻译、写作四大奇域的神器才能将其击败。男女主角在阿喵的帮助下开启了前往四大奇域的探险之路。

2. 交流社区

千味英语除了为用户打造分享、交流、互动的部落，还将建立官方微信群，分享礼包兑换码以及更多福利。

（四）小程序的实现

基于 JS 与 TS 语言，以当前最流行的游戏引擎之一 cocoscreator 进行开发，可直接与微信小程序官方号绑定发布。

五、项目推广

（一）线上推广

1. 公众号推广

本项目组开发的千味英语小程序基于微信平台，所以项目组成员进行了“千味英语”公众号的创建。此公众号是项目组作为开发者在微信公众平台上申请的订阅号，主要发布四六级解题技巧、真题以及千味英语游戏化附属物——如攻略、角色等。项目组会参考指数等工具而定期更新消息，让更多的人产生兴趣，引导越来越多的人关注千味英语公众号和小程序。

2. 抖音推广

近年来，短视频社交软件抖音吸引了大量的用户，许多企业也开始在抖音上对自己的产品进行营销推广。截至 2020 年 1 月，字节跳动旗下产品全球总日活用户超过 8 亿人，总月活跃用户超过 16 亿人，其中抖音产品日活超过 4 亿人，我们通过抖音短视频对项目进行宣传推广。

3. 小红书推广

运营研究社称：“小红书正在不由自主地变成大红书，其日活跃用户在近期突破了 1 亿大关”。

4. 快手推广

快手是短视频社交媒体平台，用户可以在上面创作和观看各种类型的短视频内容。快手平台的特色在于其强调社区氛围，注重用户体验，通过算法推荐为用户提供个性化的内容。

（二）线下推广

1. 校园推广

校园推广通过分发三折页方式进行推广，并且设点，在点位注册可以参与抽奖，且在点位推荐两位及以上同学注册可以获得周边，包括但不限于公仔、手机壳。在体系成熟后可以通过一定的渠道和公办学校、私立学校合作，扩大覆盖率。

2. 街边推广

直接与潜在用户接触的方式，增加小程序的知名度和使用率。通过在人流量较大的街区、商场、学校周边等地点开展活动，直接向目标用户群体介绍千味英语小程序的特点和优势，从而吸引用户下载和使用。

六、项目运营

（一）发展历程

（1）2023 年 6 月，创意诞生并组建团队。

（2）2023 年 9 月，产品原型图和玩法逻辑诞生，引入触手 AI 作为开发工具。

（3）2023 年 10 月，入驻北京联合大学创新创客空间；具备音乐与真题资源。

（4）2024 年 3 月，完成系统、数值、美术策划和听力部分真题解析。

（5）2024 年 4 月，小程序备案认证成功；初代 App 开发成功。

（6）2024 年 5 月，注册北京市千味科技有限责任公司。

（二）注册公司

2024 年 5 月 20 日，注册北京市千味科技有限责任公司，经营地址为北京市朝阳区北四环东路 97 号北京联合大学综实 607，经营范围为一般项目：技术服务、技术开发、技术咨询、技术交流、软件开发、市场调查等。

（三）与清华出版社、中国经济出版社达成合作

获得清华出版社、中国经济出版社授权，将四六级真题解析运用于真题，后期设“书籍”板块合作售书。

（四）与高校教师达成合作

与英语老师达成合作，将产品面向课堂推广，后期扩大推广规模。

（五）入驻蜂巢创客空间

作为培养大学生企业家精神及推动同学科技成果转化的平台，北京联合大学管理学院蜂巢创新创客空间为大学生企业家践行梦想提供了优质的软硬件配套设施，遴选优秀项目进行分级、分类、分层次孵化，有针对性地聘请校内外创业导

师提供技术支持与跟踪指导服务，高效对接市场，提高创新创业成果的孵化成功率。

2021年、2023年，千味小分队成员参与蜂巢创新创客空间举办的“未来CEO创业精英班”。蜂巢邀请校内外创业导师对创业学子进行集中、创新性的辅导。诸位同志在导师的悉心指导下感受到企业家精神并缔结了深厚情谊。

2023年10月30日，千味英语入驻蜂巢创新创客空间，获得工位与资金支持，并在比赛与实战方面均受蜂巢长期的孵化助力。

（六）线上与线下推广

由于研发需要一定时间，故千味英语采取研发+推广双管齐下的推广策略，线上通过抖音、小红书进行预热，用户扫描群聊或客服二维码即可获得App安装包进行使用与分享。研发中期小程序成型，可被搜索与分享，提高了留资效率。线下推广，第一步先与学校合作，并设计吉祥物同其他小物件一起作为用户下载奖励。

（七）用户体验提升

本项目极其重视用户体验，在策划阶段对游戏的画风和玩法进行了多次调整。最初提炼各养成游戏的共性，构建了基础游戏化框架。

第一代借鉴《仙剑奇侠传官方手游》的古典中度细腻画风，其色彩表现偏向饱和与深重，人物轮廓与线条展现出较高的精细度，任务系统显得相对冗杂。

第二代根据用户反馈，产品转向采用更为轻松的休闲画风，设计理念旨在简化操作流程，以实现易于上手的用户体验。角色设计亦趋向于可爱风格，但线条比较原始呆滞，不够灵动。

第三代借鉴了游戏《开心消消乐》的画风，在色彩上采用鲜明活泼的色调，整体感觉更为轻盈。

（八）财务预测

1. 第一年成本与收入预测

（1）成本。项目研发第一年，我们集中精力于研发产品本身，并进行同步推广。

（2）收入。根据Game Refinery提供的对标产品发展数据，可估算第一年用户量为8000人。产品主要依靠内购和订阅获利。

2. 第二年成本与收入预测

（1）成本。项目运营第二年，我们主要精力集中于产品精益求精的研发，投资于著作权申请，开凿护城河；由于四六级属于低客单产品，所以我们还需大量发展用户，在推广方面下功夫。

（2）收入。项目运营第二年，由于用户数量扩大与产品质量提升，带来一定自然增长；再加上推广效果，故收入能再上一层。

七、风险与机遇

（一）风险

1. 游戏化产品面临着“玩物丧志”标签的挑战

解决措施：千味英语需要在保证游戏化体验的同时，确保学习效果。这需要我们在产品设计上注重学习目标的明确、学习过程的引导以及学习成果的反馈，使用户在享受游戏乐趣的同时，能够切实提高四六级水平。

2. 市场竞争激烈

解决措施：①优化产品功能和内容，根据用户需求，优化游戏化学习体验，提供丰富多样的学习内容，确保产品具有较高的吸引力；②通过线上线下多种渠道进行产品推广；③增强社交互动，发挥部落、排行榜等能增强用户活性的功能；④用户反馈与优化，定期收集用户意见和建议，对产品进行优化改进，以满足用户需求。

3. 法律和合规风险

解决措施：①合规审查。确保所有内容和功能符合相关法律法规，特别是教育和数据保护方面的要求。②知识产权保护。对小程序中的所有内容进行知识产权审查，避免侵权风险。

4. 财务风险

解决措施：①预算控制。制订详细的预算计划，监控成本支出，确保项目在预算范围内进行。②资金筹金。多渠道筹措资金，包括但不限于投资者资金、政府补贴、众筹等。

（二）存在的机遇

1. 市场需求增长

随着国家对教育的重视和人们对英语学习的需求增加，四六级考试市场规模不断扩大，为千味英语提供了广阔的市场空间。

2. 教育游戏兴起

教育游戏作为一种新型教学方式，受到越来越多用户的关注和喜爱，为千味英语提供了良好的市场机遇。

3. 用户需求多样化

用户需求日益多样化，对游戏化学习等新型学习方式的需求增加，为千味英语提供了发展机会。同时，随着用户对互联网学习方式的接受度提高，对游戏化学习产品的认可度增加。

案例9
校园生活便利服务平台——联你饿了么*

一、项目介绍

（一）项目背景

党的二十大提出，以中国式现代化全面推进中华民族伟大复兴。强调加快建设教育强国，并提出到2035年建成教育强国的目标，为实现这一目标，要深入学习习近平新时代中国特色社会主义的文化思想，推进“文化润校”，建设有温度的大学，办好人民满意的教育。

北京市第十三次党代会提出，深化教育领域综合改革，努力办好人民满意的教育。北京市教育委员关于开展2024年北京高等教育“本科教学改革创新项目”建设工作通知中强调进一步深化“建设有温度的大学”教育改革，推进德智体美劳“五育”并举、全面提高北京高等教育人才培养质量。

学校第六次党代会提出，全面实施“学术立校、人才强校、开放兴校、文化润校”四大发展战略，在高水平应用型大学建设新征程上走在前、创一流，努力建设国际知名、国内一流的高水平应用型大学，奋力谱写服务新时代首都发展和全面建设社会主义现代化国家新征程的大篇章。为深入贯彻党中央、北京市和学校党代会精神，全面贯彻党的教育方针，坚持以人民为中心发展教育，加快推进教育现代化，办好人民满意的教育，北京联合大学全面推进建设有温度的大学。

---

* 指导老师：裴一蕾、田玲。团队成员：杨楚菲、李怡萌、张潇钰、周绮、王奕杭。

（二）项目意义

1. 大学生学以致用——加强学科合作、践行使命担当

本项目团队由多学科背景的学生组成，通过学科交叉融合，推动项目的多方面发展。机器人工程专业的学生负责技术开发和优化，工商管理专业的学生负责项目运营和管理，电子商务专业的学生则负责市场营销和用户数据分析。这样多专业的合作，不仅提升了项目的专业性和可持续性，还为本团队成员提供了跨学科实践的宝贵机会，成员通过实际项目开发和运营，能够将课堂上学到的理论知识应用于实践中，践行“学以致用”的校训，提升大家的综合能力。

2. 大学生创新实践——鼓励勤工俭学、助力劳动教育

本项目为在校学生提供了大量的勤工俭学机会，帮助他们在课余时间通过兼职增加收入，同时积累宝贵的社会实践经验。通过参与配送工作，学生不仅可以锻炼自己的沟通能力和时间管理能力，更加深了对劳动价值和团队协作的重要性的理解，践行了劳动教育的理念。这不仅帮助学生在经济上获得支持，也促进了综合素质提升。

3. 大学生以智助学——增强校园公益性、承担社会责任

通过提供早餐代买、快递代取以及送餐上门等服务，本团队切实解决了师生们在日常生活中遇到的实际困难。这些服务不仅提升了师生的生活便利性，也帮助他们节省了宝贵的时间，使得他们能够更加专注于学习和工作，解决了大型校园快节奏的痛点问题。同时，参与到项目中的学生，除了获得劳动报酬，他们在服务于他人、帮助同学的过程中，也能够切身感受到互助互爱的社会责任感。这种公益实践不但让学生在服务中得到了成长，也培养了他们的团队合作精神和服务意识，从而为社会培养出了更多具有责任感和公益精神的人才。

二、项目概况

（一）项目内容

为了有效解决大型校园快节奏的痛点问题，打造一个有温度的校园，本项目团队充分利用“惠赠你”平台的资源，开发出首个专属校园餐饮外送小程序——“校园生活便利服务平台——联你饿了么”，这不仅进一步完善了我们的BUC产学用项目，还旨在为广大师生提供更加便捷和高效的校园服务。在本项目

中，B 指为平台提供早餐、快递代领及其他服务的商家和服务提供商，U 指本团队开发和运营的平台，C 指使用“联你饿了么”小程序进行各种服务消费的师生群体。针对学生和教职工在校园内的餐饮需求，提供定制化的外送服务，包括早午晚餐、饮品、快递代取等，经营范围涵盖广泛，真正做到“建设有温度的校园”。目前项目组运用“惠赠你”平台先后建立了九个主要经营的店铺，主要包括 8 个种类的商品、每类约 20 件商品，可根据顾客需求定制的弹性板块的商品 6 件，合计 200 余件商品；还拥有 9 个微信社群以及 1 个配送员接单群，流水已达 20 万元以上。

1. 团购订餐

（1）群体用餐便捷。适用于学校组织、社团活动等大规模用餐需求，提供方便的团餐服务。

（2）节省时间与精力。无须每个人单独购买食材，提高用餐效率。

（3）可以自主选择菜品。能够根据团体口味和需求定制菜单，过线上收集问卷的形式，满足不同需求。

（4）与学校合作。为老师提供团购订餐。在学校举行大型活动的时候，提前和负责人谈好，提前订餐。

2. 校园餐饮外送

校园餐饮外送是本项目的重要服务内容之一，针对学生和教职工在校园内的餐饮需求，提供定制化的外送服务，包括早午晚餐、饮品等，经营范围涵盖广泛。

（1）服务对象。一类为学生群体，包括住校生和走读生，他们可能因为时间紧张或者不便外出而需要早送到宿舍或教室；另一类为教职工，包括教师、后勤人员等，在上班前享用方便快捷的早餐外送服务。

（2）菜单设计。根据学生和教职工的口味偏好和营养需求，设计多样化的套餐和单品，包括麦当劳、商店饮品、学校食堂等。

（3）送餐时间。主要根据校园上课时间，确定早午晚餐各送达时间段，确保及时送达。

（4）食品质量。严格控制食品质量和卫生安全，确保食品新鲜、卫生，符合相关标准。

（5）订单接收。通过线上平台或电话接受早餐订单，并及时处理、安排送餐。

（6）配送团队。招募勤工俭学的学生组成专业的配送团队，确保送餐速度和服务质量。

（7）店铺推广。通过线上、线下两种形式进行推广，提高项目知名度。

（8）客户体验。客观看待客户评价，重视客户反馈，不断改进配送流程和服务细节，提升客户体验。

3. 为“联合咖啡”提供外送服务

校园咖啡厅“联合咖啡”作为本校经典成功的校园创业项目，具有一定的成熟度与知名度，通过与“联合咖啡”达成合作，将其特色饮品与美食加入外卖菜单，为校园客户提供更多选择，丰富本项目外卖平台的菜单内容，拓展营销渠道，提升自身竞争力，以下是对这一经营范围的展开描述：

（1）合作洽谈。商讨合作细节、产品选择、价格政策等，达成合作协议。

（2）菜单设计。在线上订餐平台中设立校园咖啡厅合作专区，展示合作产品，吸引客户关注和下单购买。将咖啡厅的特色饮品和甜点等产品加入外卖菜单，满足客户多样化的口味需求。

（3）线上推广。在微信朋友圈、微博、小红书等平台进行宣传，扩大知名度。

（4）订单接收与处理。接收客户对校园咖啡厅产品的外卖订单，及时传达给合作伙伴进行备餐和配送。

（5）配送服务。建立高效的配送团队，负责将餐品送达客户手中，保证食品的新鲜和口感。

（6）品质把控。对校园咖啡厅合作产品进行质量把控，确保食品的新鲜、卫生和口味一致性，提升客户体验。

4. 自制解暑饮品

（1）需求量大。在学校军训期间，对冰饮品需求很大，所以团队开设新服务提供解暑小饮品。

（2）独创口味。根据自身口味和创意制作独特口味的饮品，吸引更多客户。

（3）灵活性。可以自由选择营业时间和地点，比如学校操场，学生军训完就可以享受到冰饮料的快乐。

5. 代取快递

本项目将提供代取快递的服务，客户可以通过网页下单，并指定收货地点和送货时间，项目配送员会按时前往指定的快递站代取快递，无须客户自行前往取件，节省了客户的时间和精力。经营范围分为以下几点：

（1）通知和沟通。项目配送员在代取快递的过程中与客户保持及时沟通，通知客户送货时间、快递站位置等信息，让客户随时了解快递的情况，提高了信息透明度和便捷性。

（2）包裹安全。项目会对快递包裹进行安全保障，确保包裹在取件过程中得到妥善的处理和保管，减少包裹丢失或损坏的风险。

（3）其他增值服务。除了代取快递，项目还可以提供一些增值服务，比如包裹打包、存放、退回发件等，以满足客户更多的快递需求。

6. 提供个性化转运商品

“校园生活便利服务平台——联你饿了么”作为校园生活中的重要服务平台之一，其功能和服务要不断扩展，以满足广大学生的各种需求。因此平台开始尝试引入自销个性转运类小商品，以进一步丰富服务内容。

此类小商品能够为学生提供更加多样化的购物选择。转运类商品是一种能够帮助人们改变运势、招财进宝的神奇物品。它们通常采用天然材料制作，如水晶、玉石、金属等，具有独特的能量和灵性。转运类商品种类繁多，包括手链、项链、戒指、挂件等，每种都有其特定的功能和作用。例如，黑曜石可以帮助消除负能量，招来好运；貔貅则能够招财进宝，保佑生意兴隆。转运类商品是一种寓意美好的礼物，适合送给亲朋好友，祝愿他们好运连连。虽然这些饰品的功效没有科学依据，但是它们在年轻人中非常受欢迎，成为一种时尚的文化符号。尤其是在期末考试期间，同学相信这些商品可以带来好运。

另外，引入自销商品不仅能够巩固平台在学生中的市场份额，还能够吸引更多商家和供应商入驻，增加平台的商品种类和库存，从而提升整体服务水平和用户满意度。

此外，新增自销商品为校园配送平台带来了新的盈利模式和商业机会。通过合理定价和有效管理库存，可以在商品销售中获得更多的利润，从而实现长期的可持续发展。

综上所述，校园配送平台新增自销商品是顺应市场需求和提升服务水平的重要举措。通过引入自销商品，平台不仅可以为用户提供更丰富的购物选择和更优质的服务体验，还能够增加自身的盈利能力和市场竞争力。

（二）项目特色

1. 提供个性化定制

随着生活节奏的加快和个性化需求的不断增长，建设有温度的校园成为我们应对这一时代课题的重要举措。本项目通过引入个性化定制服务，允许客户根据自己的口味和饮食偏好定制菜单。客户可以根据自己的口味、饮食习惯等个性化需求进行定制化点餐，比如调整食物的辣度、甜度、酸度等口味要求，提供更加贴合个人口味的食物选择，从而提升客户体验。

同时提供个性化配送服务，针对不同客户的配送需求，可以提供灵活的送餐时间、送餐地点等个性化服务，以满足客户在不同场景下的需求，比如图书馆、教室、宿舍等不同送餐地点，根据所发放的调查问卷反馈得知，有50%以上的客户希望将早餐、快递、咖啡等能够送到指定地点，并表示愿意多加薪酬。通过个性化定制来提高客户黏性，增强黏性和忠诚度，进而为本项目带来更多商业机会和持续发展。

此外，精准的个性化营销活动不仅提升了客户参与的积极性，更彰显了我们对客户喜好和需求的深刻理解，根据客户的消费习惯和历史订单信息，进行个性化的营销活动和优惠券推荐，正是通过这些细致入微的服务，让每一位师生感受到学校的关怀，从而增强了情感的黏性和对校园的归属感，推动校园文化的持续发展。

2. 基于大数据设计最优路线

通过大数据和算法的结合，我们实现了校园配送服务的智能化和高效化。Dijkstra 算法和 VRP 算法在海量数据的支持下，能够为每位配送员设计出最优的配送路线，使其在最短时间内完成配送任务。我们依据地理位置、道路网络数据和具体订单信息等数据，动态调整配送方案，保证即使在高峰期或突发情况下，也能保持高效的配送服务。

这不仅提升了配送效率，减少了等待时间，更提高了客户的满意度。更重要的是，利用大数据技术，我们在每一次的优化计算中，都不断积累和学习新的数据，为后续的服务提升提供强有力的技术支持。

如此，这种基于大数据和优化算法的最优路线设计，不仅仅是技术上的创新，更是一种对用户体验的深度关怀。让每一位客户在享受定制餐饮服务的同时，也能感受到智能科技所带来的便捷与高效。通过智能化的配送服务，我们为建设一个高效、有序且充满温度的校园生活环境带来了新的可能。

3. 建立弹性配送团队

本项目通过招募勤工俭学的学生成为配送员，并给予合理薪酬，同时进行专业化培训，确保每位配送员都能够胜任工作，实现送货到门，完成“最后一步”的真诚服务，为客户提供优质的配送体验。这不仅增强了客户的信任感和忠诚度，还促进了业务的持续发展和壮大。截至 2024 年 4 月，我们的专业配送团队已扩展至 20 余人。

值得一提的是，我们注重构建一个弹性的配送团队，允许学生根据自己的课业安排和个人情况，随时加入或退出配送项目。这样灵活的机制，使得学生可以在不影响学业的前提下，利用空闲时间赚取一定的收入，并积累社会实践经验。

此外，我们提供多样化的配送方式，除了传统的送餐到门服务，还引入了自取点、智能柜取餐等多种选择，方便客户根据自身需求进行选择，进一步提升了客户的体验感。在服务客户、实现快速方便就餐的同时，我们也帮助兼职配送员改善了生活水平，让他们在社会实践中体验“大思政课”建设所强调的劳育精神，并传承与弘扬这些优良传统。

4. 学以致用承担社会责任

本项目团队汇聚了来自不同专业的学生成员，包括机器人工程、工商管理和电子商务等多个学科领域。通过学科交叉融合，团队成员能够充分发挥各自专业特长，做到学以致用，共同推动项目的发展，并在经营过程中积极承担社会责任。

机器人工程专业的成员负责开发和优化小程序，引入大数据算法为配送员设计最优路线，进一步提高配送效率，减少不必要的资源浪费。工商管理专业的成员则负责项目的整体运营与管理，制定严谨的食品处理与配送标准，确保食品质量达标，保障客户的健康和安全，并推动内部管理优化。电子商务专业的成员通过分析用户数据，制定个性化的营销活动和推广策略，增强客户参与度和忠诚度，同时倡导减少食品浪费和合理消费的观念。

从抵制食品浪费到推行环保包装、从保障食品安全到透明合作。我们致力于实现经济效益与社会效益的双赢，展示了青年一代在新时代背景下的责任担当与实践能力。通过这样的跨学科合作，团队不仅提升了项目的专业性和可持续性，也彰显了新时代大学生的风采与使命，让“学以致用，承担社会责任”的精神在实践中得到真正落实。

三、项目可行性分析与 SWOT 分析

（一）项目可行性

1. 经济可行性

外送项目相比传统餐饮业模式，无须大量人力资源和场地租赁，成本较低；在小程序设计方面，由于页面数量不多，且只采用一套技术，支持安卓系统与苹果系统客户流畅使用，相较于 App 等需要两套开发程序的技术而言，成本较低，成本压力较小；在调查方面，采用的是文献查找、线上访谈与调查问卷相结合的形式，通过查找相关文献以及采访潜在与实际客户来获取调查资料，截至 2024 年 4 月，项目组共回收调查问卷 875 份；在项目推广方面采用线下与线上相结合的方式，线下通过项目组成员走进各个宿舍的方式宣传推广，让更多客户了解本项目，线上采用社群运营与新媒体推广的方式，在小红书、微信朋友圈与视

频号同时宣传推广，使小程序被更多人熟知。因此，无论是小程序设计还是宣传推广，经济成本都在项目组可控范围之内，能达到预期效果。

2. 技术可行性

本项目的小程序前端逻辑主要通过 JavaScript 实现，包括页面交互、数据处理等功能，后端开发技术使用 Node. js、JavaSpring 来实现服务器端逻辑和数据库管理。小程序的技术架构上清晰明了，相较于复杂的 App 页面更好理解，并且使用在线工具生成二维码图片，将其与小程序链接关联，提高方便性，小程序也将得到微信官方更大的流量支持，未来的发展前景大，因此，本项目的技术可行性高。

3. 操作可行性

小程序无须下载安装，客户可以使用微信扫一扫功能扫描外卖服务的二维码，快速进入小程序的订餐页面，操作流程十分简单，适合大部分年龄段的客户使用。小程序可以帮助客户高效的解决问题，并且是微信中灵活的应用组织形态，无须卸载。小程序中展示外卖服务的菜单列表，客户可以浏览菜品信息、价格等，并选择自己喜欢的商品加入购物车。可选择的支付方式多样，如支付宝支付、微信支付等，保证支付流程安全可靠。小程序界面设计简洁便捷，图表清晰、说明易懂。因此客户上手难度比较小，操作可行性强。

（二）同类小程序对比分析

项目组选取三个同类型程序进行对比分析，三个小程序分别对比栏目、功能、特色、优势和劣势五个方面，来初步规划本栏目以及功能等。

根据同类型的 3 个小程序对比，项目组发现一些校园也采取了通过外送小程序来带动校园外送的发展，这些小程序都各有优缺点。通过对比分析，项目组采用了大多数小程序的模式，每个商品的详情页面中通过具体的文字和图片来展示商品。提高小程序的可靠度。随着生活节奏加快，外卖需求日益增长。校园外送项目能够满足客户对于便捷、快速的就餐需求，市场需求大，希望通过此小程序能够完成校园外送的“最后一步”，为学校师生带去更多便利，让客户体验到最优质的服务，同时帮助勤工俭学的学生获得收入，提高自身生活质量。

（三）SWOT 分析

1. 竞争优势（S）

（1）构建便利化生活，完善制度化建设。快捷便利的配送服务：相较于自身前往取件，借助“联你饿了么”平台进行校园生活便利服务能够真正实现“送货上门”，并且在配送人同时接收到多个配送任务时可以集中拿取快递，缓解了快递点拥挤，取件有风险等传统问题。同时，通过网络平台组织，可以完善配送制度和信息反馈制度，还可以建立保价制度，最大限度地保障物品安全，并将客户对配送过程的满意度通过平台予以反馈。另外，本团队也能够主动寻找问题的根本原因，分析症结所在并加以改善。最后，平台系统可以把客户使用后的反馈信息进行总结归纳，并将总结好的资料发送给运营管理人员，让其根据各配送人的状况进行调整与培训，让网络平台以及配送人在客户的鞭策下不断完善团队制度以及改善服务态度，还可以定期对客户进行回访以及发放定量的优惠券补贴等，让客户享受便利，反馈问题。

（2）加强资源合理化，节约成本促进环保。在平台经济模式下发展校园代拿配送“最后一公里”服务的重要措施是建立一个优质平台媒介，及时优化平台与客户之间的各种链接信息等各种措施，促进资源合理利用。快递配送员群体大多是学生，取件存在很多相同路线的学生，让其成为校园配送的配送人得天时之利，在熟知校园环境条件下，知晓相关规章制度，能够最大限度地避免矛盾发生，并且校园配送可以为许多学生提供就业岗位，帮助其勤工俭学，通过以点覆面的办法，加强专业本地化合理化建设。同时通过加强招聘审核、加强培训等方式提升服务质量，并达到校园配送代拿服务“最后一公里”模式的快速、便捷性。

（3）建立保护制度，结构轻量化。相较于自身前往取件，借助网络平台进行校园配送能够真正实现“送货上门”，并且在配送人同时接收到多个配送任务时可以集中拿取快递，缓解了快递点拥挤，取件有风险等传统问题。同时，通过网络平台组织，可以完善配送制度和信息反馈制度，还可以建立保价制度，最大限度地保障物品安全，并通过客户对配送过程的满意度通过平台予以反馈，直面差评，相关人员也能够主动寻找问题的根本原因，分析症结所在并加以改善。另外，平台系统可以把客户使用后的反馈信息进行总结归纳，并将总结好的资料发送给运营管理人员，让其根据各配送人的状况进行调整与培训，让网络平台以及配送人在客户的鞭策下不断完善团队制度以及改善服务态度，还可以定期对客户进行回访以及发放定量的优惠券补贴等，让客户享受便利，反馈问题。“联你饿了么”不直接运输快递、跟踪快递，而是做快递的“最后一公里”服务，使结构轻量化，加强对服务平台的优化，从而进一步加强公司的核心竞争力。文章主要分析了我国目前快递代拿模式中存在的问题，并针对这些问题提出了一些建议和措施。

2. 竞争劣势（W）

（1）时效性和隐私安全大打折扣。校园配送业务“最后一公里”，对校园来说，物流“最后一公里”是配送的最后一个环节，具有“送货上门”“面对面”

“按需及时”等优势。当下的风险社会，手机号身份信息“满天飞”。由于在配送过程中，代取配送往往需要客户的身份证号码、姓名、电话号码以及寝室住址等个人信息，因此若被有心人利用将造成不可挽回的后果，如信息被贩卖。在当今社会，由于高校师生的安全防范性和反诈意识不强，信息泄露会引发一系列骗局，进一步损害客户的合法权益，违背大学生创业的初衷，甚至陷入信誉风险之中。信息安全无法得到保障将会极大地阻碍平台媒介的发展。封闭性强的校园无法在任何时间、任何地点开展配送工作。并且尚不能做到校外那般灵敏和便捷，时效性极大降低。封闭的校园环境降低了客户的安全隐患，减少外来车辆和社会人士的流动，但也正是如此代拿服务的灵活性也大打折扣。快递配送人员配送量比较繁杂等问题产生。

（2）客户黏性不足及智能化发展不足。首先，大学生上下学的时间相对固定，空闲时间较短，同时快递配送的有效时间也较短，也不那么固定，主要集中在午休和下午放学后，这也加重了道路拥堵的情况。因而客户如若无法及时收取、快递配送速度过慢，也可能造成生鲜等特殊含有有效期的食品变质等，这一系列将会导致客户群体的黏性会明显下降。其次，校园物流设施装备智能化的欠缺，并没有配备智能快递柜等相关设施，因而快递中心的分拣工作属于人工操作，入库操作属于人工操作，没有完全采用自动化的机器分拣。快递工作量大，目前大多数学校快递配送在需要客户自行取件，人流量的增大，一来一往都大大降低了取件效率和增大了快递站点的压力。

3. 机会（O）

（1）合作机会。“联你饿了么”校园生活便利服务可以与校园内其他服务平台或商家合作，如联合咖啡、羊杂汤、烤冷面等。共同推广服务并提升品牌影响力。

（2）技术优化。利用智能科技和大数据分析优化配送流程，在配送员手机上显示配送路线，提高效率和服务质量。

（3）个性化服务。根据学生的需求和喜好开展个性化服务，提升用户满意度和忠诚度。在完成订单界面设计评分系统后进行评分。

（4）市场拓展。通过推广活动和促销优惠吸引更多用户，提高市场份额和竞争力。开设“砍一刀”活动，舍友拼单九折优惠。

4. 外部威胁（T）

（1）竞争对手。传统外卖业务的竞争依然存在，可能增加激烈的市场竞争。

（2）政策的限制。可能会出现校园政策的限制或者其他外部因素，如校园内的管制等，对配送服务造成影响。

四、项目调查设计与实施

（一）调查目的

项目组的目的是通过调查了解，收集在校生对校园生活便利服务平台的接纳度及让该平台的功能走入大众视野，同时了解本校在校生对“联你饿了么”小程序的栏目、功能、界面设计的需求和建议以及在校生对小程序的特色栏目、功能等方面的服务。根据收集的信息，设计小程序，提高小程序的使用感、实用性和适配度。

（二）调查对象

本项目初步想进军早餐配送市场，且学校的学生年龄分布面小，基本是19~25岁且同在校园内，于是以便项目组对调查群体能有更加深刻的了解和分析，团队主要针对校本部在校生进行样本调查。

（三）调查内容

随着大学生活的快节奏和生活压力的增加，越来越多的师生选择在校园内订购早餐。校园早餐配送平台应运而生，为师生提供了便利的早餐订购服务。然而，为了更好地了解师生对校园早餐配送平台的需求和期望，设计一份有效的调查问卷显得尤为重要。本书将对校园早餐配送平台的调查问卷内容设计进行分析。

（1）个人信息。调查问卷首先应包括客户的个人信息，如年级、专业等，以便后续数据分析时能够进行细分和比对。此外，也可以添加客户的早餐消费习惯和订餐频率等相关信息，从而更好地了解目标客户群体。对校园早餐配送平台服务调查：在调查问卷中，可以设计针对校园早餐配送平台的服务问题，包括送餐时间、食品质量、配送地点、配送费用等方面。通过量化满意度评分，可以客观地了解客户对校园早餐配送平台的满意程度，从而为平台的改进提供参考。

（2）餐品及口味偏好调查。了解客户的餐品偏好和口味需求对于校园早餐配送平台的运营至关重要。调查问卷可以包括客户对早餐品类的偏好、口味选择和膳食健康需求等内容，从而调整或优化早餐配送平台的菜单和供应。

（3）服务建议。为了不断提升校园早餐配送平台的服务品质，调查问卷中可以设置开放式问题，让客户表达对平台的期望和建议，包括更多的餐品选择、配送范围扩大、服务时间调整等，从而真实地了解客户需求，为平台的后续发展提供指导方向。

通过以上分析，设计一份关于校园早餐配送平台的调查问卷是为了更好地了解客户对服务的需求和意见，从而为校园早餐配送平台的运营和改进提供数据支持和参考建议。有效的调查问卷内容设计可以帮助平台更好地满足客户的需求，提升服务品质，提升竞争力。

（四）调查结果

本项目通过微信等社交软件进行问卷发放。经过两周左右时间发放，回收有效问卷 897 份，其中有效问卷 875 份，无效问卷 22 份。问卷收集完毕后，依靠 Excel 图表对调查结果进行统计与分析。

综上所述，对于学生群体来说，他们是校园配送平台的主要客户。学生在学习和生活中需要各种各样的商品和服务，如食品、饮品、快递、外卖等。因而，校园配送平台需要提供丰富多样的商品选择，包括饮品、美食、零食等，以满足学生的多样化需求。此外，学生通常有较为繁忙的学习和社交活动，因此配送平台需要提供快速、准时的配送服务，以及灵活的线上下单和支付方式，方便学生随时随地进行下单购买。其次，教职员工也是校园配送平台的重要客户群体。他们在工作和生活中可能需要采购午餐等商品和服务。因此，配送平台需要针对教职员工的需求推出专属的服务套餐或折扣活动，以吸引他们使用。同时，提供预订、定期配送等个性化服务，以满足教职员工在工作中的特殊需求，也是校园配送项目需要考虑的。

另外，安全和质量是校园配送项目需要时刻关注和保障的重点。客户对所购商品的安全和质量有着高度的关注和要求，因此配送平台需要建立健全的商品采购和配送体系，保证商品的质量和安全性，严格遵守食品卫生等相关规定，确保客户放心使用服务。总体来说，校园配送项目需要充分了解客户的需求，提供丰富多样的商品选择、快速准时的配送服务、灵活便捷的下单和支付方式、针对性的服务套餐和折扣活动，以及保证商品质量和安全性的保障措施，从而满足客户的需求，提升整体的客户体验和满意度。通过不断优化服务和满足客户需求，校园配送项目将能够稳步发展并赢得更广泛的客户群体的青睐。

五、商业模式

（一）顾客细分

1. 商品分类

平台商品分为：餐饮配送（麦当劳、烤冷面以及学校食堂等），餐饮堂食（联合咖啡、自制小饮品等）主要面向校园师生。转运店铺（转运戒指、转运手串等）主要面向大学生和部分社会人士。

2. 顾客特点分析

学生。校园内的学生是主要的顾客，他们需要方便、快捷、价格合理的配送上门服务。特点："懒"，有一定购买力，喜欢新潮的商品。学生平常学习很累，回宿舍休息后不愿意再出宿舍去买饭拿快递，这种情况下需要配送上门的服务。大学生具有一定的购买力，会平常在网上购买一些小玩意儿以求财、求爱情、求学业。

教职员工。校园内的教职员工也需要配送服务，他们通常更注重便捷和高效。特点：时间少，忙，有很强购买力。老师每天需要处理非常多的事情，而去食堂买饭非常耽误时间，并且老师具有很强的购买力，老师是非常大的潜在顾客。

社会人士。特点：时间多，有经济能力，喜欢有趣的东西。社会人士具有很强的购买力，会经常浏览网络在网上购买一些小玩意儿以求财、求爱情、求学业。

配送员。为配送员提供工作岗位的同时，抽取他们工资实现利益最大化。特点：时间多，可以挣点钱，助力勤工俭学。

（二）价值主张

（1）解决"最后一公里"问题。本团队创造"联你饿了么"的目的是利用人与人之间的关系，把人放在虚拟与现实的交叉点。其次是本地化，本地化可以说是实现了人与服务的一个链接，在小程序当中的，通过本土化可以很好地实现"最后一个公里"的服务圈。

（2）快捷便利的配送服务。为校园内的学生和教职员工提供便捷、高效的配送服务，节约他们的时间和精力。且提供各类生活用品、快餐、食材、快递等商品的配送，方便学生和教职员工的生活。

（3）个体需求。以“联你饿了么”校园生活便利服务小程序为例，客户群体通过与小程序分配的配送人员之间的联系，在平台上发布个人需求，由平台进行分配，移动硬件的普及奠定了个性化服务的基础。该小程序的出现，使得线上与线下商家都可以利用其优势实现双赢。

（4）多样化的商家选择。提供丰富多样的商家选择，满足顾客不同的需求。

（5）合理的价格。提供价格合理的配送服务，吸引更多的顾客。

（6）商业结合。本项目为校园内的创业者提供配送服务，帮助他们扩大销售范围，提升品牌知名度。如与学校咖啡店合作，校园配送与学校咖啡店进行合作，推出独家或限定的商品配送。通过与学校咖啡店合作，项目组可以获得合作品牌一定的销售分成，从而实现盈利。

（7）提高生活质量。校园配送能够让学生和教职员工更便利地获取生活必需品和餐饮服务，提高他们的生活质量。

（8）促进校园经济。校园配送服务为校园内的商家和小店提供了更多的销售渠道，促进了校园经济的发展。

（9）增强校园社区感。通过校园配送服务，学生和教职员工能够更加便利地与校园内的小店和餐饮服务建立联系，增强校园社区感。

（10）环保节能。通过集中配送和减少学生和教职员工的出行，校园配送服务有助于减少环境污染和节约能源。

（三）渠道

通过“惠赠你”平台下单，构建学校社区微信群，以达到软件经营的目的，确保顾客及时收到消息。

校园微信群的使用。建立校园群，把需要代取以及代拿有需求的客户组合在一起进行资源整合，实现共同利益分配。

（四）客户关系

与学生老师以及社会人士构建客户关系。首先是校园内学生群体。这是主要的目标客户，包括各个年级、专业和背景的学生。他们日常有餐饮需求，尤其是早餐、午餐和晚餐。他们倾向于方便、快捷、健康和经济实惠的餐饮选择。其次是校园内教职工。由于在校老师中午繁忙，同时这部分客户同样有日常餐饮需求，可能更注重品质和口味，以及配送时间。所以我们要确保提供高质量、安全、卫生的餐饮产品和配送服务，建立客户信任和满意度。同时了解客户需求和口味偏好，提供个性化的餐饮选择和服务，增加客户黏性和满意度。与客户要做到保持频繁的沟通和互动，包括接受反馈、解决问题和传递促销信息等，建立良好的客户关系。

（五）收入来源

（1）交易佣金。从商家销售额中抽取一定比例的佣金作为收入。相应的优惠和服务。

（2）配送费。从配送费中抽取一定比例的佣金作为收入。

（六）核心竞争力

（1）高效的配送系统——半小时送达服务：快速的配送服务、多样的商品选择、灵活的送货时间等，满足客户的个性化需求。提供广泛的商品选择，包括生活必需品、食品饮料和快递其他日常用品，满足不同人群的需求。除了早餐外，团队还和麦当劳、快递驿站以及学校咖啡店进行合作以保证所有人的需求得到满足。能够根据学校和客户的需求，提供个性化、定制化的配送服务，满足不同需求和场景。

（2）配送员管理：本项目团队招募了多个配送员，以确保每个时间段都有人配送，为客户提供高效精准的服务。

（3）与商家合作：提供配送、营销、合作等综合服务，吸引更多创业者合作。如与联合咖啡的合作，为商家提供配送员，帮助店铺宣传，吸引流量，实现互惠互利。在合作的同时，保证商品品质，丰富商品种类，并提供定期促销和优惠活动。除校内商家之外，还与校园周边的商家进行合作，确保商品质量和交付准时。

（4）优质的服务和客户体验：提供优质的客户服务和客户体验，确保订单准确无误，处理投诉及时，并不断改进以满足客户需求，确保良好的客户体验。

（七）合作伙伴

（1）校内商家：联合咖啡、校园食堂。校园周边商家：麦当劳、烤冷面等。

（2）支付平台：与第三方支付平台“惠赠你”合作。

（八）成本结构

（1）营销成本：推广校园配送服务，吸引更多的顾客和商家。如递推时候的小礼物，以及建立社群时的红包增加浏览量。

（2）人工成本：为配送人员提供薪酬。

（3）平台抽成成本：“惠赠你”平台抽取营业额的2%。

（九）盈利模式

（1）商品销售收入：通过“惠赠你”平台的小程序与商家合作，获取商品10%的销售佣金和配送费用。

（2）配送跑腿费：收取服务费，根据订单的大小、距离和商品类型来计算配送费用。

（3）自销商品：通过薄利多销的方式进行宣传售卖。

六、平台设计

（一）平台设计理念

聚焦建设有温度的大学，项目组通过前期的调查问卷调研和分析，在对同学和老师的交流访谈中，我们充分地了解了师生对现如今校园便利服务平台的一系列需求。基于大赛官方的惠赠你平台，我们成立了分销店铺以及设计了具有团队特色的小程序。

1. 设计满足项目团队使用的接单平台

在当今社会，外卖服务已经成为人们生活中不可或缺的一部分，尤其是在校园中，学生对于方便快捷的外卖服务有着更高的需求。

校园生活便利服务小程序的设计需要考虑到客户群体的特点，以及服务的便捷性和高效性。整体设计应简洁清晰，界面友好，方便客户使用，主要体现在扫码直接加购、线上微信/支付宝支付、一键定位等便民服务功能的小程序。同时，校园生活便利服务平台的功能设计全面。

2. 设计满足客户下单的平台

校园生活便利服务小程序的客户群体主要是校园内的大学生，年轻人要求使用效率高而简单。设计小程序时应简化界面设计，采用简洁、不失美观的 UI，让客户更快的熟悉使用；平台送餐的服务主要以早餐为主，提前去食堂把拍好照去后上传的商品中，来满足客户不同的口味；客户下单后，可以通过平台实时跟踪订单状态，包括接单、配送等环节的信息。

3. 基于大数据算法计算校园配送最优路线

基于大数据和算法选取最优的校园内配送路线是一个实际的问题，特别是在提高效率和降低成本方面有很大的潜力。

（二）平台UI设计

首页是平台的门面，设计应该吸引客户眼球，展示平台的特色和服务。

（三）平台使用测试

平台的测试是保证平台稳定运行的关键步骤。内容如下：

①功能测试。测试平台的各项功能是否正常运行，包括下单、支付、接单等。②兼容性测试。测试平台在不同设备和不同操作系统下的兼容性。

七、项目推广

（一）线上推广

1. 朋友圈推广

本项目组的小程序基于微信平台，所以项目组成员与北京联合大学校园墙进行了合作，在校园墙上可以实现和特定群体的文字、图片、语音、视频全方位沟通、互动，形成了一种当下推广小程序主流的线上线下微信互动营销方式。项目组会在朋友圈中定期更新信息，从而让更多学生和老师对校园服务平台产生兴趣，引导越来越多的人关注小程序。

2. 小红书/微博推广

当今社交媒体是品牌推广和产品营销的关键平台，尤其是在小红书和微博这两大平台上，拥有着庞大且活跃的用户群体。选择在小红书和微博进行推广不仅能够扩大品牌影响力，还能有效提升品牌与消费者之间的互动和信任度，是现代营销策略中不可或缺的重要一环。

（二）线下校园推广

首先，线下活动亲和力强，通过线下摆摊、派发传单等活动，能够直接与学生和老师互动，增强项目的亲和力。

其次，在北京联合大学的多个校区开展活动，能够广泛覆盖学校的各个角落，触及更多的潜在用户。

再次，结合产品体验与宣传，通过线下体验活动，如咖啡试喝，让客户直接体验产品，增加购买意愿，同时宣传项目的便利之处。

最后，可以直接获取反馈，线下活动能够提供与客户直接交流的机会，从而获取宝贵的用户反馈，帮助项目不断优化。

（三）合作推广运营

1. 与联合咖啡合作

项目组与本校优秀创业项目“联合咖啡”经过友好洽谈，成功达成合作意向。联合咖啡运营3个、200多名成员社群，在全校范围内影响力较大，本项目成为首个独家与联合咖啡合作的项目，本项目组将承担咖啡厅的外送服务部分。

2. 与校园周围餐饮店铺合作

项目组与本校周边商铺经过友好洽谈，利用配送群体为学生勤工俭学优势，服务做到送餐到宿舍门口且有预约时间这两大优势，成功达成合作意向。本项目组将承担外送服务部分。

八、财务分析

（一）收入分析

截至2024年7月，本项目团队的总营收额达到217903.62元，且本团队的项目近期的营业额在逐月增长。

本项目的用户大部分为在校师生，主要送达地点集中在北四环校区11号楼等宿舍楼和教学楼。同时，通过社交媒体、点评平台等获取客户的口碑和评价，在推广宣传的同时，我们了解客户对项目的整体认可程度，对品牌形象和市场影响力有重要作用。

1. 结算统计分析

结算统计分析是对过去一段时间内的结算情况进行分析和总结的过程。

本项目完成结算单数共计1192单。结算单数在2024年6月16日与7月14日达到峰值，这得益于项目组在学校文化周做出的宣传活动与开拓新分支项目。2024年5月，项目组策划文化周、军训、运动会活动期间的宣传文案，线上微博、小红书、抖音等社交平台持续宣传推广，增加曝光，线下项目组成员通过摆摊售卖夏日饮品时增加项目知名度；同时，6月、7月正值毕业季与考试周，订单与销售额的激增，充分说明了项目的受欢迎程度和市场需求量大。存在的问题是宣传时效短，有明显的下单低谷期，将来项目组会针对这一问题做出调整，改变策略，加大营销力度。

2. 订单统计分析

订单统计分析是指对企业或组织的订单数据进行收集、整理、分析和解释的过程。

2024 年 6~7 月的订单总数量为 668 个，虽然订单数量不稳定，但整体趋势向好。

2024 年 6~7 月的订单总金额为 92473.11 元，每日订单金额存在较大波动，高峰期的日订单金额达到 17970.74 元，可见项目的宣传效果十分显著，线上下单项目得到了较多同学老师的认可，未来发展趋势较好。但后期订单金额存在较大波动，与前期存在较大差距，需要项目组反思总结，后期改善营销策略，提高自身竞争力。

（二）成本费用分析

小礼物占总成本的 0.20%，运营管理费用占总成本的 4.18%，配送工资占总成本的 92.00%，平台提成费占总成本的 3.64%。配送工资是整个成本中占比最高的一部分，高达 92%，表明配送服务的人工成本对于项目整体成本的影响较大。

1. 前期设计宣传推广费用

在项目前期，项目组进行了递推式的推广，在线上购买一些小礼物鼓励大家进群，因此在费用上有一部分支出在买礼物上。

2. 项目实施运营期间费用

该项目的运营期间费用主要是给配送员的工资结算。因为实行的是先配送成功，再结算配送费，这样可以加大对配送员的配送监督，让客户体验更好的配送服务。同时，在运营的这段时间，团队没有任何一次配送事故。

3. 项目实施运营的管理费用

在运营期间的管理中，本项目组主要是把子店铺的提现权限给在店铺入住商家的店长，这样方便店长随时提现。店长会在每周末进行一次提现，这样少了很多对于资金的纠纷，同时也方便了项目组对店铺的管理。

（三）经营效果分析

1. 经济效益

总利润可以通过总收入减去总成本得到：

$\pi = TR - TC = 217903.62 - 119598.07 = 98305.55$ 元

截至 2024 年 7 月，本项目的总利润为 98305.55 元。同时，利润率是衡量项目盈利能力的一个关键指标，计算公式如下：利润率＝总利润/总收入×100%，代入数据后可发现本项目的利润率约为 45.10%，表现出较强的盈利能力，表明本项目在控制成本和提升收入方面较为注重。并且可以看出本项目在 2024 年 5 月至 7 月。

2. 社会效益

我们的项目通过提供便捷的餐饮与配送服务，积极助力“建设有温度的校园”，营造了一个关爱和温暖的校园环境。同时，项目为学生提供了勤工俭学的机会，帮助他们在学业之余通过实际工作减轻经济压力，积累社会实践经验，培养职业技能和服务意识。在这一过程中，劳育实践得到了真正的落实，通过这种结合理论与实际的劳育实践，学生在劳动中学习和成长，实现自我价值的提升，真正将“大思政课”建设的劳育精神融入到日常生活中，推动了校园共同体的和谐发展。通过这些举措，我们不仅增强了校园的凝聚力和温情氛围，也推动了学生全面素质的提升，达到了经济效益与社会效益的双赢。

九、风险管理

在搭建校园外卖服务平台的过程中，需要充分考虑各种可能的风险，并采取相应的规避方案，以确保项目顺利进行。

（一）市场风险及规避方案

1. 市场风险

市场竞争激烈，客户需求不确定，随时可能面临新的竞争对手。

2. 市场调研

在项目启动前，进行充分的市场调研，了解目标客户的需求和竞争对手的情况，以制定相应的竞争策略。

3. 差异化定位

找准市场定位，通过提供独特的服务或产品特色来吸引客户，从而降低与竞争对手的直接竞争。

4. 灵活运营

及时调整运营策略和服务内容，根据市场反馈和客户需求做出相应调整，保持竞争优势。

5. 多元化服务

不断关注校园内的客户动态，拓展多方面业务，以此满足尽可能多的需求。

（二）技术风险及规避方案

1. 技术风险

包括系统安全性、稳定性等方面的风险。

2. 安全保障

加强系统安全性设计，采用安全加密算法、访问控制等措施，保护客户数据安全。

3. 技术选型

选择稳定可靠的技术平台和框架，经过充分测试和验证，确保系统稳定性和性能。

（三）财务风险及规避方案

1. 财务风险

包括资金紧张、成本超支、收入不稳定等问题，可能影响项目的持续发展。

2. 资金规划

制订合理的资金预算和使用计划，合理分配资金用于开发、营销、运营等方面，确保项目顺利进行。

3. 收支平衡

控制营销成本，提高收入，保持收支平衡，确保项目运营的稳定性和可持续性。

（四）管理风险及规避方案

1. 管理风险

公司管理层结构偏向年轻化，在具体运作方面的实战经验相对不足，随着公司的扩展也可能造成管理营销人员相对缺乏。

2. 团队建设

建立高效的团队合作机制，明确任务分工、沟通渠道，提高团队协作效率和执行力。

3. 风险管理

建立健全的风险管理机制，定期进行风险评估和分析，及时发现和应对潜在风险，保障项目的顺利实施。

案例10 基于大数据要素的“网红目的地消费经济”多场景方案设计*

一、网红经济的基本情况

（一）网红经济的定义和背景

1. 网红的定义

关于网红的定义，人们众说纷纭。早年，君联资本邵振兴认为，网红是KOL（Key Opinion Leader，关键意见领袖）的一种，能对粉丝某些行为产生影响力和决策力。新榜认为：网红的本质，是以人格化网生内容塑造，具有较强传播力与影响力的调性网络形象。

事实上，说到网红就要回到“红”的定义，这个红一般指红人，也可指代知名的人或物。“红人”可认为是具备一定人格、能力、形象与行为特质，在社会上广泛吸引关注与追随者的“知名人物”。最初的红人可追溯到人类社会各发展阶段的知识、技术和艺术产品的创造者以及其作品，如古代的画家、名医、名匠、书法家、建筑家、思想家及诸多知名著作等。随着技术进步，近当代红人多以建筑、影视等领域的知名人物和作品为主。发展到互联网时代，基于强互动关系的网络红人开始兴起，“红人”越来越大众化、分散化。因此，网红实际上是“红人”在技术和社会结构变革下的延伸。

---

* 指导老师：盛晓娟、祝歆、裴一蕾。团队成员：殷宏磊、李笑、楚心茹、王琳、王佳乐、赵雅茹、陈佳芝。

基于此，可以认为网红指通过网络社交平台聚集大量关注与追随者的知名人物，其本体可以是人、物、动物、虚拟物等。

2. 网红经济的定义

MBA 智库的词义解释将网红经济定义为依托互联网特别是移动互联网传播及其社交平台推广，通过大量聚集社会关注度，形成庞大的粉丝和定向营销市场，并围绕网红 IP（Intellectual Property）衍生出各种消费市场，最终形成完整的网红产业链条的一种新经济模式。而网红目的地是当下借助微博、抖音等移动媒体平台的宣传推广刺激游客参观的旅游空间的统称。

（二）网红经济的发展历程

早在 20 世纪 80 年代，媒体文化研究者和批评家尼尔·波兹曼在其作品《娱乐至死》中对于人们娱乐化的发展趋势进行了丰富的阐述及预言："这是一个娱乐的时代，一切公众话语都日渐以娱乐的方式出现，并成为一种文化精神。我们的政治、宗教、新闻、体育、教育和商业都心甘情愿地成为娱乐的附庸，毫无怨言，甚至无声无息，其结果是我们成了一个娱乐至死的物种。"进入移动互联网时代，网红经济已将这一现象表现得淋漓尽致。尼尔·波兹曼被人认为是网红经济的思想先知。

互联网技术带来的跨地域、跨文化的广泛连接，催生了网红经济。在国内人们对"网红"一词的普遍关注最早始于 2012 年，这一年诞生了典型的奶茶妹妹、凤姐等。2015 年后，随着视频平台、直播平台开始飞速发展，网红经济逐渐进入产业化发展阶段。

网红经济省去了中间环节，加速了商品流通，不仅提振了市场消费，也为经济社会发展赋能。流量带来的不仅是消费场景的更新、城市形象的提升，更是对实体经济和乡村振兴实实在在的支持。

网红经济与旅游最为相关的可能就是"网红打卡地"了。这几年，短视频、直播等新的传播方式兴起，轻松有趣的线上内容与实体行业的结合，正在帮助线下目的地获得更多关注，其中既包括传统的旅游景区、博物馆等，也包括很多新兴的"小而美"精品体验项目。

抖音平台数据显示，2023 年第一季度文旅内容的播放量、投稿量、点赞量等数据在各级城市区域间呈正态分布形态，三线城市文旅内容规模最大，四线、五线城市文旅内容规模与新一线、二线城市接近。

携程研究院战略研究中心副主任张致宁认为，目的地打卡和网红经济的兴起，与目的地营销的转型升级有着紧密的关系。随着互联网时代从 PC 端向移动端过渡，目的地的营销策略也发生着相应的调整。用户使用频次高、停留时间长的App，满载着与目的地相关的精美图文和短视频信息，为用户持续“种草”，明星、网红、旅游达人的示范效应刺激着人们前往目的地一探究竟。在探索过程中，酒店、餐饮、交通、娱乐等泛旅游产业随之受益。

（三）网红经济特征

1. 聚集变现

以热点引爆话题，以话题引出一个爆款产品，形成扎堆消费，这就是流量的聚集与变现。主要特点就是“热点+爆款+扎堆”。

2. 产业化

由于网红的经济效益提升，导致整个产业链越来越齐备、完整，已经形成了一个从培育、成熟、商业化再到商品化发展的一个发达产业。此外，网红商业化中的产品供应链也已经形成，已出现专门为其服务的各类机构。

3. 差异化

由于用户的偏好及时间有限，为了形成个性化，建立竞争力，无论是内容网红、主播网红，还是时尚网红，都表现出内容或形式的垂直细分化特征。

4. 时效性

网红经济具备一定“现象性”“时效性”，表现为内容型网红面临持续高质量产出的压力，直播型网红面临受众或粉丝审美疲劳的潜在风险。

（四）网红经济产业链

如今网红经济已经形成了较为完整的产业链，包括上游提供广告营销需求的品牌方或广告主；中游内容创作端的网红 KOL 与 MCN 机构；内容分发端的各类短视频、电商及社交平台；下游通过购物、打赏实现最终消费的用户群体。

（五）网红经济案例分析

2023 年最火的网红城市莫过于山东淄博，据资料显示，2023 年 3 月，淄博财政收入增幅跃居山东第三。“五一”期间，淄博烧烤住宿预订量较 2019 年同期增长 800%，旅游订单较 2019 年同期增长超 2000%，快速登顶全国热门景区榜首。淄博烧烤的出圈源自与大学生的暖心约定，大学生组团重回淄博“撸串”，并通过网络分享迅速登上热搜。淄博快速反应，抓住淄博烧烤的流量密码，自此，烧烤成为淄博的城市 IP。

1. 案例成功原因

关注淄博烧烤的人群，既有 18 岁的大学生，又有 50 岁以上的中年人，都对“淄博烧烤”十分心动。其中，31~40 岁年龄段的人群最爱观看“淄博烧烤”相关视频，占比近 3 成；然后是 24~30 岁的人群，18~23 岁的人群。综合来看，18~40 岁的年轻消费群体是“淄博烧烤”的忠实粉丝，占比超 8 成。

由于网络传播具有速度快、传播广、成本低等特点，截至 2023 年 4 月 25 日，抖音话题淄博烧烤的视频总播放量为 102. 8 亿次，微博淄博烧烤相关话题上榜热搜 18 次，小红书淄博笔记已超 96 万条。淄博依托互联网实现定向营销，将潜在购买力转化为现实购买力。

自从淄博烧烤爆火之后，淄博陆续推出了举办烧烤节、增添烧烤专列、发放烧烤券等相关措施，无形中又为淄博圈粉，占据舆论话题 C 位。淄博还推出与烧烤相关的琉璃制品，带动本地琉璃陶瓷产业，增加游客的记忆点的同时，做到了网红热点与产业相结合。烧烤不缺斤少两，当地人热情好客，游客在淄博感受到的更多是人情味与烟火气。淄博万人烧烤城，大家的情绪相互感染带动，形成体验经济。三五好友推杯换盏，家人朋友周末相聚，淄博烧烤，真正拉进了人与人之间的距离。

2. 案例商业模式画布分析

商业模式画布总共包括九个模块，分别是价值主张、用户细分、分销渠道、用户关系、核心资源、关键业务、重要伙伴、收入来源、成本结构。

其中，淄博烧烤的价值主张是，用较低的价格为游客带来较好的旅游体验，感受小城市的人间烟火气；同时依托年轻群体，打造时尚活力和年轻友好的城市形象；并且通过淄博的一体化优质服务，为顾客打造良好体验。淄博烧烤的用户细分多为“90 后”“00 后”群体，“90 后”“00 后”热衷社交分享，更喜欢通过社交媒体分享来自真实、真诚、贴近生活化的种草。口碑排行、新鲜感是影响他们消费的一大标准，线上+线下全渠道引流获客方法，更能激发他们的线下打卡活力。淄博烧烤的分销渠道分为“线上+线下”，线上主要有官方网站、社交平台等方式，线下主要有学生推广、定制礼品等方式。淄博烧烤的用户关系主要有战略合作关系、第三方合作者和买卖关系，淄博烧烤通过发放消费券、开通高铁专列等吸引流量，留住客户，最终维系转化形成品牌效应。淄博烧烤可以使用的核心资源主要是景区资源和当地特色，淄博的历史文化和自然风光的资源都很丰富，同时淄博当地还拥有独特的风味和吃法以及淄博人民群众的“独一份”热情。淄博烧烤的关键业务包括打造淄博烧烤品牌、品牌相关的经营活动、寻找合作伙伴以及品牌相关的售后服务。淄博烧烤的重要合作伙伴有宣传渠道的推广商、“小饼烤炉加蘸料”的一系列供应商、开通“烧烤专列”的铁路局及自愿为淄博这个城市所贡献的淄博群众。淄博烧烤的收入来源主要包括消费烧烤所得收入、住宿所得收入、琉璃产业所得收入及景区所得收入。淄博烧烤的成本结构主要包括租赁成本（店铺租金或者场地费用）、装修成本（购买设备及店面装修）、维护成本（设备有问题所需的维修费）、人力成本（服务员和烧烤师傅）、能源成本（水电费用等）、营销成本（线上线下宣传所需的费用）。

二、贵州旅游现状分析

（一）贵州旅游概况

贵州地处云贵高原，是一个山川秀丽、气候宜人、资源富集、民族众多的内陆山区省。这里气候温暖湿润，属亚热带湿润季风气候区，冬无严寒，夏无酷暑，1 月平均气温 15 度，7 月平均气温 24 度。贵州的省会城市贵阳地处北半球中纬度地带，加上低高原的地理原因，贵阳气温更是处于自然大空调的良好适中温度之中。正因如此宜人的气候，让贵阳博得“上有天堂，下有苏杭，气候宜人数贵阳”的美誉，更被人称为“中国夏宫”。贵州是多民族聚居的省份，除汉族外，还居住着 48 个民族，各民族历史悠久，形成自己独特的民族文化和习俗。每年五彩缤纷的民族节日达 1000 多个。贵州少数民族粗犷豪放、热情质朴，丰富多彩的民族歌舞各具特色，成为贵州民族风情和民间艺术百花园中的奇葩。自 2003 年起，贵州深入挖掘旅游文化价值，树立了“多彩贵州”的品牌形象。把文化的灵魂、生态的底色融入旅游发展中，深化“旅游+多产业”融合发展，着力打造“温泉省”“桥梁省”“索道省”。推动“流光溢彩夜贵州”建设并取得积极成效。持续推出旅游中高端产品，全省 AAAA 级及以上旅游景区增至 142 个，其中，AAAAA 级从 2012 年的 2 个增至目前的 9 个。省级以上旅游度假区达到 37 个。世界自然遗产地、中国传统村落、中国少数民族特色村寨数量均位居全国第一。近年来，贵州的旅游业保持良好的发展势头。

1. 旅游产业发展历程

囿于区域经济社会总体落后，交通等基础设施薄弱，齐头并进不现实。若任其“自然生长”，等待各方条件成熟再推进，又容易错过发展机遇。这些都不是贵州想要的答案。

贵州的目标是后发赶超，“举全省之力，集全省之智，推动旅游业井喷式增长。”举办旅游产业发展大会，把有限的资金用在刀刃上，集中解决举办地旅游发展中的系列重大问题，推动举办地旅游产业跨越式发展，成为题中之义。

2016 年 5 月 10 日，第十一届贵州旅游产业发展大会在遵义仁怀市举行。遵义坚持“全景全域”的理念，围绕构建全域旅游发展新格局，实施了 161 个重点项目，总投资905.05亿元，催生了一批具有遵义特色的旅游新业态、新产品、新线路。

2017年，第十二届贵州旅游产业发展大会筹备期间，黔南州筛选了91个重点建设项目，总投资达260亿元，重磅打造“中国天眼”景区。

2020年，第十五届旅游产业发展大会上，文化旅游产业项目签约75个，合同投资额达550亿元，涵盖休闲度假、餐饮住宿、户外运动、文化创意、生态特色食品等8个类别。西江千户苗寨、百里杜鹃、青岩古镇、安顺屯堡……一处又一处养在深闺的美景，变成了一个又一个名扬四海的产品，挑起了推动贵州旅游后发赶超的大梁。

秉纲而目自张，执本而末自从。制约发展的主要问题得到解决，贵州旅游迸发出惊人能量——2016年，全省共接待游客5.31亿人次，旅游总收入达5027.54亿元，同比分别增长41.2%、43.1%，实现井喷式增长；2017年，全省接待游客人次居全国第二位，旅游收入进入全国前三，标志着贵州旅游从全国中游跻身第一方阵；2018年，旅游业增加值占GDP比重达到11.3%，成为贵州重要支柱产业；2019年，贵州旅游持续保持良好的发展势头。据统计，“十三五”期间，除2020年外，贵州旅游总收入都保持30%以上的增长速度，贵州旅游业成为历史上增长最快的产业、处于增速最快的时期，步入全国第一方阵，为文化和旅游大省迈向文化和旅游强省奠定了坚实基础。

2. 旅游产业发展现状

贵州省各级党委、政府重视旅游业，把旅游业作为推动地方经济社会发展的重要抓手，放在显赫的战略位置加以布局。通过查找贵州统计年鉴数据并结合其他资料可以看出，贵州旅游呈现较好发展趋势，旅游总人次不断增加，旅游收入持续增长。2019年，贵州实现国内旅游总收入12296.03亿元，国际旅游外汇收入34503.00万美元，接待国内旅游人数113365万人次，入境旅游人数161.31万人次，接到旅游总人数113526.60万人次。据贵州省文化和旅游厅公布的数据显示，2023年1~4月，贵州累计接待游客1.85亿人次，实现旅游收入1982亿元，同比分别增长11.4%和21.0%，分别恢复到2019年同期可比口径的92%和99%；游客人均花费1073元，同比增长8.7%，恢复到2019年同期可比口径的107%。

“五一”假期，全省旅游市场全面恢复，安顺市黄果树景区接待游客18.04万人次，旅游综合收入15779.28万元，分别恢复到2019年同期水平的131.5%、618.1%；黔南州荔波樟江景区接待游客25.92万人次，旅游综合收入12631万元，分别恢复到2019年同期水平的220.3%和235.0%。全省铁路运输游客156.78万人次，恢复到2019年同期水平的116.3%。其中，高铁运输游客

134.03万人次，恢复到2019年同期水平的140.9%。假日前4天，高速公路车辆出口流量达到789.13万车次，恢复到2019年同期水平的119.6%；全省民航游客吞吐量37.84万人次，恢复到2019年同期水平的128.3%。旅游市场的恢复性大幅增长与消费信心的不断提振使得贵州旅游正成为扩大内需的"火车头"。

2023年以来，全省各级文旅部门纷纷"走出去"，赴京津冀、长三角和粤港澳大湾区等主要客源市场开展旅游招商推介活动，预热假日旅游市场。携程数据显示，"五一"假期，目的地为贵州的长线旅游订单量同比2022年增长417%，对比2019年同期增长141%；并由此带动了酒店订单量同比增长215%，景区门票订单量同比增长440%；机票订单量同比增长202%，租车订单量同比增长123%。

写进教科书的黄果树大瀑布，世界自然遗产地荔波、梵净山，大国重器"中国天眼"科普基地、世界最大的苗族聚居村寨西江苗寨，以及织金洞世界地质公园等，都是当仁不让的热门旅游目的地。

3. 旅游热点事件

创新产品成为旅游消费热点，沉浸式旅游、体验式旅游、研学旅行、博物馆旅游、定制旅游等各类玩法备受追捧。在"村BA"的故乡台江县，当"五一"假期遇到苗族姊妹节，万人盛装游演、万人唱响翁你河、万人苗疆长桌宴、万人苗潮音乐汇等系列创意活动，让八方宾朋体会"世界最古老的情人节"的魅力。

自2022年6月，"村BA"火爆出圈之后，台江县台盘村一个月内引来50万名游客参观打卡，"五一"假期，台江县累计接待游客56.6万人次，同比增长179.61%；实现旅游综合收入9.31亿元，同比增长348.83%，创历史新高。2023年元宵节开展的苗族"舞龙嘘花"非遗活动，让11.68万人次游客在春节期间涌入台江；3月的贵州首届"美丽乡村"篮球联赛总决赛，又让这座不到1200人的小村落再次成为全网"顶流"。

以产品为导向重构游客圈层的荔波县，通过分析游客画像，做深"水"文章，除大七孔游船、鸳鸯湖游船、卧龙谷漂流等传统"玩水"业态，还在小七孔景区新打造了翠谷特色亲水体验区，"汉服/民族服饰+山水"创意展演，《寻梦绿宝石》剧本游等，吸引一大批年轻游客置身其中，让部分游客延长了在景区的游玩时间。

据统计，"五一"期间全省各地组织开展非遗展示、动漫嘉年华、音乐会、亲子体验、美食品鉴、徒步观光、洞穴探险等300余项文旅活动，举办景区门票减免、酒店民宿打折、餐饮娱乐优惠、商品购物满减等促消费活动60余场。

（二）贵州旅游 PEST 分析

1. 政治因素

（1）多项政策颁布，助力旅游发展。2022 年 1 月，国务院印发了《关于支持贵州在新时代西部大开发上闯新路的意见》（以下简称《意见》）对贵州改革发展给予大力支持。文化和旅游部、国家文物局制定出台了《支持贵州文化和旅游高质量发展的实施方案》支持贵州发挥自身文化和旅游、文物资源的特点和优势，从传承弘扬长征精神和革命文化、加强文化遗产保护利用、提升文艺创作和公共服务水平、推动文化产业和旅游产业数字化发展、打造“山地公园省·多彩贵州风”旅游品牌五个重点领域着力推动贵州文化和旅游高质量发展，为西部地区乃至全国文化和旅游实现高质量发展提供可借鉴可复制可推广的经验。

（2）发布旅游业发展规划，深化产业改革。《“十三五”旅游业发展规划》提出，要优化旅游产品结构，创新旅游产品体系，包括精品景区、休闲度假产品、乡村旅游等八大产品创新方向。可以看出国家正在加大对旅游业的扶持力度，将旅游业融入国家战略体系。《“十四五”旅游业发展规划》提出，进一步推动文化产业和旅游产业的融合和数字化转型，加强文旅建设，深化“互联网+旅游”，加快推进智慧旅游发展；完善带薪休假等制度，鼓励大众旅游；重塑旅游产品体系，更新旅游产品结构，增强供给能力。

2. 经济因素

旅游业是国民经济的重要组成部分，其综合贡献占 GDP 总量可以体现社会经济的发展状态。2023 年“五一”假期，经中华人民共和国文化和旅游部数据中心测算，全国国内旅游出游合计 2.74 亿人次，同比增长 70.83%，按可比口径恢复至 2019 年同期水平的 119.09%；实现国内旅游收入 1480.56 亿元，同比增长 128.90%，按可比口径恢复至 2019 年同期水平的 100.66%。可见，我国稳定的经济环境、良好的旅游企业运营都助力了旅游业的蓬勃发展。

2023 年 5 月，全省接待游客人次、旅游总收入分别恢复到上年同期水平的 93%、55%，充分展现了贵州旅游的强大韧劲和巨大潜力。可以发现，贵州旅游业在整个国民经济中作用越来越重要，旅游业成为贵州经济发展新的增长点。

3. 社会因素

（1）旅游意愿增强。旅游作为休闲娱乐的一种方式，不再只是少数人的需求，更是一种大众生活方式。从孩子到老人，每个人都有不同的旅游需求，要看能否匹配合适的旅游产品。根据官方估测，2023 年国内旅游人数约 45.5 亿人次，同比增长约 73%，恢复到 2019 年的 76%；实现国内旅游收入约 4 万亿元人民币，同比增长约 89%，恢复至 2019 年的 71%；全年入出境旅游游客人数有望超过 9000 万人次，同比翻一番。这些数据都进一步说明旅游产业正在恢复活力，人们对旅游的消费意愿处于上升阶段。

（2）旅游需求升级。传统的旅游六要素是基于人们最基本的旅游需求提出的，包括“食、住、行、游、购、娱”，而现在消费者更加追求个性化的定制旅游产品，更加关注旅游的服务和内涵，渴望高质量的旅游体验，人们更加认同服务好、品质高的产品，倾向安全性高的景区。

（3）消费模式转型。以前的旅游主要是线下消费，跟着旅行社，行走在世界各地。但是现在，越来越多的人成为互联网活跃用户，加入线上旅游的大军，通过一部手机、一台电脑，跨越了地域时间的限制，降低花费，提高效率，丰富体验。

4. 技术因素

2020 年，国家颁布《关于深化“互联网+旅游”推动旅游业高质量发展的意见》，强调技术赋能旅游业的发展，在 5G 技术支持下，深入推进旅游领域数字化、网络化、智能化转型升级，开展产业融合，通过“互联网+旅游”的产业融合，实现了在线旅游消费、景区智慧运营、智能导游导览、VR 沉浸式旅游等，完成旅游产品品质、消费者体验和旅游管理效率的同步提升，推动旅游产业变革。

（三）贵州旅游 SWOT 分析

1. 优势分析（S）

（1）资源多样性。贵州生物多样性主要体现在森林生态系统、动物物种、植物物种三个方面。截至 2022 年，贵州森林面积 1.66 亿亩，覆盖率达 62.81%；草原面积 284 万亩，草原综合植被覆盖率达 88.5%；湿地 10.72 万亩。贵州已查明野生动物 11442 种，一级重点保护野生动物有 35 种，国家二级重点保护野生动物有 160 种和 1 类，归口林业主管部门管理 154 种。同时，从图 5 中可以看出省内具有 A 级景区 71 个，其中 AAAA 级景区占总体旅游景区的 55%，旅游资源丰富且质量较高。此外，贵州共有自然保护地 314 个，其中自然保护区 89 个、风景名胜区 71 个、森林公园 89 个、湿地公园 53 个、地质公园 12 个。这些自然保护地聚集了贵州最重要的自然生态系统、最富集的生物多样性、最精华的自然资源和自然遗产、最特殊典型的地理地貌、最独特的自然景观，也是贵州网红发展经济最重要支撑，为贵州、全国乃至全球生物多样性保护发挥了重要作用。

（2）地质奇特性。当地特殊的地质地貌构建出奇特的自然景观。贵州位于中国的西南部，总面积 17.62 万平方千米，东西相距 595 千米，南北相距 500 千米，地势西高东低，地貌属中国西部高原山地的一部分。山地和丘陵占总面积的 92.5%，其中岩溶面积约 10.9 万平方千米，占 61.9%，是世界上喀斯特地貌发育最典型的地区之一。漫长而奇妙的地质结构过程，孕育了全省千姿百态的奇山秀水、飞瀑异洞，形成了无数地上地下贯通，动态静态结合的自然奇观。著名的黄果树大瀑布、龙宫、织金洞、马岭河、小七孔等，就是这个喀斯特王国的典型代表。

（3）气候独特性。贵州的避暑型气候资源已属于越来越稀缺和珍贵的生态环境资源，贵州全年最高温度不高于 30 度，夏季平均温度 23.1 度，有天然空调省的美誉，是人们理想的居住环境和避暑度假胜地。贵州地势西部高，向北部、东部和南部逐渐降低，平均海拔 1100 米。贵州属亚热带高原季风气候，温暖湿润，冬无严寒，夏无酷暑，大部分地区的年平均气温在 15℃左右。降水较丰富，年降水量在 1300 毫米左右。日照比较充足，年日照时数在 1300 小时左右。全省森林覆盖率达到 40%，且以每年超过 1 个百分点的速度增长。

（4）多民族原生性。多民族构建的文化原生性。据《贵州统计年鉴 2022》显示，贵州的常住总人口 3856.21 万人，其中少数民族占 36.44%，世居少数民族 18 种。多种族群和不同地域的文化因子经反复对撞和相互涵化，逐渐积淀在贵州文化的各个层面中，各民族的建筑、服饰、饮食、婚俗、祭祀、节庆、艺术等，无不富含着异彩纷呈的人文底蕴。正所谓“三里不同风、十里不同俗”，“大节三六九、小节天天有”。走进民族村寨，人们会发现，汉晋遗风、唐代发型、宋代服饰、明清建筑等古老的文化模式，在这里仍被原汁原味地保存着，成为中华民族珍贵的一笔文化遗产。

（5）历史厚重性。历史文化的厚重性。在贵州发现的大量古生代的鱼、恐龙化石表明，陆地脊椎生物的祖先，很可能最早就出现在这里。此外，贵州还发现有旧时器时代中期的“桐梓人”、中晚期的“水城人”和晚期的“兴义人”文化遗址。贵州不仅是古生物的发源地之一，也是古人类的发源地之一。春秋时期，牂牁国是贵州这块土地上的大国之一，春秋后期夜郎国取代牂牁，日渐强大。今天，在贵州仍不难寻觅到夜郎文化的遗踪。发生在贵州的“遵义会议”和“四渡赤水”，是中国现代史和军事史上最具浓重色彩的一笔，是“长征文化”的经典。

（6）酒文化显赫性。以茅台酒为代表的酒文化的显赫性。“酒”和“游”，自古以来就结下了不解之缘；贵州酒文化对贵州旅游的影响尤为深刻。在贵州各种文化品牌中，酒文化叫得最响。茅台酒被誉为文化酒、外交酒、健康酒。在少数民族村寨饮酒所领略到的酒文化则别有一番情致，敬酒、劝酒、饮酒的方式林林总总，酒伴着舞，酒和着歌，无酒不成席，无酒不会客。从浓浓的酒香中，可以品味出各民族的风土人情，感悟到酒文化的真谛。

2. 劣势分析（W）

（1）贵州旅游产品种类单一。贵州旅游景区以自然景观和历史文化景观为主，其中自然景观更是超过一半，存在种类单一缺乏多元化旅游产品的问题。并且贵州旅游文化是以民族文化为主，而民族文化在外来文化和现代文明的冲击下急剧的萎缩。无论是少数民族的传统手工艺与特有的民族语言失传，还是传统节日在历史的发展中慢慢消失，这些都在缩减贵州旅游产品。

（2）旅游关注度不高。根据贵州及周边省市城市旅游景区热点的百度指数。可以发现，相较于其他省市，贵州旅游的整体关注度较低。这主要是由于贵州旅游的营销不够，推销其旅游产品形式主要是播放宣传片、文旅推介表演、贵州旅游商品展、非遗文创产品展以及文化旅游产业招商引资等，形式较为笼统，欠缺具体的旅游线路推荐等个性化具体化服务。

（3）旅游配套基础设施相对薄弱。旅游信息服务、交通运输、旅游商品、餐饮住宿、保健娱乐等关联产业还不够完善和配套。贵州属于典型的喀斯特山区，且经济发展水平不高使得配套设施供给不足，大大降低了游客的体验感和满意度。

（4）旅游产业发展不平衡。由于产权关系、地方和部门之间利益冲突等问题，导致全省旅游区景区政出多门，分头管理，缺乏统一规划。景区开发各自为政，区域之间缺少有效合作，影响和制约了旅游资源的整体开发，区域旅游资源得不到合理整合，贫困地区旅游产业发展滞后。

（5）旅游服务水平有待提高。贵州地处西部山区，与东部沿海城市相比，经济等公共服务都不具有优势，而且整个贵州旅游业的景区市场开发与推广，与邻省的云南、广西、四川、湖南也有不小差距，因此，很难吸引高素质的人才为贵州服务。同时，贵州的旅游资源未能得到充分利用，服务水平不高。

3. 机会分析（O）

（1）贵州省政策推动。为了支持旅游业的发展，贵州省政府实行了一系列政策，其中包括加强旅游资源保护和开发、鼓励企业家创新投资，通过建立旅游发展专项基金等。这些政策有效推动了健康、可持续的旅游发展，并且促进了旅游业的全面转型和升级。

（2）打造核心网红 IP。茅台 IP、“爽爽贵阳”等网红核心 IP 在短时间内成为贵州旅游的代表性标志，而且在市场上获得了广泛的关注和青睐。如今贵州茅台已不仅仅是代表中国酒文化的顶级品牌，更是具有极高知名度和辨识度的“超级 IP”。近年来，茅台多次涉足全新领域，向更年轻的消费群体靠近，从度假村、数字藏品到冰淇淋、手办，茅台正在逐步打破大众对它的固有认知。茅台冰淇淋专属 IP 形象“茅小凌”上线 i 茅台 App，以极具标志性、个性化的三维造型出圈。茅台与蒙牛合作推出茅台冰淇淋，冰淇淋添加了比例 2%左右的 53 度飞天茅台，更受到广泛关注，也给贵州旅游带来新的转机。近年来，面对多点散发、反复变化的新冠疫情形势，贵州省政府为推动旅游业加速复苏，一手抓业态升级和产品创新，聚焦爽身、爽心、爽眼、爽口、爽购、爽游这“六爽”主题，大力实施“爽爽贵阳”城市 IP 品牌升级计划。

这些独特的 IP 不仅展现了贵州的文化特色，同时成为旅游产业突破传统模式，引领消费趋势的强有力支持。未来在更多的城市和景区推出类似的网红核心 IP，将是贵州吸引更多游客和促进旅游业发展的重要方式，打造核心 IP，发展网红经济或成为带动贵州旅游发展的新动力。

（3）旅游消费迎来井喷式增长。

首先，人们开始追求更高品质的生活和旅游体验，旅游市场供需两端都迎来了全面复苏，尤其是消费需求加速释放。据微信发布的《2023 年“五一”游玩井喷数据报告》显示，“五一”期间全国零售、餐饮、酒旅和交通等行业日均消费金额比 2019 年同期实现大幅增长，其中零售行业增长 212%，交通行业增长 198%，餐饮行业增长 187%，酒旅行业增长 93%。中华人民共和国文化和旅游部披露的数据指出，2023 年“五一”假期，全国国内旅游出游合计 2.74 亿人次，同比增长 70.83%，按可比口径恢复至 2019 年同期的 119.09%；实现国内旅游收入 1480.56 亿元，同比增长 128.90%，按可比口径恢复至 2019 年同期的 100.66%。

其次，贵州作为一个富有特色的旅游目的地，除具备了许多自然景观和文化景观，近些年在服务水平和旅游设施的提升方面也实现了较大进步。截至目前，该省文旅行业累计组织开展各类大培训 429 场次，培训 2.62 余万人次；开展各类演练 463 场次，参加演练 1.21 余万人次；累计组织对 6446 家文旅场所开展大排查，出动检查人员 7040 人次，督查问题 433 处，督促受检单位立查立改，消除问题隐患。通过大培训、大演练、大排查行动的开展，推动了旅游从业人员业务素质和旅游安全水平提升。因此，贵州迎来了一波井喷式消费增长，这给贵州旅游业发展带来了新机遇。

4. 威胁分析（T）

（1）竞争加剧。从地域上看，云贵川同属西南片区，贵州发展旅游主要依托优良的生态环境、丰富的自然资源和浓厚的民族文化。因此，其旅游资源具有较强的同质性。云南、四川作为全国知名的旅游大省，旅游业发展水平及相关配套服务设施与贵州相比均处于领先地位，是贵州发展康养旅游最强劲的竞争对手。而且，随着国家与地方对旅游业的重视，各个省市都在加大旅游业的资源开发与拓展，区域旅游合作加强及多样式的旅游区域不断加强，对于贵州旅游业都是巨大的挑战。

（2）贵州旅游设施建设对自然环境的破坏严重，自然灾害较多。旅游业的发展会对环境造成一定的污染，且贵州A级旅游区大部分为自然景观，以打造自然生态体验为主，对其的破坏无法完全复原，影响自然景观的保护和旅游业的可持续发展。贵州位于地震、山洪、泥石流等自然灾害多发区，这些自然灾害会对旅游业造成巨大的不利影响。

（3）相关观念的匮乏。对市场经济背景下欠发达地区旅游业发育成长的一般规律缺少系统的认知，对具有民族特色的旅游业如何推进市场化、产业化缺少多学科的研究，旅游业的发展战略、战术和具体措施缺少系统性。

三、基于大数据要素的贵州旅游消费经济分析

项目组在第三部分对所用数据的分析主要来源于两方面：一是采用文本分析法，资料收集来源于马蜂窝、携程、去哪儿三个平台，用八爪鱼网络爬虫技术获取关键词为“贵州旅游”的旅游笔记数据。所获取的数据信息来自2023年5月9日至29日的游客评论，总计35734条。由于爬取的文本数据存在瑕疵数据，因此需要对数据进行去重、除停用词等操作，最后共剩余35453条可以使用的文本。然后对爬取到的数据进行预处理，并利用Python的Jieba库（Jieba库是Python的第三方词库），将预处理后的文件精确模式进行了分词，导出分词后的文件得到词频等信息再进一步进行分析。

二是采用调查问卷法，问卷是社会研究中用来收集资料的一种工具，是一种收集数据和信息的方法，可以用于研究和调查各种问题。它可以帮助项目组了解受访者的看法、态度和行为，从而更好地理解他们的需求和偏好。通过发放问卷以及对问卷结果进行分析，可以帮助项目组收集大量的想去贵州旅游的游客数据和信息，例如游客的年龄、性别、职业、收入等信息。这些信息可以帮助旅游从业者更好地了解游客特征和行为，从而制定更加符合游客需求的旅游规划。

（一）基于评论数据的热门景区分析

项目组经上述分析后，找出了关于贵州旅游的一些景区，词频越高，说明该目的地越受人欢迎，携程和去哪儿旅行都认为西江千户苗寨、甲秀楼、黄果树瀑

布、青岩古镇、黔灵山公园、梵净山是游客去贵州旅游时较为关注和推荐的地点。因此政府和企业应该着重对这几个旅游景区进行建设，而项目组在为游客设计出行及旅游地点时也可以从这几个方面出发进行设计。项目组后用八爪鱼网络爬虫技术获取关键词为“甲秀楼、西江千户苗寨、甲秀楼、黄果树瀑布、青岩古镇、黔灵山公园、梵净山”的相关文本数据，进一步进行分析后，方便项目组在为游客设计出行及旅游地点时借鉴使用。

1. IP 地址分析

根据携程调查 6 个最受欢迎景区评论下所归属的 IP 地址可以看出，各个景区的主要来源人群依旧以贵州本地人居多，其中西江千户苗寨中的贵州人更是高达 58%。除贵州当地人外，多以广东、上海、云南、四川、北京、湖南这几个省份人群居多，其中客源为广东的人群占比均在 8%以上，说明广东是贵州旅游的第二大主力军。同时发现，宁夏、西藏、青海、新疆这几个省份地区的人很少来贵州旅游，可能是由于距离过远，花费过高的原因。

2. 评分分析

基于携程平台贵州 6 个最受欢迎景区的评论数据，进一步分析游客对景区的评分结果，发现各个景区的好评率都较高，各个景区打 5 分的游客都已过半，其中黔灵山公园的 5 分游客更是高达 78%；打 1 分的游客都在 3%以下，其中梵净山的 1 分游客比例最多，也仅为 2.5%。这说明贵州景区的游客普遍评分较高，对景区感觉良好，值得一去。

3. 评价分析

基于携程平台贵州 6 个最受欢迎景区的评论数据，进一步分析游客对景区的评价。游客对各个热门景区的评价都不错，其中对黔灵山公园评价“超棒”的游客高达 78%；各个景区评价“不佳”的游客均在 2.5%，黄果树瀑布的“不佳”评价率仅有 0.48%。这表明游客普遍对贵州热门景区的评价较高，出行感觉良好，认为是值得去的地方。

（二）基于调研数据的问卷分析

1. 问卷信效度检验

问卷信效度检验是一种用于评估问卷调查信效度的方法。信效度指问卷调查结果的可靠性和有效性，即问卷调查能否准确地反映受访者的真实看法和态度。此次项目组通过问卷星以及 Credamo 问卷这两个平台自 2023 年 5 月 9 日开始进行一个为期 15 天的问卷发放，截至 2023 年 5 月 24 日，共回收问卷 1324 份，通过将回答时长过短、回答内容重复、回答不符合逻辑的问卷进行删除，最终有效问卷为 1228 份，有效回收率为 92.75%。经检验，量表题的整体信效度良好，

KMO 值为 0.892，Cronbach'α 为 0.861，信效度系数高代表此次问卷调查结果的可靠性和有效性较高，即问卷调查能够准确地反映受访者的真实看法和态度。

2. 调查对象样本分布

在被调查者的性别分布中，女性（56%）的比例略大于男性（44%）。由于本次调研的主题为贵州网红目的地旅游现状分析，而在当代社会，生活节奏逐渐加快，旅游可以让女生暂时远离繁忙的工作和生活，享受放松和休闲的时光；同时可以让他们了解不同的文化、风俗和习惯，增长见识，开阔眼界，增加人际关系。而在本次问卷调查中，女性的比例高于男性，这一数据比较贴合事实。

在被调查者的年龄分布中，比重占前三的群体分别为 20~29 岁（47%）、30~39 岁（31%）以及 40~49 岁（11%），这三个群体占总群体的 89%。在旅游市场分析中，Z 世代旅游群体是重要的消费群体。他们具有较高的消费能力和消费意愿，同时是旅游市场的创新和变革的推动者。随着 Z 世代逐渐成为旅游消费中的主体力量，“特种兵”旅游也逐渐火了起来。

在调查游客的来源地分布时，前三名所占城市的占比是一线城市（42%）、新一线城市（30%）、二线城市（21%），具有较高的比重，如北京、上海、南京、重庆等一线、新一线城市。通常来说，一线城市和新一线城市的人通常具有较高的收入水平，可以承担更高的旅游费用。他们可以选择更高档次的旅游产品和服务，享受更好的旅游体验，同时愿意花更多的时间和精力去了解和体验旅游目的地的文化和历史。

3. 游客需求分析

64%的游客是有来贵州旅游的意愿的，27%的人持着一般的心理状态，是贵州旅游的潜在客户群。对于被调查者每年的平均次数的统计看，每年 3~4 次出游次数最多，其次是每年 1~2 次的，而且二者的比例接近 90%，说明对绝大部分被调查者来说，旅游已然成为大多数人的生活常态。

打车、自驾以及公交车、地铁、大巴所占的人数比例是较高的，因为在所有有意向去贵州旅游的调查者中，有 64%的游客是贵州本地人，他们更倾向于选择打车、自驾以及公交车、地铁、大巴等方式到达目的地，同时，这些游客主要来自一、二线城市，像北京、上海、广东、重庆等地，因而飞机、火车、高铁是他们到达贵州的主要交通工具。

季节上，游客钟爱凉爽的秋季出行，气候适宜的同时，中秋、国庆长假所处的 10 月可为旅游出行带来时间上的充裕。与此同时，年轻人的旅游自由程度更高，不受季节与节日约束，“说走就走”的旅游方式正逐渐得到年轻人的认可。

在所有的被调查样本中，三五好友游是主要的结伴出游方式，然后依次是家庭游、情侣游以及个人游。而且随着 Z 世代逐渐成为旅游消费群体的主力，特种兵旅游也随之而来。在所有的出游时长中，最受欢迎的是1~3天以及4~6天的出游时长，主要是因为1~3天的出游时长具有节省时间和成本、缓解压力和疲劳、增加旅游体验和感受等好处，既能玩得尽兴，又不至于过于疲惫。

在调查游客对贵州景区的出行意愿时，西江千户苗寨和青岩古镇是最具欢迎的两个景区，主要是两个景区都具有独特性。西江千户苗寨和青岩古镇都有着悠久的历史和独特的文化价值。西江千户苗寨是一个保存完好的苗族村寨，拥有丰富的苗族文化和传统建筑，而青岩古镇是一个保存完好的明清古镇，拥有众多的古建筑和文化遗产。这些文化和历史价值吸引了大量的游客前来参观和探索。

（三）基于游客笔记和调研数据的用户画像分析

1. 情侣旅游特点

运用八爪鱼从去哪儿、携程等平台爬取有关贵州旅游的游客笔记数据以及项目组获取的游客问卷调研数据，进行处理分析。

通过对比可以看出：①人群构成方面，情侣旅游的消费者通常是年轻人和中年人，尤其是那些热爱旅游、追求浪漫和甜蜜的人群。②在收入和职业方面，情侣旅游的消费者通常是收入较高的人群，尤其是那些有一定经济实力和消费能力的人群，出行时的人均花费范围一般在2000~2999元。在职业方面，情侣旅游的消费者可能涵盖各个行业和职业，但以白领和创业者为主。③在出行天数及方式方面，一般旅游天数较短，在1~3天，选择的出行方式多为飞机和自驾两种方式。④在旅游目的和需求方面，情侣旅游的消费者通常是那些追求浪漫和甜蜜、增进感情和互动、放松身心和享受生活的人群。他们可能追求美食和环游，更注重旅游的体验和感受，而不是旅游的奢侈和豪华。在旅游目的方面，情侣旅游的消费者可能更喜欢探索和体验当地的文化和生活方式，更注重旅游的休闲和放松，而不是旅游的探险和挑战。⑤在购物偏好方面，多以购买旅游地当地的服饰或者当地特色服饰合影作为留念，有意识地选择情侣套装，如海南旅游的“岛服”、云南旅游的民族服饰等；当然必不可少的就是购买一件旅游地最具特色的土特产品或者工艺品，对用当地特产材料制作情侣的挂件和首饰也十分钟情。

2. 朋友旅游特点

利用八爪鱼爬取的一部分有关贵州旅游的游客笔记，同时采用项目组获取的游客问卷调研数据，将两种数据清洗、筛选后进一步分析。

通过对比可以看出：①在人群构成方面，通常是身体健康、喜欢户外活动的年轻人和中年人，尤其是喜欢冒险和极限旅游，爱好特种兵打卡式旅游的人群。②在收入和职业方面，通常是有可支配收入并愿意在独特体验上花费金钱的人群，因此该群体人均花费多一些，范围集中在2000~2999元。③出行天数及方式方面，旅游天数较短，一般在 1~3 天，选择的出行方式多为自驾游和火车高铁。④在旅游目的和需求方面，他们偏向个性化、自由化，更注重文化体验和交流，追求刺激和体验快感。旅游需求上他们更喜欢蹦极、跳伞、攀岩或极限运动等活动，在旅行经历中寻求刺激、挑战和肾上腺素飙升的人，同时在旅游时会更加注重个性化的旅游方式，比较注重留下回忆感染力的照片和视频。⑤在消费特点方面，喜欢高强度、低成本、短时间内打卡多个景区的旅游方式，主要特点是景区多，时间短，花费少，舟车劳顿。

3. 单人旅游特点

将从去哪儿、携程等平台爬取的有关贵州旅游的游客笔记和项目组调查的问卷数据，进行清洗处理后进一步分析。

通过对比可以看出：①在人群构成方面，单人旅游的消费者通常是年轻人和中年人，尤其是那些独立自主、追求自由和个性化的人群。在性别方面，男女比例相对均衡，但女性单人旅游的比例可能略高一些。②在收入和职业方面，单人旅游的消费者可能涵盖各个行业和职业，但以自由职业者、白领和创业者为主，人均花费大多在 2000~2999 元。③在出行天数及方式方面，单人旅游更喜欢短途自驾游，旅游天数一般是 4~6 天，选择的出行方式主要是以火车或高铁为主。④在旅游目的和需求方面，单人旅游的消费者通常是那些追求独立自由、个性化定制、挑战和成长、交流和认识的人群。他们可能更注重旅游的体验和感受，而不是旅游的奢侈和豪华。在旅游目的方面，单人旅游的消费者可能更喜欢探索和体验当地的文化和生活方式，而不是纯粹的观光和购物。⑤在消费特点上，由于要单独承担酒店、交通、饮食等费用，单身游客在住宿和交通上往往比其他游客花费更高。数据显示，单身游客平均比其他类型游客的人均消费高 12%~20%。拥有更多经验的单身旅行者，则会通过青年旅社、临时拼车等方式来降低预算。

4. 家庭旅游特点

运用八爪鱼从去哪儿、携程等平台爬取有关贵州旅游的游客笔记数据以及项目组获取的游客问卷调研数据，进行处理分析。

通过对比可以看出：①在人群构成方面，家庭旅游的消费者通常是那些有孩子的家庭。在性别方面，男女比例相对均衡。②在收入和职业方面，家庭旅游的消费者通常是收入较高的人群，尤其是那些有一定经济实力和消费能力的人群。在职业方面，家庭旅游的消费者可能涵盖各个行业和职业，但以白领和中高收入人群为主，人均花费主要分布在 2000~2999 元。③在出行天数及方式方面，出行天数以 7~9 天为最多，其次是 4~6 天，以家庭为主的出游需要每个家庭成员的时间同步，大多会选择假期出行，出行方式大多选择的是自驾。④在旅游目的和需求方面，家庭旅游的消费者通常是那些追求亲子互动、增进家庭感情、放松身心和享受生活的人群。他们可能更注重旅游的体验和感受，而不是旅游的奢侈和豪华。在旅游目的方面，家庭旅游的消费者可能更喜欢探索和体验当地的文化和生活方式，而不是纯粹的观光和购物，大多是为了到一个全新的环境见证人文自然景观，开阔眼界。⑤在消费特点上，家庭消费比较注意出游的住宿卫生及饮食健康方面，因而在这方面花费较低一些。

四、贵州旅游景区客流量预测模型

客流量预测是旅游需求预测的核心任务，准确的客流量预测可为旅游景区的相关决策提供重要的信息支持。具体而言，长期的客流量预测信息有助于预估景区的营收状况，及时地进行票价调整和设施增建；短期预测信息有助于指导工作人员的安排及景区开放时间的调整等事宜。

现有的预测方法主要分为两类：一类是基于统计的预测方法，另一类是基于机器学习的预测方法。常用统计的预测方法，如指数平滑法、ARIMA、卡尔曼滤波预测法等，常用机器学习进行预测的算法，如 BP 神经网络、决策树、支持向量机（SVM）等。有人曾利用指数平滑算法与时间序列变化强度建立预测模型，对河南省入境旅游客流量进行预测，但该模型预测值受初始值影响较大，并且在预测过程中随时间序列逐渐减弱样本的影响程度，使得在短期预测内效果较好，而长期预测中效果略差。还有人通过支持向量机算法对旅游需求量进行预测，并通过蚁群算法进行参数优化，取得了良好的效果，但该模型对参数和核函数的选择较为敏感，而参数的选择影响模型最终的预测效果。因此，项目组认为“LBS 和深度学习相结合的模型”及“梯度提升回归树模型”两种模型较为适合目前对客流量的预测。

（一）基于 LBS 和深度学习的景区客流量预测模型

通过借鉴前人做法，首先，将 LBS 位置服务数据与深度神经网络模型相结合，形成一个 DBi-GRU 模型，该模型能够对单日以内客流量变化的实现高时频客流量预测。DBi-GRU 模型无论在预测效果还是模型性能上都十分优异，相比于基于其他算法的深度学习模型，其预测的优越性也较为明显。即使在客流量变化幅度很大的高峰时段也有着较高的预测准确性，可以成为景区客流量预测的一种新方法。其次，双向网络模型的预测准确性普遍优于常规网络模型（在相同神经元算法下）。尤其是 DBi-LSTM 模型，在客流量的高时频预测方面也有着十分理想的效果，从模型性能上看可以成为 DBi-GRU 的一种替代模型。最后，在相同的神经网络结构和模型参数下，GRU 算法较之前人们常使用的 LSTM 和 RNN 算法，在客流量的高时频预测中有着更高的准确性。

（二）基于梯度提升回归树的景区客流量预测模型

梯度提升回归树模型（Gradient Boost Regression Tyee，GBRT），是一个强大的机器学习技术，其作为集成学习中的一种预测模型，具有广泛的应用。在交通预测、航班延误、电影票房等多个方面都有运用。项目组通过借鉴前人经验，在集成学习 Boosting 架构下提出一种基于梯度提升回归树的旅游流量预测模型，该模型由多棵回归树组成，每一棵子树都在上一棵树残差的负梯度方向上以一定的学习率进行学习。项目组主要采用优化后的树生成算法模型，并利用正则化函数改进模型的学习效果。改进后的模型在预设阈值的情况下，所需迭代次数较少，预测精度有所提升，比指数平滑预测模型、SVM 预测模型在旅游客流量预测中的精度更高，因此在旅游经济发展与规划方面有一定的实际应用价值。

五、贵州旅游“网红目的地经济”多场景方案设计

项目组基于 Data Focus，ArcGIS，百度地图等软件，生成了 2024 年“五一”期间各个景区人口流量热力分布图。以天为单位，记录了每个景区在不同日期的人流量。发现西江千户苗寨、遵义会议遗址、青岩古镇、榕江县体育馆、黄果树瀑布等景区，形成了高密度的人流量区域，是贵州比较受欢迎的景区。同时发现，高密度流量景区周围存在一些热力点颜色较浅的区域，说明该地人流量密度较低，如西江千户苗寨周围的黎平肇兴侗寨和乌东苗寨，青岩古镇附近的黔灵山公园和龙里大草原等。通过调研，这些景区小众且富有特色，具有一定的游客承载力，项目组认为这些小众景区具备发展成为热门景区的潜力，可以让热门景区带动小众景区，实现景区联动，推动贵州旅游业的韧性发展。

贵州作为一个内陆山区省，其省内旅游资源尤其丰富，神奇的山水风光遍布城乡，既有有山有水有洞有谷有名寺的自然景观，又有古朴典雅、神秘莫测的民俗风情，还有雄关漫漫、底蕴深厚的红色遗址，更有火爆全网、引来亿万呐喊的热点赛事。基于此，项目组以“特色生态游”“红色纪念游”“民族风情游”“网红‘村超’游”以及“‘特种兵’打卡游”为主题选取五个极具特色的旅游景

区，并结合周边与该景区特色互补、定位相同的景区进行旅游消费场景设计。

项目组根据 GBRT 预测优化模型，选取的数据集是从景区数据库中获取的真实数据，该数据集包含了 2016~2022 年贵州 5 个景区——西江千户苗寨、青岩古镇、黄果树瀑布、遵义会议会址、“村超”榕江县节假日期间的游客数量，采用交叉验证的方式，最终预测出贵州 5 个景区旅游高峰期的日均预测客流量。因为针对不同旅游景区进行消费场景设计需要考虑景区定位、景区特色、交通线路、生态规划、人本设计等因素，所以，项目组从景区所在地区人民政府官网、文旅局、公众号等各平台获取景区游客接待人数的历史数据，基于该数据运用旅游客流量预测模型对各景区游客数量进行预测，并结合百度地图、大众点评等平台获取景区周边停车场数量、特色餐厅数量和规模等数据进行景区最大载客能力与周边基础设施承载能力的适配度分析，以达到连点成线、协同发展的效果，同时针对二者间不适配、不完善、不均衡的地方给予优化建议。

（一）民族风情游

项目组在对贵州旅游景区进行调研时发现，贵州的中国传统村落、中国少数民族特色村寨数量均居全国第一，民族特色优势可以成为发展网红旅游的突破口。其中，最具代表性的是西江千户苗寨。作为贵州省内旅游必到的一个打卡地，早在前几年就已经走红网络，它不仅是世界上最大的苗寨，同时还被网友比作是现实版的“千与千寻”村寨。随着网红景区旅拍热的兴起，西江千户苗寨再次活跃在人们的视野中，游客扮成苗族姑娘拍大片，造型照片成为小红书上的爆款，相关笔记达到 11 万篇，深受游客的喜爱。

项目组首先基于 WIS 平台生态容量在线测算算法，输入西江千户苗寨的面积 550 公顷以及空间标准 100 平方米/人，经过平台的算法运算得出该地的生态容量为 55000 人，除本地居民 6000 余人，最终可得出西江千户苗寨的生态容量约为 49000 人。根据项目组基于前文 GRBT 模型预测出西江千户苗寨的旅游高峰期的日均客流量为 32000 人，经过对比可得，仍有 17000 名游客处于景区生态承载力的超负荷状态，需对 17000 名游客进行分流。然后结合西江千户苗寨景区周边数据：景区周边现有停车场数量 13 个、1 千米内大众点评评分 4. 5 分及以上的餐厅数量 15 家，1 千米内且评分在 4 分及以上的酒店数量有 45 家。

由此，项目组认为周边民族特色景区应与西江千户苗寨相配合接待游客，既可以分散客流量，错峰旅游，也能为其他景区增流，让游客体验到更丰富的民族文化。项目组以西江千户苗寨为原点，向外辐射，考虑到游客自驾或乘车时长问题，选取西江千户苗寨 120 千米以内的景区作为游客旅途中的中转站，避免游客过度聚集。西江千户苗寨如何抓住旅拍热流量留住游客，如何联动周边景区分散游客，持续推动当地旅游业发展是该场景设计的目的及意义。基于此，项目组运用“网红目的地经济”模型，策划以西江千户苗寨旅拍热为媒介，选取周边景区打造沉浸空间，并配以相关配套活动和措施的场景设计方案。

1. 场景设计

（1）场景规划范围：以西江千户苗寨为原点，对周围 120 千米以内的景区进行筛选。

（2）景区选择标准：具有民族特点，小有名气但客流量较少。

（3）被选景区：①原生态的古老苗寨——乌利生态旅游古寨；②西江苗族博物馆；③“侗乡第一寨”——黎平肇兴侗寨；④雷公山麓的世外桃源——乌东苗寨。

2. 景区活动策划

（1）活动主题。民俗节日游园会。

（2）活动内容。依托少数民族的节日，如苗族的姊妹节、祭牛节、六月六、苗年节、彝族的火把节等开展游园会，游客可以身着民族特色服饰，在景区内与当地人一起体验民俗节日习俗，品尝地方特色小吃，还可以将民族文化的传说等编写成剧本等娱乐游戏，让游客沉浸式体验民族文化。

（3）活动宣传。在抖音、B 站、微博和小红书等发布相关视频以及进行直播，也可以邀请知名网红，以此增加关注度。

3. 场景适配分析

项目组基于 WIS 平台生态容量在线测算算法，计算出西江千户苗寨周边 4 个景区的游客承载数量，同时通过联系并走访当地居民了解到 4 个景区平时的客流量一般情况下远远达不到景区游客的最大承载力。因此，西江千户苗寨景区超负荷游客可以向 4 个景区进行引流，通过计算可得 4 个景区可承担分流的游客数量分别为 4029 人（乌利生态旅游古寨）、5503 人（西江苗族博物馆）、5503 人（黎平肇兴侗族景区）、3341 人（乌冬苗寨景区）。

4. 政府配套措施

一方面，对于一些基础设施开发不完全的景区，可以加强规划，设计停车场或者增加停车位，增加景区对客流量的接待；或者政府统一规划相应的旅游专线，解决停车位距离景区较远问题，便捷游客出行。另一方面，对于餐饮不发达的景区，加大政策号召，采取提供一定的租金补贴等方式，吸引商户入驻，同时关注景区餐饮行业商家的卫生和定价等问题，加大监管力度。

（二）特色生态游

首先，项目组基于 WIS 平台生态容量在线测算算法，输入黄果树瀑布景区的面积 850 公顷以及空间标准 600 平方米/人，经过平台的算法运算得出该地区的生态容量为 35400 人/次。根据前文依据 GRBT 模型预测出黄果树瀑布的旅游高峰期的日均客流量为 48000 人，由此可知，仍有 12600 余名游客处于景区生态承载力的超负荷状态，需对这 12600 名游客进行分流。

其次，结合黄果树瀑布景区周边 4 千米内现有停车场数量 35 个、大众点评评分 4.5 分及以上的餐厅数量 11 家，4 千米内且评分在 4 分及以上的酒店数量有 47 家等数据对该地承载能力进行适配。

上述分析结果显示，黄果树瀑布巨大的游客流量逐渐超过其基础设施最佳承载能力，可能会影响部分游客的游玩体验感。而黄果树瀑布周边景区众多，也都各有魅力，为了给游客带来更好的旅游体验，可将黄果树瀑布的客流量分流到其他小众景区。因此，项目组以黄果树瀑布为原点，向外辐射，综合考虑到驾车时长以及景区特色景区，选取黄果树瀑布 110 千米以内的小众特色旅游景区来作为游客旅途中的中转站，为黄果树瀑布分流，给游客带来更好的旅游体验。如何成功将客流量分流到周围的小众景区是该场景设计的目的与意义。基于此，项目组借助“网红目的地经济”模型，策划以黄果树瀑布为引流点，选取几个景区打造沉浸空间吸引游客，并配以相关配套活动和措施的场景设计方案。

1. 场景设计

（1）场景规划范围。以黄果树景区为原点，对周围 110 千米以内的景区进行筛选。

（2）景区选择标准。特色小众、生态景区。

（3）被选景区介绍：①天然氧吧——大洞竹海景区；②高原草原——草原乌蒙大草原；③关岭化石群国家地质公园；④瀑布源龙井布依风情景区。

2. 景区活动策划

（1）活动一主题：云上竹海音乐节。地点在大洞竹海景区。活动内容：①且听竹语。古筝演奏曲目《竹林深处》，同时 LED 大屏幕播放大洞竹海宣传片。②大梦竹海。融合水袖舞蹈、模特走秀、戏曲服饰等元素，将时尚与传统完美地合二为一，进行特色演绎。③墨舞。将中国古典舞蹈、绘画和音乐融为一体，借用一只延长手臂表现力的毛笔，演绎中华民族书法艺术的神韵之美，竹——向来是文人墨客笔下的君子，通过水墨画的竹展现竹海的君子情怀。④全竹宴。利用竹筒饭、笋烧白、鸡汁脆笋等美食集中展示特有的竹生态养生旅游文化和风味诱人的竹海美食，淋漓尽致地体现竹生态旅游与竹生态食品的完美融合。

（2）活动二主题：草坪团建。地点在乌蒙大草原。活动内容：①草坪露营。满天繁星下，伴随着户外电影的开场，吃着烧烤，听着虫鸣，感受迎面而来的自然青草的芬芳，自然的魅力，让人身心放松。②草原徒步。漫步山野，看高山云海，听牛羊呦鸣，晴时天高山远，雨时云雾缭绕，在高原上寻找一份宁静，体验坝上草原的快乐。

3. 场景适配分析

项目组基于 WIS 平台生态容量在线测算算法，计算出黄果树瀑布及其周边 4 个景区的游客承载数量。目的是应对日益增长的游客量对黄果树瀑布造成的压力，并寻找解决超负荷游客问题的可行方案。通过联系并走访当地居民，项目组了解到尽管 4 个景区具备较大的游客承载能力，但客流量较少，远远低于其最大承载能力。因此，这些景区并未实现的旅游潜力可充分发挥，从而有效解决黄果树瀑布景区承受游客超载的困扰。

因此，项目组提出将黄果树瀑布超负荷的游客引流到周边的 4 个景区。经计算可得 4 个景区可承担分流的游客数量分别为 4736 人（大洞竹海景区）、2949 人（乌蒙大草原）、2681 人（关岭化石群国家地质公园）、2234 人（瀑布源龙井布依风景区）。

4. 政府配套措施

一方面，加强景区规划，设计停车场或者增加停车位，增加景区对客流量的接待；以原有景区为核心，内部进行项目业态丰富升级，提高大景区吸引接待力，外部拓展延伸产业链条，构建多元产业模式，借力核心景区带动区域发展，形成内外联动，内外兼修的品质旅游目的地。另一方面，对于餐饮不发达的景区可以在景区周围利用各种空地，布局简易餐车、小型售货亭、饮品站等，提供休息餐饮区域。

（三）红色纪念游

项目组首先基于 WIS 平台，使用生态容量在线测算算法计算青岩古镇景区生态容量，将景区的面积 4 公顷以及空间标准（50 平方米/人）输入平台，经过平台的算法计算得出该地的生态容量约为 23600 人。依据 GRBT 模型预测出遵义会议会址的旅游高峰期的日均客流量为 51000 人，经过计算可得，仍有 27400 名游客处于景区生态承载力的超负荷状态，可能会对景区的生态环境造成不可挽回的损害，故需对 27400 名游客进行分流。项目组结合遵义会议会址周边 1 千米内现有停车场数量 38 个、大众点评评分 4.5 分及以上的餐厅数量 10 家，评级二星以上的餐厅数量 2 家、1 千米内且评分在 4 分及以上的酒店数量 33 家等数据对该地承载能力进行匹配，数据结果显示，遵义会议会址的游客流量承载能力超过其基础设施最佳承载能力，部分基础设施需要完善。

遵义会议会址内及周边景区众多且独具特色，为保证遵义市旅游经济的可续航能力以及持续地扩大遵义市旅游资源影响力，可以适当地对周边景区进行分流和中转。考虑到游客来往于各个景区更加便利，选取遵义会议会址 160 千米以内的景区来作为游客旅途中的中转站。思考如何在吸引游客的基础上留住游客，同时为遵义市旅游经济持续创收并扩大其旅游品牌影响力。在这个基础上，项目组基于“网红目的地经济”模型，选取周边 160 千米景区打造沉浸空间，并配以相关配套活动和措施的场景设计方案。

1. 场景设计

（1）场景规划范围。以遵义会议会址为原点，对周围 160 千米以内的景区进行筛选。

（2）景区选择标准。红色文化旅游，长征历史记忆。

（3）被选景区介绍：①雄关漫道真如铁，而今迈步从头越——娄山关景区；②息烽集中营革命历史纪念馆；③四渡赤水纪念馆；④红军烈士陵园。

2. 景区活动策划

（1）活动主题：沿着先辈的足迹——遵义记忆。

（2）活动地点：遵义会议会址。

（3）活动策划：通过举行红色文化宣讲、重走长征路徒步活动等方式，广大青少年学生在“沉浸式”的研学中重温红色历史，感受红色情怀，延续红色血脉。依托《历史抉择——毛泽东及张闻天、王稼祥在遵义会议前后》等 10 多个专题展览使红色文物有物可陈、游客更好的贴近红色遵义记忆；与此同时，举办遵义红色文化知识竞答，化被动为主动，激发游客历史学习主动性，深入了解长征文化、遵义文化。

（4）活动宣传：线上在抖音、哔哩哔哩等社交平台以短视频+直播等形式宣传；线下通过海报展览宣传吸引游客参与活动。

3. 场景适配分析

项目组基于 WIS 平台生态容量在线测算算法，计算出遵义会议会址周边 4 个景区的游客承载数量。同时，通过联系并走访当地居民了解到 4 个景区平时的客流量一般情况下远远达不到景区游客的最大承载力，因此遵义会议会址超负荷游客可以向 4 个景区进行引流。通过计算可得 4 个景区可承担分流的游客数量分别为 8228 人（娄山关景区）、7405 人（息烽集中营景区）、5595 人（四渡赤水景区）、6171 人（红军烈士陵园）。

4. 政府配套措施

针对红色文化底蕴深厚，文化关联度强的区域，通过核心红色文化引领，多元产业整合建设核心景区。以区域红色为线索，挖掘根源，理顺脉络，以红色文化旅游产业体系构建为落脚点，全方位、多角度呈现红色文化。聚合产业，打造红色文化旅游氛围独特浓郁的文化产业综合体。

（四）网红“村超”游

首先，项目组基于WIS平台生态容量在线测算算法，输入的面积55488.3平方米以及空间标准1.05平方米/人，经过平台的算法运算得出该地的生态容量约为52846人，最终可得出榕江县体育馆的生态容量约为50000人。根据前文依据GRBT模型预测出榕江县体育馆的旅游高峰期的日均客流量为61000人，这意味着仍有21000名游客处于景区生态承载力的超负荷状态，需对21000名游客进行分流。

项目组基于百度地图、大众点评等平台对榕江县体育馆周边景点的配套设施进行调查得到以下数据。周边1千米内现有停车场数量18个、大众点评评分4.5分及以上的餐厅数量17家，评级二星以上的餐厅数量2家、1千米内且评分在4分及以上的酒店数量22家等。

经上述分析，项目组认为可以制订一系列合理的分流计划，并利用周边设施和景点来吸引和分散游客，从而减轻榕江县体育馆的超负荷状态。同时，可以选择榕江县附近的景区作为游客旅途中的中转站，避免游客过度聚集。因此，项目组以榕江县为原点，向外辐射，考虑到游客自驾或乘车时长问题，选取榕江县100千米以内的景区作为游客旅途中的中转站，避免游客过度聚集。如何在吸引游客的基础上留住游客，避免来之不易的巨大流量昙花一现，为黔东南州持续创收是该场景设计的目的及意义。基于此，项目组运用“网红目的地经济”模型，策划以“村超”足球赛事为媒介，选取几个周边景区进行沉浸空间打造，并配以相关活动和措施的场景设计方案。

1. 媒介

活动：“村超”足球赛事。

贵州“村超”，全名为“榕江（三宝侗寨）和美乡村足球超级联赛”。榕江县组织各村以村为单位参加，20支当地群众组成的足球队参赛。奉献精彩进球的可能是农民、钢筋工、货车司机，也可能是老师、学生、厨师。他们披上“战袍”，带着对足球的热爱，作为“全村的希望”征战绿茵场。不是职业联赛、没有职业球员，却能带给观众纯粹的赛事享受。

2. 场景设计

（1）场景规划范围。以榕江县为原点，对周围100千米以内的景区进行筛选。

（2）景区选择标准。特色、小有名气。

（3）被选景区介绍：①苗岭天下秀，半在黔东青——雷公山；②世界最大的斗牛场——乐里斗牛场；③“天下第一寨”——三宝侗寨；④中国最美的三大梯田之一——加榜梯田；⑤杨花落尽子规啼，闻道龙标过五溪——隆里古城。

3. 场景适配分析

项目组基于 WIS 平台生态容量在线测算算法，计算出榕江县体育馆及其周边 4 个景区的游客承载数量。目的是应对日益增长的游客量对榕江县体育馆造成的压力，并寻找解决超负荷游客问题的可行方案。通过联系并走访当地居民，项目组了解到尽管 4 个景区具备较大的游客承载能力，但客流量较少，远远低于其最大承载能力。因此可将这些景区并未实现的旅游潜力充分发挥，从而有效解决榕江县体育馆承受游客超载的困扰。

项目组提出将榕江县体育馆超负荷的游客引流到周边的 4 个景区。经计算可得 4 个景区可承担分流的游客数量分别为 3126 人（隆里古城景区）、2404 人（雷公山自然保护区）、1503 人（加榜梯田景区）、2164 人（三宝侗寨景区）、1803 人（乐里七十二寨斗牛场景区）。

4. 政府配套措施

一方面，对于有条件扩大停车场地的景区，在充分考虑停车场地的绿化、美化和协调的基础上，进一步扩充车位，提高接待饱和指数；对于没有条件横向扩大停车场地的景区，要深挖空中和地下资源，积极探索建立地上立体车库和地下车库，走集约化、现代化发展道路；在重大节日，将景区周边相对空闲的大型停车场设置为景区定点临时停车场地，由定制公交或景区接驳车接送游客，从而分流景区内部的停车压力。另一方面，对于餐饮不发达的景区，加大政策号召，采取提供一定的租金补贴等方式，吸引商户入驻，同时景区餐饮行业商家的卫生和定价等问题也要引起关注，提高监管力度。

（五）“特种兵”打卡游

项目组先基于 WIS 平台，使用生态容量在线测算算法计算青岩古镇景区生态容量，将景区的面积 480 公顷以及空间标准（150 平方米/人）输入平台，经过测算算法计算出该景区的生态容量为 32000 人，除去本地居民 5800 余人，最终可得出青岩古镇的生态容量约为 26000 人。依据 GRBT 模型预测出青岩古镇的旅游高峰期的日均客流量为 60900 万人，经过计算可得，仍有 34000 名游客处于景区生态承载力的超负荷状态，可能会对景区的生态环境造成不可挽回的损害，故而需对 34000 名游客进行分流。而后发现青岩古镇周边 1000 米内有停车场数量 30 个、大众点评评分 4. 5 分及以上的餐厅数量 3 家，评级二星以上的餐厅数量 1 家、1 千米内且评分在 4 分及以上的酒店数量 63 余家等数据对该地承载能力进行匹配，数据结果显示，青岩古镇游客接待量已略超过其承载量，周边停车场及酒店的基础设施完善，但餐饮类企业资源匮乏，很难让游客有较好的用餐体验，不利于景区的可持续发展。

因此，项目组以青岩古镇为原点，向外辐射，考虑到游客乘车时长及特种兵打卡游景区特点等问题，选取青岩古镇30千米以内的景区来作为游客旅途中的中转站，分散客流量，同时利于青岩古镇更好地完善餐饮类相关基础设施。如何推动青岩古镇持续发展，并且为周围景区增加客流量是该场景设计的目的及意义。基于此，项目组借助“网红目的地经济”模型，选取几个景区打造沉浸空间，并配以相关配套活动和措施提出特种兵打卡游的场景设计方案。

1. 场景设计

（1）场景规划范围。以青岩古镇为原点，对周围30千米以内的景区进行筛选。

（2）景区选择标准。自然风光优美、商业区或景观具有特色、文化底蕴丰厚。

（3）被选景区介绍。①大氧吧——贵阳花溪国家湿地公园；②黔南第一山——黔灵山公园；③甲秀楼；④油画草原——龙里大草原；⑤阿哈湖国家湿地公园。

2. 景区活动策划

（1）活动主题：准备降落，目的地，青岩！

（2）活动地点：贵阳市花溪区青岩古镇。

（3）活动形式和内容。①和平精英和青岩古镇进行跨界合作，在数字领域，由军事古镇IP与超级游戏IP在内容和体验上进行深度结合，在游戏内高度还原青岩古镇场景与建筑，为游戏赋予浓厚的文化艺术气息。②举办《和平精英——保卫青岩》为主题的线上精英海选赛。③线下总决赛以全民直播模式，地点定为青岩古镇，对于获胜者给予一定奖金。

（4）活动主要流程。①线上预热。与腾讯光子工作室群合作，在预热期间，制作宣传海报作为和平精英游戏开屏，邀请和平精英游戏的明星艺人进行宣传。②线上海选及晋级赛。通过活动期间参与活动的选手的游戏排名进行筛选取前100~200名选手进行线下实景真人沉浸式比拼。③线下总决赛。服化道准备、社交平台直播、邀请明星艺人或网红游戏主播参与其中并录制相关视频进行宣传。

（5）推广渠道。和平精英App推广、各类社交平台投放物料、官方社交账号发布宣传视频、线下活动直播。

3. 场景适配分析

项目组基于WIS平台生态容量在线测算算法，计算出青岩古镇周边4个景区的游客承载数量。同时，通过联系并走访当地居民了解到4个景区平时的客流量一般情况下远远达不到景区游客的最大承载力，因此青岩古镇超负荷游客可以向4个景区进行引流，通过计算可得4个景区可承担分流的游客数量分别为7506人（贵阳花溪国家公园湿地景区）、5299人（黔灵山公园）、7948人（甲秀楼景区）、6182人（龙里大草原景区）、7064人（阿哈湖国家湿地公园景区）。

4. 政府配套措施

首先，针对景区餐饮商户数量较少的问题，政府部门可以加大政策优惠倾斜，提供给商户更好的营业营收环境，吸引更多高质量的餐饮商户入驻景区。其次，针对景区间基础设施配套不协调问题，可以采用“大景区”帮扶“小景区”的方式，积极将游客引流至其他景区。同时，政府将积极建设小众景区的基础设施，提升景区知名度。最后，针对景区餐饮质量不高的问题，相关政府部门将建立举报投诉制度、开展餐饮服务食品安全知识宣传教育培训、完善应急机制、开展监督检查及考核评估。

案例 11
探究中式零食行业现状
——以良品铺子旗舰店为例*

一、引言

（一）概念界定

根据全国人大代表、盐津铺子食品股份有限公司董事长张学武在 2024 年全国两会提案，中式零食指辣味、蔬菜、海味、肉制零食等零食食品①。

中式零食凭借独特的“中国味道”“中国文化”，正在成为国际市场上的新宠。随着中国品牌的不断国际化和创新，中式零食有望在全球市场上占据更重要的位置。“用中国味征服世界胃”，培育全球消费者领导品牌。

（二）分析背景

1. 国家政策背景

近年来，中国政府出台一系列食品行业相关政策，涉及食品安全、食品企业生产经营、传统特色食品等多方面，规范食品行业生产经营准则及食品安全标准，为中式零食行业提供良好的政策环境。在利好政策推动下，中国中式零食行业有望得到进一步发展。

---

* 指导老师：马丽仪、赵培灼。团队成员：张海丽、张悦佳、李茗洋。

① 张学武．支持中式零食高质量发展，培育全球消费者领导品牌的建议［C］．第十四届全国人民代表大会，2024，3.

2. 宏观经济背景

（1）国家统计局数据显示，中国居民的消费水平呈现逐年上涨的趋势，2023年中国居民可支配收入和消费水平分别达39218元、35013元。随着居民消费结构的改变和消费水平的提高，可以预见，对食品的消费需求随之增长，中式零食行业逐渐崛起，承载着中国文化的特殊记忆。

（2）中国休闲零食行业市场规模庞大，但国内人均零食消费量较低，仅为美国的1/5、日本的1/4；人均零食消费额较低，仅为美国的1/6、日本的1/10，意味着中式零食有着巨大的增长潜力。

（3）根据我们对300名消费者的问卷调查表明，48%的消费者未来一年将对食品饮料增加支出。食品饮料属于成长品类。

3. 行业背景

中国零食行业的发展经历了1990年以前的“市场零散，无规模化企业”，1990~2000年“港台外资入场，大单品特征明显”，2001~2010年“国产品牌逐渐起步”，2011~2020年“电商渠道崛起，SKU极大丰富”和2021年至今“电商红利褪去，全渠道特征明显”五个阶段。

当前，中国零食行业发展挑战和机遇并存。一方面，产业集中度低，市场较为分散，2022年CR5（业务规模前五名的公司所占的市场份额）规模不足15%，远低于日本同期的28%。同时，工业化、标准化程度低，还处在深度内卷、低质量发展阶段。另一方面，中式零食需求呈刚性增长态势，随着消费结构升级，消费者对食品的营养与健康要求更高，品牌意识不断增强，中式零食发展模式将从量的扩张向质的提升转变。

中式零食拥有巨大的赛道空间，2022年中国零食行业年市场规模0.7342万亿元，预计2027年将达1.2378万亿元①，2022~2027年复合增速超过10%，远高于西式零食，是极具增长性的细分赛道。

我国零食人均消费量居全球低位，2022年零食消费量、消费额分别为14千克、500元，同期美国、日本、全球平均人均休闲零食消费量分别为70千克、42千克、27千克，人均休闲零食消费额分别为4908元、2821元、942元，我国零食消费量仅为美国的1/5、日本的1/4，增长空间巨大。

4. 品牌背景

良品铺子成立于2006年，总部位于湖北武汉，2020年登陆上海证券交易所。公司主要从事休闲食品的研发与销售业务，目前已成为全品类、多品牌、全渠道

① 张学武．支持中式零食高质量发展，培育全球消费者领导品牌的建议［C］．第十四届全国人民代表大会，2024，3.

发展的行业龙头。公司坚持“高端零食”品牌定位，以“产品+渠道”双轮驱动，已形成包含坚果炒货、果干果脯、肉类零食、素食山珍、糖果在内的 15 个品类的五大产品体系，2022 年全渠道 SKU 合计达 1655 个；渠道方面，公司拥有业内唯一线上线下结构均衡且高度融合的全渠道销售网络，经营范围横跨 23 个省级行政区，截至 2022 年，门店数约 3200 家。经过多年发展，公司与三只松鼠、百草味合称为“零食界三大巨头”；根据中华全国商业信息中心数据，公司 2015~2022 年全国高端零食销售持续领先。

据 2023 年 FBIF 百强休闲食品榜显示，良品铺子以 93.19 亿元业绩位列食品制造榜首。

（三）研究设计

1. 分析思路

本报告根据中式零食行业典型企业“良品铺子”的发展需求，基于数据分析、文本挖掘、数据可视化等手段，进行市场分析、店铺分析、选品分析、消费者舆情分析等，为“良品铺子”运营和发展提供决策支持。

2. 数据来源

数据来源主要包括思睿智训电商数据化运营平台、东方财富网、淘宝网、见数平台，分析工具和平台主要是 Excel 和思睿智训电商数据化运营平台。

（四）研究方法

1. 文本分析法

文本主要指由一些符号或代码组成的信息结构体，可通过语言、文本、图像等不同的形式进行表达。文本是由特定的人制定的，其含义必然反映人们特定的观点、价值和利益等意识形态的内容。一般来说，文本分析是一种针对文本类型数据的处理方法，是从海量的文本数据中提取对我们有价值的数据，并通过分析利用这些数据来重组信息。文本分析作为探讨信息内容本质的有力研究方法，也是研究者常用的方法之一。

2. 相关性分析

相关性分析是用来反映变量之间的相关关系的密切程度。相关系数的取值一般介于-1~1。当相关系数为正的时候，意味着变量之间是正相关的；当相关系数为负的时候，意味着变量之间是负相关的；当相关系数为 0 的时候，意味着变量之间是不相关的。

3. 回归分析法

回归分析法指利用数据统计原理，对大量统计数据进行数学处理，并确定因变量与某些自变量的相关关系，建立一个相关性较好的回归方程（函数表达式），并加以外推，用于预测今后因变量的变化的分析方法。根据因变量和自变量的个数分为：一元回归分析和多元回归分析；根据因变量和自变量的函数表达式分为：线性回归分析和非线性回归分析。本次报告主要用到的是线性回归，线性回归是一种常用的回归方法，它利用数理统计中回归分析，以确定两种或两种以上变量间相互依赖的定量关系的一种统计方法，通过凸优化的方法进行求解。

4. 数据可视化

数据可视化是关于数据视觉表现形式的科学技术研究。这种数据的视觉表现形式被定义为一种以某种概要形式抽提出来的信息，包括相应信息单位的各种属性和变量。

在生活和工作中，一张图片所传递的信息往往比很多文字所传递的信息更直观、更清楚。数据可视化可以通过简单的逻辑和视觉体验让用户快速把握要点，使大脑的视觉系统迅速识别、存储、记忆图形信息，本能地将图形信息转化为长期记忆。数据可视化还可以改变我们解读世界的方式，相同的数据、不同的表达方式能产生不同的效果。在展现数据时，一张清晰而独特的数据图表能够让别人更加直观且准确地理解我们所要表达的信息和意图，也可以让想要表达的信息看上去更加具有说服力，让商务数据的价值最大化。

本报告中使用可视化法将分析的结果一一进行展示，最终生成完整的一个可视化大屏。

二、市场分析

（一）市场规模分析

进入电商数据化运营实战平台首页，点击“行业分析”并选择类目，即“零食/坚果/特产”。通过观察可以发现，牛肉干/猪肉脯/卤味零食的成交指数在零食/坚果/特产市场下排名第一，说明该市场下卤味肉类零食的需求较为旺盛，拥有较大的市场。另外，蜜饯/枣类/梅/果干/冻干的高质量宝贝数在零食/坚果/特产市场下排名第一。

（二）市场趋势分析

企业在进入市场前或者在制定未来的发展规划时需要掌握市场趋势，市场趋势和企业的发展息息相关，发展趋势好的市场称为增量市场，发展趋势差的市场称为存量市场。分析市场趋势就是要辨别处于何种市场。

1. 分析零食牛肉干/猪肉脯/卤味零食的市场趋势

进入电商数据化运营实训实战平台首页，在菜单栏中单击“行业分析”菜单，进入行业数据分析页面。

在行业分析页面可根据导航选择类目，也可以直接输入名称，这选择对应的目标行业后（此处我们选择的是零食/坚果/特产），单击“查询”按钮，可以看到“行业词云分析”结果。选择“按交易指数排列”可以观察到牛肉干/猪肉脯/卤味零食交易指数在零食/坚果/特产类目下排名第一，属于规模较大的品类。规模大，意味着市场需求旺盛、成功的机会大，与此同时竞争也较大。

在“行业词云分析”中单击对应的行业名称（例如，牛肉干/猪肉脯/卤味零食），在页面下方将得到牛肉干/猪肉脯/卤味零食的交易指数趋势图，时间粒度选择为“按年份”，可以看到近几年的交易指数趋势，根据所展示的市场增幅情况（未有连续两年增幅超过 10%），可判断牛肉干/猪肉脯/卤味零食属于存量市场。

将时间粒度修改为“按月份”，在交易指数趋势图底部的时间条上设置时间宽度（如 2021 年 1 月到 2022 年 12 月）。观察此按月份查看牛肉干/猪肉脯/卤味零食的交易指数趋势可发现，牛肉干/猪肉脯/卤味零食市场每月的交易指数并无明显变化。

2. 分析结论

（1）从牛肉干/猪肉脯/卤味零食这类商品交易指数排名第一且指数平缓来看，其市场需求相对稳定。

（2）消费指数并无较大起伏可以说明，市场上生产牛肉干/猪肉脯/卤味零食这类零食的企业趋于规范，产品质量得到提升，消费者购买更加放心，从而保持了稳定的交易指数。

（3）牛肉干/猪肉脯/卤味零食这类商品作为高蛋白、低脂肪、易保存且实用方便的零食，深受消费者喜爱，从而消费者在购买时往往具有固定的购买频率。

（三）市场竞争分析

1. 计算市场集中度

（1）选定“休闲零食”行业，使用电商数据化运营实训平台的店铺搜索排行榜搜索相应店铺，得到销量TOP10店铺，并将商品数数据导出。

（2）使用平台查询TOP10家店铺的月销售量数据，并在Excel中完善。

2. 分析结论

（1）根据月销售量及销售总量求出TOP10店铺的销量百分比，然后计算出10家店铺的赫芬达尔指数并对其求倒数。

（2）通过计算出的数据我们可以得出结论，TOP10店铺的集中度为1（赫芬达尔指数为0.8089），销售呈集中趋势，竞争强度非常显著。

（四）行业最佳价格波段分析

使用电商数据化运营平台，利用“搜索分析”—“App搜索排名”，搜索“中式零食”，共收集到31个数据，将其导出并处理不完整及无效数据处理后，最终得到30条有效数据。观察数据透视表，发现中式零食行业最佳价格波段为0.59~40.59。

（五）市场需求预测

在中国宏观经济快速发展的环境下，中式零食行业得到了迅速发展，市场竞争也愈加激烈。市场需求预测的重要性在于它为企业提供了关键的战略和业务决策依据。首先，通过了解未来的市场需求量和趋势，企业可以合理安排生产资源，避免产能过剩或供应不足的情况，确保生产效率。其次，市场需求预测能够帮助企业优化库存管理，确定合理的库存水平，减少库存积压和浪费，确保产品供应的稳定性。最后，企业还可以通过预测及时发现潜在的市场风险，制定相应的应对措施，减轻风险对企业经营的影响。

本部分通过在东方财富网（https：//emweb.securities.eastmoney.com/）采集良品铺子的财务数据（利润表），对良品铺子的市场需求进行预测。

1. 数据准备

在“东方财富网”网站采集GDP数据，以及良品铺子近三年的营业总收入、营业总成本数据，将数据处理后导入平台数据集。

2. 数据源探索

在“关系数据源”节点右键点击，选择查看输出，即可查看本数据源详细数据，输出数据源，共计4个字段，20条数据。

3. 度量市场需求的指标

关于度量良品铺子市场需求的指标，经市场调查研究发现，顾客对于良品铺子等中式零食的需求主要是对食品属性的追求，如口味、品牌、价格等方面。而口味、品牌等是无法用实物量指标计算的，很难反映食品需求量的大小以及发展变化的规律。本团队在指标的选取上，既充分考虑建立线性回归模型的需要，又保证数据的可收集性，因而选取了良品铺子市场全年营业总收入来作为度量市场需求的重要指标，期望可以更全面地反映真实的市场需求，即用“营业总收入”作为被解释变量。

4. 特征选择

我们最终需要预测的字段，即被解释变量为“营业总收入”，这一字段在“特征选择”中应设为标签列。

由于影响营业总收入的因素有很多，无法全部进行量化分析中，因此，我们从宏观角度和微观角度中各选择一个因素作为解释变量，并纳入到模型中进行分析。从经济增长的规律来看，良品铺子产品需求规模的变化和我国 GDP 的总量以及经济增长速度有着十分密切的关系，GDP 总量越大，经济发展水平越高，人们在基本物质生活得到满足后，对于休闲零食的追求才会更加强烈，从而促进良品铺子产品的销售额不断提高。因此，我们选择 GDP 为第一解释变量。从微观角度考虑，某个经济指标通常与其费用呈正向关系，休闲零食营业总收入总额常跟其营业总成本呈正向关系。总成本既包括营业成本，又包括用于销售、管理、研发等各个环节所需费用的总和。因而营业总成本在一定程度上能反映良品铺子产品的需求状况，所以选择营业总成本作为该模型的第二解释变量。故该模型的特征列有两项，分别是“GDP”和“营业总成本”。

点击“特征工程”下的“特征选择”进行处理，拖拽该节点到画布并建立关联。

5. 行选择筛选出训练集和预测集

后续总需求的预测，需要根据训练集及回归算法对测试集进行结果预测，因此利用两次“行选择”进行数据源的拆分，左边输入已保存的模型，右边输入测试集。

选择“数据预处理”下的“行选择”节点，对数据源进行拆分，分别用于各自数据集后续的训练及预测。

对于训练集，即数据源中不需要预测的数据集部分，设定筛选条件为将“营业总收入”字段中值为 0 的数据删除掉。

对于预测集，即数据源中需要预测的数据集部分，应保留筛选条件为将“营业总收入”字段中值为 0 的数据，用于预测。

6. 算法选择和训练预测模型

依据2020年3月至2023年3月共17个季度GDP、良品铺子营业总收入、营业总成本数据，预测2023年6~12月的销售额，因此选择线性回归分析算法。

利用行选择输出的训练集数据进行回归分析，利用行选择删除空值后的数据作为干净数据才能进行更好的分析。在画布中添加“拆分”和“训练”节点，所有节点的参数设置保持默认即可。“拆分”节点将原始样本集按照训练集和测试集的方式拆分为两子集。拆分后各个子集的比例总和小于等于100%。数据拆分经常作为回归或者分类算法节点的前置节点。“训练”节点左边输入待训练的算法，右边输入行选择出来的训练集。在后续的模型训练中，需要基于选择的特征，对各种分类和回归算法进行训练，左边输入待训练的算法，右侧输入为训练集。

在模型的训练中，2023年6~12月的收入为空值，此空值数据是用于预测的，因此在对应的数据源行选择后的预测集进行预测为最终预测结果。

7. 评估模型及预测结果

对于已经训练好的模型需要对其进行评估，以便后续进行预测。

回归结果表明，可决系数 R^2 为0.99508，表明该回归的拟合优度较高，显著性水平下通过显著性检验。综上所述，该模型的拟合效果较好，因此可以进行后续的预测操作。

根据上述筛选出来的预测集进行最后的预测。

单击右鼠标键行选择预测集对应的“预测”节点，查看输出，可以发现，数据集新增了一列名为“prediction”的数据，即为预测的数值。观察预测结果可以看到，2023年6月到12月，季度的销售额分别为16.271亿元、20.460亿元和20.938亿元。从2023年6月的行业发展情况分析，该预测值于实际情况大体相符，达到了宏观预测的目标。

三、店铺分析

收集店铺的基本数据有助于我们对店铺经营情况有全面且完整的了解，为后续店铺选品和消费者舆情分析奠定了数据基础。店铺概况除以文字的形式表述外，还会在店铺财务数据中体现出来。在本节中，我们借鉴了股票量化分析的“多因子选股”方法，对店铺的财务数据进行量化分析，以此客观评价店铺在休闲零食行业的地位。

（一）良品铺子基本情况分析

根据平台提供的基本信息，良品铺子旗舰店于 2010 年 11 月 19 日在武汉成立，主要从事休闲食品的研发与销售业务，目前已成为全品类、多品牌、全渠道发展的行业龙头。店铺始终坚持“高端零食”品牌定位，主营各类零食、坚果、咖啡、麦片、冲饮等休闲零食产品。

根据千万消费者对店铺宝贝与描述相符程度、卖家的服务态度和物流服务的质量反馈评分，店铺三项指标均处于 4.80 分以上，领先同行至少 8%以上。据此不难判断，店铺在经营、销售、售后等各方面始终坚守初心，坚持高品质选品，保持良好的态度面对顾客。正是这种用心做产品的态度，使其成为休闲零食行业的霸主。

1. 店铺价格布局

（1）数据预处理。我们从平台上导出了良品铺子不同价格范围的商品数量、销售量和销售额。然后分别计算不同价格区间的商品数量占比、近 30 天销量占比和近 30 天销售额占比。

（2）价格布局。良品铺子旗舰店大部分商品位于 11.8～36 元内，该区间内的商品拥有非常高的销量及销售额占比，价格过低（如价格区间位于 5～11 元）及价格过高（如价格区间位于 119～138 元、139～99999 元）的商品不仅数量占比低，销售量及销售额在所有商品中占比也较低。

2. 店铺经营情况分析

店铺的销售额能够反映出一个店铺的经营状况，而全年总销售额由于会受到季度性的因素影响，因此用来分析店铺近期经营情况并不准确。所以，我们选择以店铺近 30 天销售额作为标准，并以此数据为基础计算不同价格范围商品的销售情况。

通过统计店铺不同价格范围商品总销售额占店铺总销售额的比例，我们可以发现，价格位于 11.8～36 元的商品销售情况最好，销售额占店铺销售总额高达 45.7%。

从消费者的角度思考，我们认为此价格区间商品销售情况火爆的原因在于价格优势。近年来，随着大家对“性价比”的重视程度逐渐提高，消费者在购物时不再一味地信奉“价格高的东西就一定是好的”，在购买“休闲零食”这类非生活必需品时，会更多地关注“性价比”。因此，此价格区间产品相对销售额居店铺首位可谓是非常合理的现象。

在多因子选股法中，有两个最为经典的指标，分别是市盈率和市净率。在客观评价店铺的经营情况时，我们将沿用多因子选股法的基本思路和指标选取，计算良品铺子旗舰店2023年第三季度的市盈率和市净率：

市盈率（PE）=每股市价/每股净利润=16.15/0.48=33.65

市净率（PB）=每股市价/每股净资产=16.15/6.24=2.59

市盈率作为反映市场热度的指标，一般在0~20较好。市盈率在10以下的公司属于被低估的状态，而市盈率在10~14表明公司属于一般低估状态，当市盈率处于14~20则是正常状态。而良品铺子2023年第三季度的市盈率为33.65，意味着投资者愿意为公司每1元的盈利支付30元的股票价值，反映出目前市场中的投资者对良品铺子保持非常乐观的态度，相信其未来发展。

市净率作为评估公司投资价值的指标，通常在2~10被认为是合理的范围。市净率过高，如超过10，则意味着公司的股价被高估，即市场对该公司的前景预测过于乐观。良品铺子2023年第三季度的市净率为2.59，在合理范围内，表明市场对该公司投资的预测相对而言是客观公正的。

综上所述，财务数据反映出良品铺子在市场中处于稳中有升的状态，投资者对店铺未来发展前景非常乐观。

（二）良品铺子店铺销量相关性分析

店铺的销量是反映店铺经营情况的重要指标，在利用财务指标对店铺的经营情况进行横向评估后，我们又利用其本身的经营数据进行相关性分析，据此结果判断店铺的经营情况与哪项数据关系最密切。

1. 数据预处理

首先在平台中导入良品铺子店铺数据的相关数据，在进行相关性分析处理时，发现数据存在空值现象，需做空值处理。

在导入数据并对缺失数据进行筛选处理后，我们将要与店铺销量进行相关性分析的数据从“可选字段”移动至“已选字段”。

2. 相关性分析流程

在处理完所有数据后，可以开始运行“相关性分析”程序。拖拽“相关性分析”节点，并在右边参数区需要选择列。

运行成功后点击“查看分析结果”，即可查看到结果。

找到“总销量”列，对比查看其他字段对销量的影响情况。相关性系数的范围为-1~1，当相关系数为正的时候，意味着变量之间正相关；当相关系数为负的时候，意味着变量之间负相关，为0意味着丝毫不相关。

我们以计算看出，店铺总销量与店铺的总评价数之间相关性最强，相关性系数为0.76，说明店铺的销售情况受到产品评论数量的影响最大，店铺的评价数量越多，店铺的销量越高；而店铺的30天销量与店铺的总销量之间的相关性并不强，相关性系数为 0.03，说明店铺的总销量和店铺的 30 天销量之间并不存在很显著的相关关系，不能认为店铺的 30 天销售量越高，店铺的总销量越高。而售价与店铺的总销量之间呈负相关，相关性系数为-0.05，意味着商品的售价越低，店铺的销量就越高。

（三）竞争店铺分析

1. 竞争店铺的筛选

在平台收集良品铺子旗舰店的竞店，我们采用了两种思路：第一种，利用平台搜寻良品铺子竞争店铺，但在得到结果后，我们发现平台提供的数据并不完整，与之前收集到的背景资料有差异；第二种，决定使用东方财富网限定中式零食行业，收集其财务信息，将主营业务收入最为筛选依据，通过财报筛选出的店铺作为平台店铺的补充。两种方法结合起来，得出最全面的竞店信息。

使用电商数据化运营平台“店铺排行榜”进行竞店搜索，共查找到 10 家竞争店铺。虽然这 10 家店铺都可以归属于休闲零食行业，但其主营业务和客户定位存在较大差异，因此我们进行了筛选。由于我们的分析基准对象为良品铺子，后续库存预测、关键词分析都围绕良品铺子进行，因此我们主要筛选出主营业务范围、客户定位和良品铺子十分相似的竞争店铺。

使用网站查询 2023 年前三季度主要休闲零食上市企业主营业务收入情况，可以看到，营收规模排名前五的企业有良品铺子、绝味食品、三只松鼠、洽洽食品和盐津铺子。良品铺子的主要竞店总共有四家，分别是绝味食品、三只松鼠、洽洽食品和盐津铺子。

绝味食品和洽洽食品虽然属于休闲零食行业且主营业务收入在休闲零食行业名列前茅，但由于其主营产品相对单一，如绝味食品主营各种卤味食品，洽洽食品主营各种坚果和葵花籽，因此我们将其剔除良品铺子的竞店分析行列。

从主营业务收入规模和产品种类两方面结合分析，从网站找出良品铺子的主要竞店有两家，即三只松鼠和盐津铺子。由于三种松鼠经营数据可以从平台获取到，因此我们将三只松鼠旗舰店归在平台竞争店铺中。

2. 竞争店铺基本信息

利用平台的多个店铺对比模型，可以将五家店铺的数据整体导入进行宏观对比。

通过数据对比发现，店铺数据信息的差异。订阅数可以在一定程度上反映企业的客户体量。通过对比五家店铺订阅数可以发现，三只松鼠是良品铺子最具竞争力的竞店，良品铺子的订阅数为 3300 万人左右，而三只松鼠的订阅数为 4080 万人，其余三家店铺的订阅数都不足 50 万人。而良品铺子缺少订阅量的原因是良品铺子是后起之秀，三只松鼠早已在市场有一定地位。

通过观察店铺商品数可以发现，良品铺子和三只松鼠的产品上新能力远高于其他三家店铺。商品数量大，供应量足。

在关注销售量的同时，滞销量也是不可忽略的指标，通过比较五家店铺的滞销宝贝数量可以发现，良品铺子和三只松鼠数量多，但滞销量高于其他三家店铺，且良品铺子的滞销程度大于三只松鼠。

因此可以得出结论，良品铺子虽为休闲零食的头部行业，目前拥有较为稳定的市场份额，但它并不是一家独大，其强有力的竞争对手为三只松鼠旗舰店。看近30天的销量、销售额及平均成交价，我们可以发现，良品铺子并没有优势，三项指标均低于三只松鼠。而其他几家店铺与这两家头部企业相比，其实并不具有竞争力，但其市场规模虽小，发展却比较稳定，供求较为平衡，滞销率较低，虽然现在不会对头部企业造成威胁，但仍需重视。

3. 竞店品类布局

（1）平台竞争店铺。通过横向对比这物价店铺的类目构成，可以将休闲零食竞争店铺分为两类：一类店铺经营重心在坚果、零食类，另一类店铺的经营重心在卤味零食。

第一类共包含四家店铺，分别是良品铺子旗舰店、三只松鼠旗舰店、琦王旗舰店和茱蒂丝旗舰店；第二类是东成食品专营店。

我们观察到，良品铺子和三只松鼠作为行业的中流砥柱，其经营类目多样化，但店铺销量的主要来源都是坚果、零食类，这一现象和两家店铺的经营思路有关。在创立初期，两家店铺都是靠坚果快速抢占市场份额，待客户群体稳定且经营逐渐走向成熟后，店铺的经营方向逐渐走向多元化。

我们得出结论，针对休闲零食行业，良品铺子的主要竞争对手是三只松鼠，两家店铺的规模、经营思路都比较相似，两家有直接的竞争效果，良品铺子应根据自身实力及经营特色，确定品类。

（2）网站竞争店铺。我们发现盐津铺子的经营方向细化程度虽然并没有三只松鼠高，但其经营方向清晰。且与休闲零食发展趋势高度重合，其辣卤零食和肉制品商品数量占据了企业总商品数的一半。

4. 竞店价格布局

（1）平台竞争店铺。在分析竞店价格布局时，我们依然可以沿用前面的思路，将竞店依然分为两大类，就第一类店铺而言，琦王旗舰店和良品铺子旗舰店并未提供更加详细的价格布局，仅分为两个模糊的价格段。琦王旗舰店商品价格主要集中在9.8~158元，这个价格区间内的商品销量占比高达99.64%。良品铺子旗舰店的商品价格处于300元以下的占总销量的39.82%，其余价格区间商品销量占60.18%。三只松鼠旗舰店和茱蒂丝旗舰价格分层较为丰富。通过对销量进行排名，我们发现，茱蒂丝旗舰店有三个价格区间商品销量占比较高，均达10%以上，说明三个价格段的商品是店铺的热销产品，价格段分别是12.99元、19.9元及25.9元；而三只松鼠旗舰店商品价格处于99.9~1129元销量占比最高，为96.91%。

在东成食品专营店中，价格位于9.9~22.9元的商品销量占比高达最多，为97.68%。

通过观察整体数据，我们发现琦王旗舰店、三只松鼠旗舰店及东成食品专营店都有一个共同点，其不同价格段的销量占比始终有压倒性的优势；良品铺子旗舰店和茱蒂丝旗舰店的价格布局差异性并没有以上三家店铺强，茱蒂丝旗舰店有三个价格区间销量基本持平也没有压倒性的销量优势。

（2）网站竞争店铺。在休闲零食行业中，盐津铺子与三只松鼠、良品铺子等定位的高端零食品牌不同，自其成立以来，始终坚守“品类多、价格低”营销策略，通过2022年盐津铺子不同价格范围商品数量占比情况，可以看到盐津铺子有42.8%的商品价格在5~11元，有43.7%的商品价格在11.8~36元，仅有0.33%的商品价格在88~110元。而且商品价格上限低于三只松鼠，最高不超过110元。

（四）竞店爆款分析

根据竞争店铺的筛选和各个店铺主营收入占比，我们选择三只松鼠和盐津铺子进行分析。

1. 数据采集

根据三只松鼠淘宝店铺中式零食销量排行，我们发现三只松鼠的爆款中式零食为猪肉脯。由于平台未导入三只松鼠店铺的相关数据，因此我们使用八爪鱼平台在三只松鼠旗舰店种爬取评论人、评论时间、评论内容。

2. 数据准备

首先将数据导入到“关系数据源”中，然后新建实验，保存实验后从左边数据源中拖拽“关系数据源”到中间“画布区”，并在右边参数区根据自己上传数据的对应路径找到数据表，执行之后，在“关系数据源”节点单击鼠标右键，选择查看输出，即可查看本数据源详细数据。

3. 数据预处理

（1）过滤。针对无效评价，可以使用平台节点“过滤”，拖拽“过滤”节点至画布区。在过滤器中设置筛选条件，以筛除无效数据。双击“评价”字段，输入“［评价］! =‘此用户没有填写评论!’”

（2）去除重复值。用“去除重复值”节点进行去重操作，拖拽“去除重复值”节点。点击“选择列”，选择“评论内容”字段，进行去除重复值操作。

4. 计算情感得分

通过使用 Python 节点编写“计算情感得分”脚本。该节点主要使用了 snownlp 库中的 SnowNLP（job）. Sentiments 针对评价数据进行了情感得分计算。

5. 好评与差评的词频统计

运用平台“自定义模块”中的 python 节点“好词词频”和“坏词词频”分别得到情感得分大于等于 0.5 的词频统计数据和情感得分小于 0.5 的词频统计数据，并作为“关系目标源”进行数据储存，为后续可视化做准备。

该内容为 Python 节点“好词词频”的代码内容，主要流程是首先判断出情感得分大于等于 0.5 的评论数据，并将这些评论数据整合成一个长的字符串“good”，其次运用 jieba 分词库对“good”进行分词操作，最后使用 Counter 函数进行数据统计，并针对统计后的数据格式对“分词”和对应的“词频”进行数据提取，获得最终的好词词频统计数据。

6. 词频数据可视化

词频统计数据存至平台后，需要分别将其转为平台数据集（数据集→新建自助数据集），再利用“自助仪表盘”绘制评论的词云图，拖拽“图形”组件至展示区，在“智能配图”区选择“词云图”。将“分词”拖入“标签”区，“词频”拖入“大小”区，形成词云图，词云图中词汇字体越大，词频越高，消费者关注度就越高。

（1）三只松鼠。观察三只松鼠猪肉脯的好词词云，词汇如“精美雅致”“分量充足”“好大”“美味可口”“嚼劲十足”“质量”“口感好”等说明消费者对于猪肉脯的外观、口感和整体品质的满意。特别是“嚼劲十足”和“质量”两个词汇，直接关联到产品的口感和品质，表明消费者对三只松鼠猪肉脯的品质十分满意。“高蛋白”表明了消费者对于猪肉脯营养价值的认可，“划算”“亲民”“物有所值”等词汇表明消费者认为这款猪肉脯的价格合理，性价比高，是值得购买的产品。“满意”“方便”“赞”“爱吃”“再买”“经常”等词汇表明消费者对于购买和食用体验非常满意，并且愿意再次购买或推荐给其他人。值得注意的是，“包装”和“运送快”两个词汇虽然较小，但反映了消费者对于产品包装和运送速度的认可。

（2）盐津铺子。使用平台“自主仪表盘”板块，生成盐津铺子爆款产品的好评词云，“味道好”是最突出的特征之一，说明消费者普遍认可盐津铺子猪肉脯的口感和风味，认为其味道非常出色。“健康”“用料足”“日期新鲜”反映出了消费者对产品品质的认可，包括原材料的选择、产品的保质期等方面，这些都给了消费者信心和保障。“物美价廉”“便宜”“实惠”则揭示了消费者对产品性价比的肯定，说明盐津铺子猪肉脯在价格上非常亲民，同时品质也得到了保证。“方便”“鲜香”“数量多”描述了产品的实用性和口感优势，方便携带和食用，同时鲜香可口，数量充足，满足了消费者的不同需求。“老少皆宜”表示盐津铺子猪肉脯的受众广泛，不仅年轻人喜欢，老年人也能接受并喜欢其口味，进一步体现了产品的广泛吸引力。“卫生满意”“无损坏”体现了消费者对产品包装、运输环节的认可，说明盐津铺子猪肉脯在这些细节上做得很好，为消费者提供了良好的购物体验。此外，“会回购”表明消费者对于盐津铺子猪肉脯的满意度很高，愿意再次购买，体现了产品的复购率和消费者的忠诚度。“给力”“喜欢”“好吃”“合适”“吃得放心”“态度好”，这些词汇进一步强化了消费者对盐津铺子猪肉脯的正面评价和好感。

四、选品分析

除关注市场和竞店，商家也应该重视自家店铺选品，及时调整自商品的营销模式、价格水平以占据市场优势，及时根据热销产品的销售情况以调整店铺整体的经营方向。

（一）数据源收集

分析店铺选品时，我们需要根据热销中式零食的基本情况和销售情况进行横向对比，找出热销产品的共性和差异性，对店铺中式零食选品提出针对性的建议。

进行数据预处理时，首先导出平台的原始数据并进行数据清洗，然后删除无用数据并进行数据标准化处理。

对良品铺子旗舰店销量排名前十的商品进行分类，共分为三类，分别是西式零食、坚果和中式零食。其中包含三种中式零食，分别是猪肉脯、蛋黄酥和肉类零食大礼包。

观察热销前十商品的销售数据，我们发现西式零食销售排名较为分散，手撕面包的月销量高达 80 万件，排名第一；全麦面包月销量 40 万件，排名第四；肉松饼销量较低，月销 20 万件，排名垫底。中式零食销量在排行榜中分布比较靠后，猪肉脯和蛋黄酥月销均 30 万件，并列第五；肉类零食大礼包月销 20 万件，和肉松饼并列最后。

（二）数据处理

分别采集三个热销中式零食的基本信息，并对采集到的数据进行预处理。进行数据清洗后，共剔除了 9 个无关属性，留下 10 个基本信息作为对比分析热销中式零食的指标。

由于两种零食之间存在同一属性的相同数据，因此可以借鉴物理学中的“控制变量法”将三种商品两两对比，并将得出的结论汇总在一起。

猪肉脯和蛋黄酥的 30 天销售量一致，因此应分析其他指标，找出两种商品之间的差别。可以发现，猪肉脯和蛋黄酥的收藏数与评价数相差较多，在销量一致的前提下，两种商品的宣传效果相差巨大；两种商品的储藏方法和保质期也并不相同，猪肉脯作为烘烤风干的肉制品，储藏方法相对容易且保质期长，而蛋黄酥作为烘焙类产品，容易变质，保质期短，且极受温度影响。

猪肉脯和肉类零食大礼包的储藏方法及保质期虽然相同，但销量却相差 10 万件。观察差异性数据可以发现，作为同一批次生产的商品，肉类零食大礼包的生产起始日期早于猪肉脯的生产起始日期两个月，在保质期一致的前提下，猪肉脯的新鲜度高于肉类零食大礼包。

消费者群体的评价标签也可以作为店铺选品的指标，采集三种零食的评价标签并以表格形式呈现。观察三种零食的评价标签可以发现，作为肉制品，猪肉脯和肉类零食大礼包的卖点在于口感味道好，猪肉脯的卖点在于口感味道好，而蛋黄酥属于短保食品，最大的卖点在于日期新鲜。

（三）分析热卖商品特征进行选品

在完成数据预处理和数据清洗后，可从两个角度对热销商品进行选品总结。

从基本信息层面进行对比分析，无论是在采用“控制变量法”保持销售量一致，还是不做条件限制，三类商品的评论数和收藏数都具有较大差异，说明消费者在三种商品之间存在明显的爱好偏向。而对比蛋黄酥和肉类零食大礼包，两者在商品属性中表现的最大差别在于保质期，虽然后者有更多的评论数和收藏数，但销量却低于前者，说明消费者对短保商品的认可度高于长保商品。

综上可以得出：一是商家在进行选品时要以消费者的爱好为基础，消费者偏向的影响力高于商品宣传影响力；二是商家在选品时要积极把控保质期，消费者对断保商品的认可度高于长保商品。

从消费者群体的评价角度进行分析，三种商品的评价标签中均包括“儿子喜欢吃”，说明消费者在购买零食时，非常注意家人的感受。

在评价肉制品时，猪肉脯和肉类零食大礼包的在口感味道方面得到了消费者的高度评价，而且商品包装完好，适合当作礼物。

口感作为三种零食之间的共性，在对蛋黄酥进行消费者评价分析时可以被适当弱化，消费者在购买蛋黄酥时，新鲜度是评价的一项重要指标。

综上可以得出：一是消费者在评价商品时注重孩子的感受，商家在选品时可以从消费者家庭入手；二是商家对肉制品进行选品时，应更加注重口感，对中式糕点进行选品时，应更加注重保质期和新鲜度。

五、消费者分析

（一）消费者舆情分析

1. 数据准备

为了更好地了解市场的需求，根据消费者的偏好对产品口味，对样式进行调整，可以帮助商品更好地满足市场的需求，提高产品的竞争力，从而增加产品的销量。因此我们对采集了消费者对良品铺子旗舰店热销中式零食的评论数据，把握消费者的需求偏好以便优化营销策略。在此步中，共采集到了 2000 条数据。

2. 数据源探索

首先将用到的数据导入到“关系数据源”中，然后新建实验，保存实验后从左边数据源中拖拽“关系数据源”到中间“画布区”，并在右边参数区根据自己上传数据的对应路径找到数据表，在“关系数据源”节点单击鼠标右键，选择查看输出，即可查看本数据源详细数据。

通过对评价内容去除重复值的方式，可以对无效的重复信息进行过滤。初步过滤之后，共剩余 1956 条有效数据。

3. 商品特征的选取

根据评论评价中，作为消费者购买此零食产品对其不同点的不同评论与感觉，如包含其所关注的那些商品特点、包装、口感。不同消费者所关注的点或者对于同一商品的期待及评价态度是不同的，如同一款零食，消费者 A 更看重口感，消费者 B 更关心包装等。由此，我们除直接基于所有评价内容进行关键词分析之外，还可以考虑根据不同的关注特征而筛选，得到不同侧重点的评价内容，再分别进行关键词的分析。例如，分别添加“包装”和“口感”作为筛选行的条件。

从输出结果看，有 470 条评论都包含“包装”一词，570 条评论涉及“口感”一词，可见对比包装的精致与否，消费者更重视该产品的口感是否好吃，是否符合自己的口味。

4. 分词处理节点

通过观察数据可以发现，消费者的评价多是一些较长的语句甚至成段的内容，而我们需要的是一个个简短的关键词，这样才能快速有效地把握消费者的关注点。因此，可以通过“分词”操作，将较长的评价语句分成一个个关键词或者关键词组。“分词”之后，新增了两列分词结果列，其中最后一列评价内容以数组形式呈现的结果列。然后基于该列内容进一步提取关键词。

5. 分词过滤

观察分词结果可以发现，有些词出现的频率很高，但这些词对后面的分析没有什么实际作用，例如“?”“了”“吧”“啊”“呀”“!”等。这类词语对于体现顾客的消费态度没有什么实际意义，反而可能给我们的统计分析造成干扰，因此可以考虑对于类似词语进行过滤停用。通过添加停用词列表进行停用词的处理，此处的停用词列表可以根据自己分析的实际需要进行添加。

6. 停用词结果展示

剔除无用的关键词后，即可对剩余的有效关键词进行词频统计，从而了解各个关键词出现的频次。频次越大，说明该关键词在消费者的评价内容中出现的频率就越高。

7. 舆情分析结果

观察可以发现，“好、味道、好吃”3 个关键词出现的频次最高，说明消费者们对于该零食的正向评价居多；“分量、口感、包装”等词频次排名也较靠前，说明消费者对于该产品的口感、包装和分量也较为关注。

我们以良品铺子旗舰店的“手撕面包”这个产品为例进行评价分析。在对该商品所出现的商品评论中“好吃”“回购”“独立包装”“口感新鲜”“分量足”出现频率极高。根据销量销售调查得知，良品铺子的手撕面包销量高，好评率高，回购率也高。

综上所述，首先，消费者倾向于消费并且回购大品牌零食行业的产品。其次，良品铺子旗舰店的手撕面包是一款热销产品，品牌企业应保持住其优势，赢得更多消费者信赖。

（二）消费者问卷调查

此次调研在 2023 年底进行，重点考察消费者对 2024 年的消费信心与预期。有效分析样本为 300 份，全面覆盖一线至四线城市及农村地区。

调研识别出 4 个潜在成长品类：教育、餐饮、旅行、食品饮料。

观察发现，消费者一个月内购买中式零食的频次分布呈现多样化。有 20%的人选择 9 次以上购买，表明他们对中式零食有高度的需求和喜好。50%的人选择 4~6 次购买，这是一个相对适中的频次，可能反映了大部分人的购买习惯。而 30%的人选择 3 次购买，10%的人选择 1~3 次购买，这两个群体代表了购买频次较低的人群。

从消费者行为分析看，大多数人（70%）会定期购买中式零食，其中又以 4~6 次购买的频次为主。这说明中式零食在消费者中具有一定的市场基础和稳定的消费群体。而那些购买次数较少的人（40%）可能更注重健康饮食或对其他类型的零食有更强烈的偏好。

从口味偏好与健康意识看，购买频次的不同可能反映了消费者对中式零食的口味偏好和健康意识的差异。频繁购买的人可能对中式零食的口感、品种或文化内涵有更深的认同和喜爱。而购买频次较低的人可能更注重饮食的多样性和营养均衡，或者对高糖、高油脂的中式零食持有谨慎态度。

从消费金额分布角度看，消费者在购买中式零食时，单次消费金额主要集中在两个区间，分别是 20~50 元和 51~100 元。其中，20~50 元占比最大，达到 59%，显示出大部分消费者在购买中式零食时倾向于选择价格相对较低的产品。

从消费习惯与偏好角度来看，大部分消费者在购买中式零食时，单次消费金额不超过 100 元，可能表明他们更注重性价比，倾向于选择价格适中、口感良好的零食。

从高消费群体角度看，尽管大部分消费者的消费金额较低，但仍有部分消费者愿意支付较高的价格购买中式零食。这些消费者可能更注重品质、口感和品牌，对零食有更高的要求。

从保守消费行为看，大部分消费者的消费行为较为保守，他们更愿意选择价格适中的产品，而不是盲目追求高价格或高档次。这种消费习惯可能与当前经济环境、收入水平和个人消费观念有关。

观察中式零食消费者所在的详细数据可以发现，“一线城市”占据了最高的比例，达到 36.67%，表明这些城市在调查对象中具有显著的地位；“二线城市”紧随其后，占比为 25%；“三线城市”的占比为 20.33%，虽不及一线城市和二线城市，但也构成了相当一部分调查对象的居住地；“四线城市”的占比为 15.33%，占比较小。值得注意的是，“农村”占比为 8.267%。从一线城市到四线城市，再到特定城市和农村地区，问卷结果反映了中式零食消费者广泛的地域分布。

六、可视化大屏展示

在进行可视化大屏呈现时，基于为企业提供针对性的经营建议，我们选择将良品铺子及其竞店作为呈现的目标。在筛选竞店时，我们共筛选出了 5 家竞争店铺，其中 4 家来源于平台，1 家来源于网站。我们选择从平台和网站中各找出一个竞店作为呈现目标；而平台竞店中，我们又选择了最具竞争力的 1 家——即三只松鼠作为呈现目标。

根据上述思路，我们最终在可视化大屏中分别展示了良品铺子旗舰店、三只松鼠旗舰店和盐津铺子旗舰店的爆款商品好评词云图、价格布局及类目占比。

中式零食行业的三个品牌——盐津铺子、良品铺子和三只松鼠，在市场中各自拥有不同的竞争优势和顾客反馈。从店铺评论词中可以看出，每个品牌都受到了消费者关于产品“新鲜度”“口感”“保质期”等方面的评价，体现了消费者在购买零食时对这些关键属性的重视。

盐津铺子在辣卤零食、坚果和肉制品等类目中拥有一定的市场份额，而良品铺子在辣卤零食、坚果、蜜饯和糖巧布丁等多个类目中表现出色。三只松鼠则以其广泛的商品范围和较高的价格区间（如部分商品价格在 119~138 元）在市场中占据一席之地。

此外，各品牌商品价格区间的差异化也体现了它们在市场定位和消费者群体上的不同策略。良品铺子在商品价格上呈现出较为宽泛的区间，满足了不同消费者的需求。而盐津铺子和三只松鼠在特定价格区间内提供更为集中的商品选择。

综上所述，中式零食行业的三个品牌各具特色，通过不同的产品策略和价格定位在市场中形成了各自的竞争优势。消费者在购买零食时，可以根据自身的口味偏好和预算而选择合适的品牌和产品。

七、结论与商业建议

（1）市场方面，牛肉干/猪肉脯/卤味零食的交易指数在零食/坚果/特产市场中排名第一，其次是糕点类、饼干类、坚果类和蜜饯类。蜜饯类的高质量宝贝数在零食/坚果/特产市场中排名第一，其次是糕点类、坚果类、饼干类和牛肉干/猪肉脯/卤味零食。说明这些产品销量高于行业内平均销量水平。因此，良品铺子应该重点开发和销售这几类产品。

（2）TOP10 店铺的集中度为 1（赫芬达尔指数为 0.8089），销售呈集中趋势，竞争强度非常显著。

（3）从销售额的角度分析最佳价格波段为 40.59～80.59 元，良品铺子可据此定价。

（4）消费者对其品牌有着较高的认知度和信任度。店铺内陈列的休闲食品种类繁多，从坚果炒货到糖果糕点，再到肉类零食等，满足了不同消费者的口味需求。根据千万消费者对店铺宝贝与描述相符程度、卖家的服务态度和物流服务的质量反馈评分，可以看到店铺三项指标均处于 4.80 分以上，领先同行至少 8%以上。

（5）良品铺子大部分商品位于 11.8～36 元，这个价格区间内的商品同时也拥有非常高的销量及销售额占比，价格过低（如价格区间位于 5～11 元）及价格过高（如价格区间位于 119～138 元、139～99999 元）的商品不仅数量占比低，销售量及销售额在所有商品中占比也较低。针对良品铺子的价位情况，可以根据市场趋势和消费者需求，进一步优化产品组合，同时，可以加强产品之间的关联性，打造组合优惠，提升客单价。

（6）团队对良品铺子旗舰店进行数据化选品流程，最终找出良品铺子的爆款产品并通过消费者评论分别生成好词词云和坏词词云。团队建议店铺在进行选品时，首先可以利用“销售额”及“销售额占比”筛选出热销商品，然后通过分析热销产品特征找出热销商品的卖点，最终通过编程爬取热销商品的评论分别生成好词词云和坏词词云。通过以上三个步骤，能够帮助店铺完成选品并为研发中心提供研发建议。团队发现消费者在购买商品时，注重参考商品评论。关键词分析结果显示，良品铺子消费者十分在意“口感”“包装”“分量”这三个关键点。商家在进行新品研发及制定营销策略时，也可以参考关键词分析得出的关键点。